5年真题·3套模拟

注册会计师考试辅导用书

财务成本管理

斯尔教育　组编

社·
s Industry

开卷必读

考试说明

在开始答题前，请考生关注下列事项。

一、每套试卷合计 100 分，合格分数线为 60 分。

二、涉及计算的，如有小数，保留两位小数（四舍五入）。

三、由于大纲、教材变化，历史年份真题不足以涵盖本年的相关考点。为保障学习效果，在尊重真题的基础上，我们将教材新增、修改内容对应的试题收录在本书中，以供充分练习。

考情介绍

根据最新公布的考试安排，本年专业阶段考试于 2025 年 8 月 23 日—24 日举行。财务成本管理科目考试时长为 150 分钟，考试采用闭卷、计算机化考试方式。财务成本管理科目题型及得分规则如下表所示。

题型	得分规则
单项选择题	本题型共 13 题，每题 2 分，共 26 分。每题只有一个正确答案，请从每题的备选答案中选出一个你认为正确的答案
多项选择题	本题型共 12 题，每题 2 分，共 24 分。每题均有多个正确答案，请从每题的备选答案中选出你认为正确的答案。每题所有答案选择正确的得分，不选、错选、漏选均不得分
计算分析题	本题型共 4 题 36 分。涉及计算的，要求列出计算步骤，否则不得分，除非题目特别说明不需要列出计算过程
综合题	本题型共 14 分。涉及计算的，要求列出计算步骤，否则不得分，除非题目特别说明不需要列出计算过程

甲企业生产X产品，固定制造费用预算125 000元。全年产能25 000工时，单位产品标准工时10小时。2019年实际产量2 000件，实际耗用工时24 000小时。固定制造费用闲置能力差异是（　　）。

A. 不利差异 5 000 元　　B. 有利差异 5 000 元

C. 不利差异 20 000 元　　D. 有利差异 20 000 元

0. 甲公司生产乙产品，最大产能90 000小时，单位产品加工工时6小时，目前订货量13 000件，剩余生产能力无法转移。乙产品销售单价150元，单位成本100元，单位变动成本70元。现有客户追加订货2 000件，单件报价90元，接受这笔订单，公司营业利润（　　）。

A. 增加 40 000 元　　B. 增加 100 000 元

C. 增加 160 000 元　　D. 增加 180 000 元

甲公司生产X产品，产量处于100 000 ~ 120 000件范围内时，固定成本总额220 000元，单位变动成本不变。目前，X产品产量110 000件，总成本440 000元。预计下年总产量115 000件，总成本是（　　）元。

A. 440 000　　B. 450 000　　C. 460 000　　D. 不能确定

2. 下列选项中，不属于责任中心判断成本是否可控的条件的是（　　）。

A. 可预知性　　B. 可计量性

C. 可调控性　　D. 可追溯性

3. 甲公司是一家中央企业上市公司，依据国资委《中央企业负责人经营业绩考核办法》采用经济增加值进行业绩考核。2020年公司净利润10亿元，利息支出3亿元、研发支出2亿元全部计入损益，调整后资本100亿元，平均资本成本率6%。企业所得税税率25%。公司2020年经济增加值是（　　）亿元。

A. 7　　B. 7.75　　C. 9　　D. 9.5

二、多项选择题（本题型共12小题，每小题2分，共24分。每小题均有多个正确答案，请从每小题的备答案中选出你认为正确的答案。每小题所有答案选择正确的得分，不答、错答、漏答均不得分）

（本题型建议用时20分钟）

投资组合由证券X和证券Y各占50%构成。证券X的期望收益率12%，标准差12%，β 系数1.5。证券Y的期望收益率10%，标准差10%，β 系数1.3。下列说法中，正确的有（　　）。

A. 投资组合的 β 系数等于 1.4　　B. 投资组合的期望收益率等于 11%

C. 投资组合的标准差等于 11%　　D. 投资组合的变异系数等于 1

在市场有效的情况下，下列影响平息债券价格的说法中，正确的有（　　）。

A. 假设其他条件不变，债券期限越长，债券价格与面值的差异越大

B. 假设其他条件不变，债券期限越短，市场利率变动对债券价格的影响越小

C. 假设其他条件不变，当市场利率高于票面利率时，债券价格高于面值

D. 假设其他条件不变，市场利率与票面利率的差异越大，债券价格与面值的差异越大

现有一份甲公司股票的欧式看涨期权，1个月后到期，执行价格50元。目前甲公司股票市价60元，期权价格12元。下列说法中正确的有（　　）。

A. 期权处于实值状态　　B. 期权时间溢价 2 元

C. 期权目前应该被执行　　D. 期权到期时应被执行

甲上市公司目前普通股市价每股20元，净资产每股5元，如果资本市场是有效的，下列关于甲公司价值的说法中，正确的有（　　）。

A. 会计价值是每股 5 元　　B. 清算价值是每股 5 元

C. 现时市场价值是每股 20 元　　D. 少数股权价值是每股 20 元

5. 下列关于股票回购和现金股利影响的说法中，属于二者共同点的有（　　）。

A. 均减少公司现金　　B. 均减少所有者权益

C. 均降低股票市场价格　　D. 均改变所有者权益结构

6. 甲持有乙公司股票，乙公司2020年利润分配及资本公积转增股本方案是每10股派发现金股利2元，同时以资本公积金向全体股东每10股转增10股。假设利润分配及资本公积金转增股本后股价等于除权参考价，下列关于该方案结果的说法中，正确的有（　　）。

A. 乙股价不变　　B. 甲财富不变

C. 甲持有乙的股数不变　　D. 甲持有乙的股份比例不变

7. 企业采用分步法计算产品成本时，可根据生产特点和管理要求选择逐步结转分步法或平行结转分步法。下列关于这两种方法的说法中，正确的有（　　）。

A. 逐步分项结转分步法需要进行成本还原

B. 对外销售半成品的企业应采用逐步结转分步法

C. 平行结转分步法能提供各步骤半成品存货资金占用信息

D. 逐步结转分步法能全面反映各生产步骤的生产耗费水平

8. 下列关于直接人工标准成本制定及其差异分析的说法中，正确的有（　　）。

A. 直接人工效率差异受工人经验影响

B. 直接人工标准工时包括调整设备时间

C. 直接人工工资率差异受使用临时工影响

D. 直接人工效率差异 =（实际工时 − 标准工时）× 实际工资率

9. 甲公司是一家空调生产企业，采用作业成本法核算产品成本，现在正进行作业成本库设计。下列说法正确的有（　　）。

A. 空调设计属于品种级作业　　B. 空调加工属于单位级作业

C. 空调成品抽检属于批次级作业　　D. 空调工艺流程改进属于生产维持级作业

10. 甲公司是一家电子计算器制造商，计算器外壳可以自制或外购。如果自制，需为此购置一台专用设备，购价7 500元（使用1年，无残值，最大产能20 000件），单位变动成本2元。如果外购，采购量10 000件以内，单位报价3.2元；采购量10 000件及以上，单位报价优惠至2.6元。下列关于自制或外购决策的说法中，正确的有（　　）。

A. 预计采购量为 4 000 件时应外购　　B. 预计采购量为 8 000 件时应自制

C. 预计采购量为 12 000 件时应外购　　D. 预计采购量为 16 000 件时应外购

11. 企业在编制直接材料预算时，需要估计各季度材料采购的现金支出额。影响该金额的因素有（　　）。

A. 预计产量　　B. 材料采购单价

C. 预计材料库存量　　D. 供货商提供的信用政策

12. 下列各项中，属于平衡计分卡框架中常用的内部业务流程维度指标的有（　　）。

A. 客户获得率　　B. 交货及时率

C. 产品合格率　　D. 员工生产率

三、计算分析题（本题型共4小题36分。涉及计算的，要求列出计算步骤，否则不得分，除非题目特别说明不需要列出计算过程）

（本题型建议用时75分钟）

1. （本小题9分）甲公司有一基本生产车间，对外承接工业性加工服务，按照客户订单组织生产并核算成本。各订单分别领料，直接人工、制造费用分别按实际人工工时、实际机器工时在订单之间分配。原材料

要求：

（1）计算设备租赁相对于购置的差额现金流量及其净现值（计算过程和结果填入下列表格中）。

单位：万元

项目	T=0	T=1	T=2	T=3	T=4	T=5	T=6
差额现金流量							
折现系数							
现值							
净现值							

（2）判断企业应该选择何种方案，简要说明理由。

4.（本小题9分）甲公司拟承包乙集团投资开发的主题公园中的游乐场，承包期限5年，承包时一次性支付经营权使用费25 000万元，按承包年限平均分摊；承包期内每年上交5 000万元承包费，并且每年按其年收入的10%向乙集团支付管理费。甲公司目前正在进行2021年盈亏平衡分析。相关资料如下：

（1）游乐场售卖两种门票，均当日当次有效。票价如下：

单位：元

项目	游乐场门票	公园观光和游乐场联票（联票）
成人普通票（普通票）	60	80
儿童及60岁以上老人优惠票（优惠票）	30	40

（2）2021年预计门票售卖情况：游乐场门票500万张，联票400万张。假设各类已售门票中，普通票和优惠票的比例均为40%：60%。

（3）联票收入甲、乙分享，各占50%。

（4）物业费为固定费用，2021年甲公司支付游乐场物业费10 286万元。

（5）假设不考虑企业所得税。

要求：

（1）分别计算游乐场2021年边际贡献总额、固定成本总额、营业利润。

（2）分别计算游乐场2021年平均每人次边际贡献、盈亏临界点游客人次、安全边际率。

（3）如果甲公司计划2021年实现营业利润10 000万元，拟将游乐场普通票提价至70元，其他票价不变，联票销售预计增长50%。假设其他条件不变，计算至少需要售卖多少万张游乐场门票才能实现目标利润。

四、综合题（本题共14分。涉及计算的，要求列出计算步骤，否则不得分，除非题目特别说明不需要列出计算过程）

（本题型建议用时35分钟）

甲公司是一家制造业上市公司，乙公司是一家制造业非上市公司，两家公司生产产品不同，且非关联方关系。甲公司发现乙公司的目标客户多是小微企业，与甲公司的市场能有效互补，拟于2020年末通过对乙公司原股东非公开增发新股的方式换取乙公司100%股权以实现对其的收购。目前，甲公司已完成该项目的可行性分析，拟采用实体现金流量折现法估计乙公司价值。相关资料如下：

（1）乙公司成立于2017年初，截至目前仅运行了4年，但客户数量增长较快。乙公司2017—2020年主要财务报表数据如下：

单位：万元

资产负债表项目	2017年末	2018年末	2019年末	2020年末
货币资金	80	120	160	250
应收账款	120	180	240	260
存货	240	290	320	400
固定资产	540	610	710	827.5
资产总计	980	1 200	1 430	1 737.5
应付账款	180	200	280	300
长期借款	220	300	420	600
股东权益	580	700	730	837.5
负债及股东权益合计	980	1 200	1 430	1 737.5

单位：万元

利润表项目	2017年	2018年	2019年	2020年
营业收入	2 000	2 300	2 760	3 450
减：营业成本	1 000	1 100	1 200	1 600
税金及附加	14	16	22	30
销售和管理费用	186	356	250	348
财务费用	16	20	28	40
利润总额	784	808	1 260	1 432
减：所得税费用	196	202	315	358
净利润	588	606	945	1 074

9. 甲公司本月发生固定制造费用15 800元，实际产量1 000件，实际工时1 200小时。企业生产能力为1 500小时；每件产品标准工时1小时，标准分配率10元/小时，即每件产品固定制造费用标准成本10元。固定制造费用闲置能力差异是（　　）。

A. 800 元不利差异　　B.2 000 元不利差异

C. 3 000 元不利差异　　D.5 000 元不利差异

10. 甲公司销售员月固定工资5 000元，在此基础上，每月完成销售额10万元后，还可按销售额的5%提成。根据成本性态分析，销售员的月工资是（　　）。

A. 半变动成本　　B. 阶梯式成本

C. 半固定成本　　D. 延期变动成本

11. 甲公司生产和销售多种产品，其中X产品单价300元，单位变动成本220元，专属固定成本总额950 000元。预计2021年可销售产品1万台，若X产品停产，甲公司息税前利润的变化是（　　）。

A. 上升 15 万元　　B. 下降 15 万元

C. 上升 80 万元　　D. 下降 80 万元

12. 甲公司正在编制2022年度预算。在直接材料预算中，第三、第四季度直接材料的预计生产需用量分别为1.5吨和2吨，价格100万元/吨，每季度末材料存量为下季度生产需用量的10%，年末材料留存0.5吨，则2022年第四季度采购金额为（　　）万元。

A. 170　　B. 180　　C. 230　　D. 250

13. 甲公司是一家中央企业，采用国资委经济增加值考核办法进行业绩评价。2020年公司净利润9.5亿元；利息支出5亿元，其中资本化利息支出2亿元；研发支出3亿元，全部费用化；调整后资本120亿元，资本成本率6%；企业所得税税率25%。2020年甲公司经济增加值是（　　）亿元。

A. 6.05　　B. 6.8　　C. 7.55　　D. 8.3

二、多项选择题（本题型共12小题，每小题2分，共24分。每小题均有多个正确答案，请从每小题的备选答案中选出你认为正确的答案。每小题所有答案选择正确的得分，不答、错答、漏答均不得分）

（本题型建议用时20分钟）

1. 下列各项影响因素中，能够增强公司短期偿债能力的有（　　）。

A. 良好的公司声誉　　B. 可动用的银行授信额度

C. 可快速变现的非流动资产　　D. 公司股价上涨

2. 甲证券的期望报酬率是12%，标准差是10%；乙证券的期望报酬率是20%，标准差是15%。假设不允许买空卖空，下列关于甲、乙证券投资组合的说法中，正确的有（　　）。

A. 期望报酬率介于 12% 和 20% 之间

B. 标准差介于 10% 和 15% 之间

C. 最小方差组合是 100% 投资于甲证券

D. 最大期望报酬率组合是 100% 投资于乙证券

3. 在进行期限不同互斥项目的选择时，共同年限法和等额年金法的共同缺点有（　　）。

A. 忽视了货币的时间价值

B. 无法用于投资额不同项目的优选决策

C. 未考虑通货膨胀严重时的重置成本上升问题

D. 未考虑技术进步快的投资领域的项目投资不可重复问题

4. 下列各项指标中，改变折现率影响其计算结果的有（　　）。

A. 净现值　　B. 内含报酬率

C. 会计收益率　　D. 动态回收期

5. 关于连续付息的债券，下列说法中正确的有（　　）。

A. 当折现率等于票面利率时，债券价值一直等于票面价值

B. 当折现率大于票面利率时，债券价值到期前一直低于票面价值

C. 当折现率小于票面利率时，债券价值到期前一直高于票面价值

D. 随着到期时间的缩短，折现率变动对债券价值的影响越来越小

6. 下列关于股票回购的说法中，正确的有（　　）。

A. 股票回购可以降低财务杠杆

B. 股票回购可以调节所有权结构

C. 股票回购能向市场传递股价被低估的信号

D. 股票回购可以避免股利波动带来的负面影响

7. 下列各项材料数量差异中，应由生产部门负责的有（　　）。

A. 工人操作疏忽导致废料增加

B. 工艺流程管理不善造成用料增多

C. 购入材料质量不稳定造成使用量超标

D. 机器设备没有正常操作导致多耗材料

8. 甲公司是一家电子产品生产企业，从事电子产品的设计、生产和销售，按照客户订单分批组织生产，间接加工费按照作业成本法分配。下列关于作业成本库设计的说法中，正确的有（　　）。

A. 产品设计作业属于品种级作业

B. 产品订单处理属于批次级作业

C. 产品组装作业属于单位级作业

D. 产品包装作业属于维持级作业

9. 下列各项费用中，通常属于酌量性固定成本的有（　　）。

A. 广告宣传费　　B. 实习培训费

C. 新品研发费　　D. 照明取暖费

10. 下列关于本量利分析基本模型假设的说法中，正确的有（　　）。

A. 企业的总成本按其性态可以近似地描述为线性模型

B. 本量利分析的“量”指的是销售数量，并假设产销平衡

C. 在多品种生产和销售的企业中，各产品销售收入在总收入中占比不变

D. 区分一项成本是变动成本还是固定成本，需限定在一定的相关范围内

11. 下列关于零基预算法的说法中，正确的有（　　）。

A. 零基预算法的主要缺点是编制工作量大

B. 零基预算法假设原有各项业务及金额都合理

C. 不经常发生的预算项目适合用零基预算法编制

D. 不受前期费用项目和费用水平的制约是零基预算法的优点之一

12. 甲生产车间是一个标准成本中心，下列考核指标中应由甲车间负责的有（　　）。

A. 设备利用程度　　B. 计划产量完成情况

C. 生产工艺标准的执行情况　　D. 产品工时标准的执行情况

（2）月初在产品实际成本。

产品	直接材料（元）	直接人工（元）	制造费用（元）
A产品	684 500	49 200	30 200
B产品	428 000	52 000	50 000

（3）本月直接材料、直接人工和定额工时。

产品	直接材料（元）	直接人工（元）	定额工时（小时）
A产品	4 030 000	570 000	23 000
B产品	2 020 000	620 000	24 100
合计	6 050 000	1 190 000	47 100

（4）本月基本生产车间发生制造费用942 000元。

（5）本月完工产品数量。

产品	型号	完工数量（件）
A产品	A–1	1 000
	A–2	2 000
	A–3	400
B产品	B–1	1 600
	B–2	800

（6）月末在产品材料定额成本和定额工时。

产品	材料定额成本（元）	定额工时（小时）
A产品	1 230 000	4 200
B产品	800 000	5 600

要求：

（1）编制制造费用分配表（结果填入下方表格中，不用列出计算过程）。

制造费用分配表

2021年7月　　　　单位：元

产品	定额工时（小时）	分配率	制造费用
A产品		—	
B产品		—	
合计			

（2）编制A产品成本计算单（结果填入下方表格中，不用列出计算过程）。

A产品成本计算单

2021年7月　　单位：元

项目	直接材料		定额工时（小时）	直接人工	制造费用	合计
	定额成本	实际成本				
月初在产品	—		—			
本月生产费用	—		—			
合计	—		—			
分配率	—		—			—
完工产品						
月末在产品						

（3）编制A产品单位产品成本计算单（分型号）（结果填入下方表格中，不用列出计算过程）。

A产品单位产品成本计算单（分型号）

2021年7月　　单位：元

型号	单位产品定额		单位实际成本			
	材料定额	工时定额	直接材料	直接人工	制造费用	合计
A-1						
A-2						
A-3						

4. （本小题9分）甲公司目前生产A、B两种产品，需要使用同一台机器设备，该设备每月提供的最大加工时间10 000分钟，固定制造费用总额140 000元。相关资料如下：

项目	A产品	B产品
售价（元/件）	3 000	2 500
直接材料（元/件）	1 000	600
直接人工（元/件）	500	300
变动制造费用（元/件）	500	100
机器工时（分钟/件）	10	12

2021年8月末，甲公司预计未来每月正常市场需求可达A产品900件、B产品350件。

要求：

（1）为最优利用该机器设备获得最大利润，公司每月应生产A、B产品各多少件？

（2）为满足正常市场需求，在充分利用现有机器设备产能基础上，甲公司追加一台机器设备，每月可增加机器工时7 000分钟。若追加设备的相关成本120 000元，剩余生产能力无法转移，计算追加设备对公司税前经营利润的影响。

（3）预测甲公司2022年、2023年和2024年的实体现金流量和股权现金流量（结果填入下方表格中，不用列出计算过程）。

单位：百万元

项目	2022年	2023年	2024年
实体现金流量			
股权现金流量			

（4）用股权现金流量折现模型估算2021年末甲公司每股股权价值，并判断甲公司股价是否被低估。

（5）与现金流量折现模型相比，市盈率模型有哪些优点和局限性？

8. 甲企业产销X产品，2022年7月计划产量1 000件，单位产品材料消耗标准为5千克。本月实际产量900件，月初车间已领未用材料100千克，本月实际领料4 800千克，月末已领未用材料120千克。本月材料用量差异是（　　）。

A. 有利差异 200 千克　　B. 不利差异 280 千克

C. 不利差异 300 千克　　D. 不利差异 320 千克

9. 甲公司生产X、Y两种产品，2022年7月X产品产量4 000件，Y产品产量1 000件。甲公司采用作业成本法分配间接成本，相关数据如下：

作业	间接成本（万元）	作业动因	作业动因数量	
			X产品	Y产品
机器调整作业	1 400	机器调整次数（次）	15	13
机加工作业	960	机器工时（小时）	40 000	8 000

X产品的单位间接成本是（　　）元。

A. 810　　B. 1 550　　C. 3 875　　D. 8 100

10. 甲公司机修车间总成本与机修工时呈线性关系：$y=a+bx$，其中a为月固定成本，b为单位变动成本。为构建模型，拟用最近5个月的实际成本数据测算a与b。相关数据如下：

2022年	机修工时x（小时）	实际成本y（元）
8月	89	645
9月	105	722
10月	100	701
11月	108	742
12月	110	750
合计	512	3 560

假设全年固定成本是月固定成本的12倍。2023年机修车间预计提供1 200小时机修服务，根据该模型测算，最接近预计机修总成本的是（　　）元。

A. 6 200　　B. 7 500　　C. 8 500　　D. 9 500

11. 甲公司空调维修合同规定：每年上门维修不超过5次时，维修费用总计3 000元；超过5次时，在此基础上超出次数按每次1 000元付费。根据成本性态分析，该项维修费用属于（　　）。

A. 半变动成本　　B. 阶梯式成本

C. 半固定成本　　D. 延期变动成本

12. 甲公司产销多种产品，其中M产品发生亏损3 000万元。经了解M产品全年销售收入9 000万元，变动成本8 000万元，折旧等固定成本4 000万元。若停止生产M产品，相关设备可用于生产N产品。根据市场预测，N产品全年可实现销售收入8 000万元，需耗用材料、人工等变动成本6 000万元。假设第二年其他条件不变，甲公司应采取的决策是（　　）。

A. 继续生产 M 产品

B. 停产 M 产品并生产 N 产品

C. 停产 M 产品但不生产 N 产品

D. 停产 M 产品与继续生产 M 产品无差别

13. 2022年10月底，甲企业短期借款余额8 000万元，月利率为1%，企业没有长期负债。该企业正编制11月份的现金预算，在确保月末保留最低现金余额1 000万元但未考虑借款利息的情况下，预计11月现金短缺6 000万元。现金不足时，通过向银行借款解决，银行借款金额要求是100万元的整数倍；借款本金在借款当月月初借入、在还款当月月末归还，利息每月月末支付一次。该企业11月向银行借款的最低金额是（　　）万元。

A. 6 000　　B. 6 200　　C. 6 900　　D. 7 000

二、多项选择题（本题型共12小题，每小题2分，共24分。每小题均有多个正确答案，请从每小题的备选答案中选出你认为正确的答案。每小题所有答案选择正确的得分，不答、错答、漏答均不得分）

（本题型建议用时20分钟）

1. 某投资者利用内幕信息在市场上交易甲公司股票并获得了超额收益。下列有效性不同的资本市场中，会出现上述情况的有（　　）。

A. 无效市场　　B. 弱式有效市场

C. 半强式有效市场　　D. 强式有效市场

2. 假设其他因素不变，下列变动中会导致企业内含增长率提高的有（　　）。

A. 预计营业净利率的增加　　B. 预计股利支付率的增加

C. 经营资产销售百分比的增加　　D. 经营负债销售百分比的增加

3. 某投资者以100万元构建投资组合，该组合由50万元甲股票和50万元乙股票组成。甲、乙股票期望报酬率的相关系数为0.2，无风险报酬率为2%，市场风险溢价为8%，其他相关信息如下：

股票	期望报酬率	标准差	β 系数
甲股票	10%	12%	0.8
乙股票	18%	20%	1.2

下列关于该投资组合的说法中，正确的有（　　）。

A. 期望报酬率为 14%　　B. 标准差为 16%

C. β 系数为 1　　D. 必要报酬率为 10%

4. 下列关于资本市场线的说法中，正确的有（　　）。

A. 市场组合代表唯一最有效的风险资产组合

B. 存在无风险资产是资本市场线的假设条件之一

C. 投资者个人对风险的态度影响最佳风险资产组合

D. 分离定理表明企业管理层在决策时不必考虑每位投资者对风险的态度

5. 下列关于股权现金流量的说法中，正确的有（　　）。

A. 股权现金流量通常使用加权平均资本成本作为折现率

B. 股权现金流量的现值等于企业的实体价值减去长期负债的公允价值

C. 股权现金流量全部作为股利发放时其现值等于股利现金流量现值

D. 公司进入稳定状态后的股权现金流量增长率等于实体现金流量增长率

6. 权衡理论认为企业在选择资本结构时，需要考虑的因素有（　　）。

A. 利息抵税收益　　B. 折旧抵税收益

C. 客户流失成本　　D. 破产清算费用

要求：

分别计算三个投资方案的有效年利率，并从投资收益率角度指出应选择哪个投资方案。

3.（本小题9分）甲公司是一家上市公司，目前股票每股市价为40元，未来9个月内不派发现金股利。市场上有A、B、C三种以甲公司股票为标的资产的看涨期权，每份看涨期权可买入1股股票。

假设A、B、C三种期权目前市场价格均等于利用风险中性原理计算的期权价值。乙投资者构建的期权组合相关资料如下：

期权	类型	到期日	执行价格	策略	份数
A	欧式看涨期权	9个月后	28元	多头	5 000
B	欧式看涨期权	9个月后	50元	多头	5 000
C	欧式看涨期权	9个月后	39元	空头	10 000

9个月无风险报酬率为3%。假设不考虑相关税费的影响。

要求：

（1）假设9个月后股价有两种可能，上升35%或下降20%，利用风险中性原理，分别计算A、B、C三种期权目前的期权价值。

（2）假设9个月后股价有两种可能，上升35%或下降20%，分别计算股价上涨和下跌时，该期权组合的净损益（不考虑货币时间价值的影响）。

（3）假设9个月后股价处于（28，50）之间，计算该期权组合到期日价值的最大值。

4.（本小题9分）甲公司产销一种产品，有两个基本生产车间，第一车间半成品直接转入第二车间，第二车间继续加工成产成品，每生产1件产成品耗用2件半成品。第一车间原材料随加工进度陆续投入，投料程度与加工进度一致，加工费用陆续均匀发生。第二车间耗用的半成品与其他材料均在生产开始时一次投入，加工费用陆续均匀发生。第一车间和第二车间留存的月末在产品相对于本车间的完工程度均为50%。公司采用平行结转分步法计算产品成本，采用约当产量法（加权平均法）在产成品与月末在产品之间分配生产费用。

甲公司设有机修、供电辅助生产车间，分别为第一、二基本生产车间提供机修和电力服务，辅助生产车间之间也相互提供服务。公司采用一次交互分配法分配辅助生产费用。

甲公司2022年7月成本资料如下：

（1）本月产量。

单位：件

生产车间	月初在产品	本月投入	本月完工	月末在产品
第一车间	10	190	180	20
第二车间	25	90	100	15

（2）月初在产品成本。

单位：元

生产车间	直接材料	加工成本	合计
第一车间	10 000	50 000	60 000
第二车间	27 000	75 000	102 000

（3）基本生产车间本月生产费用。

单位：元

生产车间	直接材料	加工成本	合计
第一车间	350 000	392 425	742 425
第二车间	88 000	335 575	423 575

（4）机修车间本月生产费用9 000元，提供维修服务100小时；供电车间本月生产费用48 000元，提供电力80 000度。各部门耗用辅助生产车间产品或服务的数据如下：

耗用部门		机修车间（小时）	供电车间（度）
辅助生产车间	机修车间	—	5 000
	供电车间	20	—
基本生产车间	第一车间	50	50 000
	第二车间	30	25 000
合计		100	80 000

要求：

（1）编制辅助生产费用分配表（结果填入下方表格中，不用列出计算过程；分配率保留3位小数）。

辅助生产费用分配表

2022年7月

项目		机修车间			供电车间		
		耗用量（小时）	单位成本	分配金额（元）	耗用量（度）	单位成本	分配金额（元）
待分配费用							
交互分配	机修车间	—	—				
	供电车间				—	—	
对外分配费用							
对外分配	第一车间						
	第二车间						
	合计						

（2）编制第一车间产品成本计算单（结果填入下方表格中，不用列出计算过程）。

第一车间产品成本计算单

2022年7月

单位：元

项目	产成品产量（件）	直接材料	加工成本	合计
月初在产品	—			
本月生产费用	—			
合计	—			
产成品中本步骤份额				
月末在产品	—			

续表

现金流量项目	2022年末	2023年末	2024年末	2025年末	2026年末	2027年末
净现值						

（4）假设甲公司投资该项目，且2023年末甲公司进行利润分配后预计净经营资产为11 000万元，计算2023年甲公司关键绩效指标的预计值，并指出甲公司反对投资该项目的主要原因。

7. 公司营运资本筹资策略拟从激进型转为保守型，下列各项措施符合该转型要求的是（　　）。

A. 增加短期借款购买原材料　　B. 增发公司股票偿还短期借款

C. 增加长期借款购置固定资产　　D. 发行长期债券回购公司股票

8. 甲运输企业负责冷链运输，目前共有10辆运输车，20名驾驶员，每辆运输车配2名驾驶员。运输车按平均年限法计提折旧，驾驶员每月底薪0.4万元，按运输里程每公里支付工资0.2元。按照成本性态分类，甲运输企业的车辆折旧费和驾驶员工资分别属于（　　）。

A. 变动成本和固定成本　　B. 半变动成本和固定成本

C. 固定成本和半变动成本　　D. 固定成本和延期变动成本

9. 甲公司只产销一种产品，目前年产销量200万件，息税前利润对销量的敏感系数为4，处于盈利状态。假定其他条件不变，甲公司盈亏临界点的产销量是（　　）万件。

A. 50　　B. 150　　C. 192　　D. 200

10. 甲企业生产X产品，月生产能力5 000件，正常产销量4 000件，剩余生产能力无法转移。X产品单价60元，单位变动成本36元，单位固定制造费用4元。2023年5月，现有客户愿意以55元的单价追加订货1 500件，假设原订单可部分取消。若接受该特殊订单，则企业利润会（　　）。

A. 增加 16 500 元　　B. 增加 19 000 元

C. 增加 28 500 元　　D. 增加 22 500 元

11. 甲公司正在编制2024年各季度直接材料预算。预计各季度末材料存量是下季度生产需用量的10%，单位产品材料用量6千克/件；第二季度生产量2 000件，材料采购数量12 600千克。预计第三季度生产需用直接材料为（　　）千克。

A. 6 000　　B. 11 000　　C. 16 000　　D. 18 000

12. 下列关于关键绩效指标法的表述中，正确的是（　　）。

A. 客户满意度属于结果类关键绩效指标

B. 关键绩效指标应含义明确且可度量，并与战略高度相关

C. 关键绩效指标法通常需要单独使用，没法和平衡计分卡结合使用

D. 关键绩效指标法基于组织的战略而设计，仅适用于企业或部门，不适用于个人

13. 甲公司是一家中央企业，采用国资委经济增加值考核办法进行业绩评价。2023年公司净利润55亿元；利息支出35亿元，其中资本化利息支出25亿元；费用化研发支出2亿元，资本化研发支出3亿元。调整后资本1 100亿元，平均资本成本率为3.9%；企业所得税税率25%。2023年甲公司经济增加值是（　　）亿元。

A. 21.1　　B. 23.35　　C. 33.1　　D. 42.1

二、多项选择题（本题型共12 小题，每小题2分，共24分。每小题均有多个正确答案，请从每小题的备选答案中选出你认为正确的答案。每小题所有答案选择正确的得分，不答、错答、漏答均不得分）

（本题型建议用时20分钟）

1. 在场内交易市场进行证券交易的特点有（　　）。

A. 有协商的交易价格　　B. 有固定的交易时间

C. 有规范的交易规则　　D. 有约定的交易对手

2. 如果债券收益率曲线呈水平形态，下列表述中正确的有（　　）。

A. 无偏预期理论的解释是，市场预期未来短期利率会保持稳定

B. 市场分割理论的解释是，市场预期未来短期利率会保持稳定

C. 流动性溢价理论的解释是，市场预期未来短期利率会上升

D. 流动性溢价理论的解释是，市场预期未来短期利率会下降

3. 甲投资组合由M股票和N政府债券（无风险）组成，持仓占比分别为50%和50%。下列等式中，正确的有（　　）。

A. 甲的期望报酬率 =M 的期望报酬率 ×50%

B. 甲报酬率的方差 =M 报酬率的方差 ×50%

C. 甲报酬率的标准差 =M 报酬率的标准差 ×50%

D. 甲的 β 系数 =M 的 β 系数 ×50%

4. 甲公司目前没有上市交易的债券。在测算公司债务资本成本时，下列表述正确的有（　　）。

A. 采用可比公司法时，可比公司应与甲公司在同一行业且拥有上市交易的债券

B. 采用可比公司法时，可比公司应与甲公司的商业模式、财务状况类似

C. 采用风险调整法时，用来估计信用风险补偿率的发债公司应与甲公司在同一行业

D. 采用风险调整法时，用来估计无风险利率的政府债券应与甲公司债券到期日相近

5. 现有甲和乙两个互斥投资项目，均可重置。甲项目期限10年，乙项目期限6年。甲项目净现值2 000万元，折现率10%。下列表述中，正确的有（　　）。

A. 按共同年限法，以最小公倍数确定共同年限，甲项目需要重置 5 次

B. 按共同年限法，以最小公倍数确定共同年限，甲项目重置的净现值为 3 068.2 万元

C. 根据等额年金法，甲项目永续净现值为 3 254.89 万元

D. 根据等额年金法，甲项目等额年金为 200 万元

6. 市场上有以甲公司股票为标的资产的美式看涨期权和欧式看涨期权。下列各项中，会同时引起二者价值上升的有（　　）。

A. 缩短到期期限

B. 降低执行价格

C. 无风险利率上升

D. 股票波动率下降

7. 根据有税MM理论，下列关于财务杠杆变动对公司影响的表述中，正确的有（　　）。

A. 提高财务杠杆，将提高负债资本成本

B. 提高财务杠杆，将提高权益资本成本

C. 降低财务杠杆，将降低加权平均资本成本

D. 降低财务杠杆，将降低企业价值

8. 企业采用标准成本法时，下列关于直接材料标准成本制定的表述中，正确的有（　　）。

A. 在确定材料标准价格时，考虑仓储成本

B. 应分材料确定用量标准和价格标准，最后进行汇总

C. 各材料的用量标准可用工业工程法确定，不考虑损耗数量

D. 材料标准价格是材料的买价、保险费、装卸运输费等取得成本之和

9. 下列关于增值作业与非增值作业的表述中，正确的有（　　）。

A. 产品设计作业属于增值作业

B. 作业管理的核心是降低、消除甚至转化非增值作业

C. 客户地址错误导致的二次投递作业属非增值作业

D. 是否属于增值作业需要站在顾客的角度考虑

10. 甲公司生产一种产品，单价30元，月固定成本108 000元，月正常销售量30 000件，盈亏临界点销售量18 000件。下列表述中正确的有（　　）。

A. 安全边际率为 40%

B. 息税前利润率为 8%

C. 安全边际额为 252 000 元

D. 变动成本总额为 720 000 元

2023年7月会计部门提供的业绩报告如下：

项目	预算	实际	差异
学习人次（人次）	800	840	40
学习小时（小时）	1 600	1 680	80
收入（元）	800 000	823 200	23 200
教师薪酬（元）	240 000	257 040	17 040
材料成本（元）	24 000	21 840	–2 160
固定成本（元）	90 000	90 000	0
总成本（元）	354 000	368 880	14 880
经营利润（元）	446 000	454 320	8 320

要求：

（1）编制甲艺术中心2023年7月弹性预算业绩报告（结果填入下方表格中，不用列出计算过程）。

项目	实际结果	收入和支出差异	弹性预算	作业量差异	固定预算
学习人次（人次）					
学习小时（小时）					
收入（元）					
教师薪酬（元）					
材料成本（元）					
固定成本（元）					
总成本（元）					
经营利润（元）					

（2）计算教师薪酬成本的工资率差异和效率差异，并说明差异产生的可能原因。

（3）计算材料成本的价格差异和数量差异，并说明差异产生的可能原因。

（4）用会计部门提供的业绩报告中的差异评价招生部门和教务部门业绩，是否合理？说明理由。

（5）简要说明弹性预算业绩报告的优点。

四、综合题（本题共14分。涉及计算的，要求列出计算步骤，否则不得分，除非题目特别说明不需要列出计算过程）

（本题型建议用时35分钟）

甲公司是一家制造业企业，主要生产和销售A产品。根据客户要求，公司也承接将A产品继续加工成B产品的订单。A产品市场售价210元/件，B产品市场售价350元/件。

公司设有两个分部，第一分部生产A产品，按品种法计算成本。直接材料在开工时一次投入，直接人工成本、制造费用随加工进度陆续发生。月末采用约当产量法（先进先出法）分配完工产品和在产品成本。A产品完工后，转入产成品库，采用先进先出法计算销货成本。

第二分部根据客户订单将A产品继续加工成B产品，一件B产品消耗一件A产品，按订单法计算成本。第二分部可从产成品库领用A产品，也可以外购。A产品在开工时一次投入，其他直接材料于本车间加工程度达

50%时一次性投入。A产品和其他直接材料按订单分别领用，可直接计入订单成本；直接人工成本、变动制造费用按直接人工工时分配，固定制造费用按机器工时分配，计入订单成本。

甲公司为了激励第一、二分部对企业利润做出贡献，将其分别设定为“利润中心”。为评价各利润中心的经营业绩，第二分部领用A产品按内部转移价格200元/件计价。

2023年7月相关资料如下。

（1）月初在产品成本数据。

单位：元

项目	A产品成本	直接材料成本	其他直接材料成本	直接人工成本	变动制造费用	固定制造费用	成本合计
A产品	—	1 207 500	—	252 000	61 200	156 000	1 676 700
订单#601B	2 000 000	—	245 000	85 200	90 770	115 500	2 536 470

（2）A产品月初在产品15 000件，平均加工程度40%；本月投产81 000件，完工80 000件；月末在产品16 000件，平均加工程度50%。订单#601B月初在产品10 000件，平均加工程度55%，月末全部完工；订单#701B本月投产8 000件，领用A产品8 000件，本月全部完工；订单#702B本月投产12 000件，领用A产品12 000件，月末均未完工，平均加工程度30%。

（3）本月生产费用。

单位：元

项目	直接材料成本	其他直接材料成本	直接人工成本	变动制造费用	固定制造费用
A产品	6 520 500	—	3 444 000	836 400	1 804 000
订单#601B	—				
订单#701B	—	196 000			
订单#702B	—				

（4）本月第二分部工时与间接生产费用。

项目	人工工时（小时）	机器工时（小时）	直接人工成本（元）	变动制造费用（元）	固定制造费用（元）
第二分部	17 600	9 000	246 400	258 720	346 500
其中：					
订单#601B	4 900	2 600			
订单#701B	8 800	4 400			
订单#702B	3 900	2 000			

（5）本月第一分部对外销售A产品62 000件，转入下一车间继续加工20 000件。A产品完工产品月初库存10 000件，成本1 500 000元。第一分部对外销售A产品，每件销售佣金提成17.3元。

9. 下列关于弹性预算的表述中，错误的是（　　）。

A. 编制弹性预算应选用最能代表生产经营活动水平的业务量计量单位

B. 成本性态分析是编制弹性预算的基础

C. 实际成本与当期实际业务量水平下应发生成本的差额称为支出差异

D. 实际收入与当期实际业务量水平下应实现收入的差额称为作业量差异

10. 甲企业生产X产品，生产能力50万件，正常销量45万件，产品单价90元，单位产品成本60元，其中单位变动成本30元，有客户追加订货8万件，报价70元，如果不接受追加订单，剩余生产能力对外出租可获租金70万元，如果接受追加订单需追加专属成本30万元，该订单不可分拆，原订单削减，下列关于甲企业决策表述中正确的是（　　）。

A. 增加利润 40 万元，可接受订单　　B. 增加利润 10 万元，可接受订单

C. 增加利润 30 万元，可接受订单　　D. 增加利润 110 万元，可接受订单

11. 某贸易公司的物流费用为混合成本，公司按弹性预算法编制物流费用预算，当物流运输量为基准量的80%、100%、110%、120%时，对应的物流费用分别为896万元、920万元、932万元、944万元。当物流运输量为基准量的107%时，预计物流费用为（　　）万元。

A. 929.4　　B. 927.4　　C. 984.4　　D. 928.4

12. 甲公司下属投资中心本年度部门税前经营利润1 000万元，部门平均资产9 000万元（其中，平均非经营资产为2 500万元），部门平均经营负债2 000万元，该部门要求的税前投资报酬率为6%，该投资中心的剩余收益为（　　）万元。

A. 580　　B. 730　　C. 460　　D. 610

13. 甲公司下设一投资中心，2024年该投资中心税前经营利润1 600万元，平均净经营资产8 000万元，该投资中心经理提出处置一经营资产的方案，资产净值2 000万元，每年税前经营利润310万元。假设采用投资报酬率方法评价投资中心业绩，要求的税前投资报酬率为15%，下列表述中正确的是（　　）。

A. 站在投资中心的角度可以实施该方案，站在公司的角度不可以实施该方案

B. 站在投资中心和公司的角度都可以实施该方案

C. 站在投资中心的角度不可以实施该方案，站在公司的角度可以实施该方案

D. 站在投资中心和公司的角度都不可以实施该方案

二、多项选择题（本题型共12小题，每小题2分，共24分。每小题均有多个正确答案，请从每小题的备选答案中选出你认为最正确的答案。每小题所有答案选择正确的得分，不答、错答、漏答均不得分）

（本题型建议用时20分钟）

1. 下列金融工具中，属于固定收益证券的有（　　）。

A. 按国债利率上浮两个百分点计算利息的公司债券

B. 票面利率第一年 0.8%、第二年 1.1%、第三年 1.8% 的可转换债券

C. 股息率为 6% 的优先股

D. 票面利率为 5% 的债券附送的认股权证

2. 股票当前市价18元，市场上有以该股票为标的资产的看涨期权和看跌期权，执行价格均为15元，均为3个月后到期。下列说法中，正确的有（　　）。

A. 看涨期权的内在价值为 3 元　　B. 看跌期权的内在价值为 -3 元

C. 看涨期权时间溢价大于 0　　D. 看跌期权时间溢价小于 0

3. 投资者同时卖出一只股票的看涨期权和看跌期权，该投资策略适合的情形有（　　）。

A. 预计标的股票市场价格将小幅下跌

B. 预计标的股票市场价格将大幅上涨

C. 预计标的股票市场价格将大幅下跌

D. 预计标的股票市场价格将小幅上涨

4. 资本结构的MM理论基于完美资本市场的假设条件提出的，下列属于MM资本结构理论所依据的假设条件有（　　）。

A. 市场参与者对公司未来的收益与风险的预期是相同的

B. 公司或个人投资者的所有债务利率都是无风险利率

C. 投资者预期的 EBIT 不变，所有现金流量都是年金

D. 不存在个人和企业所得税

5. 甲公司为家电生产和销售企业，计划布局线上运营渠道，将通过筹资开展业务转型。在考虑企业所得税情况下，根据资本结构的有税MM理论，随着甲公司财务杠杆提高，下列表述中，正确的有（　　）。

A. 加权平均资本成本上升

B. 利息抵税现值增加

C. 权益资本成本上升

D. 公司价值提高

6. 甲企业2025年拟生产一种新产品。根据生产预算，1月生产5万件，2月生产6万件，3月生产7万件，销售价格为10元/件，当月销售70%，次月销售20%，第三个月销售10%。当月收到现金为销售额的60%，次月收到剩余40%的现金。下列表述中正确的有（　　）。

A. 3 月末应收账款余额预计 26.4 万元

B. 3 月份预计销售现金额 60.4 万元

C. 3 月份预计实现销售额 66 万元

D. 3 月末产成品库存数量预计 3.8 万件

7. 甲公司预算和实际情况如下：

项目	数量（万件）	单价（元）	成本（元）
预算	90	90	60
实际	100	80	50

下列说法中，正确的有（　　）。

A. 收入差异为 -1 000 万元

B. 税前经营利润的作业量差异为 0

C. 税前经营利润收入支出差异为 -300 万元

D. 成本费用的作业量差异为 600 万元

8. 采用逐步综合结转分步法核算产品成本时，需要进行成本还原。下列有关成本还原的说法中，正确的有（　　）。

A. 成本还原的对象是产品成本中所耗用的半成品项目

B. 成本还原需要从后面一个步骤往前逐步推算分解，还原成以前的成本项目

C. 还原后的各成本要素汇总金额与还原前的成本汇总金额不同

D. 通过成本还原，能全面地反映各步骤产品的生产耗费水平

续表

项目	2024年末	2025年末	2026年末	2027年末	2028年末
现金净流量					
折现系数（10%）					
现金流量现值					
净现值					

（2）为满足配股融资需求，计算配股价、配股除权参考价及配股对控股股东财富带来的影响。

4.（本小题9分）甲公司是一家制药公司，下设一家子公司乙，甲公司生产用于加工成品药的A、B产品；乙公司将A产品进一步加工为成品药C产品，甲公司A产品可以按市场价格390元/千克对外销售，也可以按内部转移价格360元/千克对乙公司销售。乙公司也可以从市场采购A产品。

（1）甲公司的A、B产品均存在萃取环节，都需使用萃取反应釜，该设备是公司的约束资源，年加工能力7.5万小时，假设产品当年生产，当年销售，年初年末均无库存。

项目	A产品	B产品
销量（千克）	150 000	100 000
单位售价（元）	390	220
单位直接材料成本（元）	120	40
单位直接人工成本（元）	60	30
单位变动制造费用（元）	20	15
分摊固定制造费用（万元）	240	160
单位产品约束资源消耗（小时）	0.50	0.25

（2）假设根据市场需求变化，2025年只生产并销售A产品，预计销量达到250 000千克，但需新购反应釜设备，使A产品加工能力增加至14万小时，2025年固定制造费用在2024年基础上增加287.5万元，单位变动成本保持不变。

要求：

（1）计算A产品内部转移价格的合理区间，回答360元/千克内部转移价格是否合理。

（2）为有效利用约束性资源获得最大利润，甲公司2024年应生产A、B产品各多少千克，可实现税前经营利润总额是多少？

（3）根据资料（2），假设2025年要求至少达到要求（2）的税前经营利润，计算A产品可接受的最低售价是多少？

（4）基于资料（2），客户丙向甲公司追加订购A产品60 000千克，报价330元/千克，该订单不可拆分，但原订单可削减，原订单报价390元/千克，剩余产能可对外出租，年租金120万元，甲公司可接受订单的最低售价是多少，是否接受追加订单？

（5）基于资料（2），如果在正常市场需求外，客户丁订购A产品25 000千克，甲公司拟使用完全成本加成定价法确定投标价格，在单位完全成本基础上加成50%，作为目标报价，若剩余产能无法转移，原固定成本和新增设备成本按产量计算单位产品固定制造费用，甲公司的投标报价是多少？

四、综合题（本题共14分。涉及计算的，要求列出计算步骤，否则不得分，除非题目特别说明不需要列出计算过程）

（本题型建议用时35分钟）

甲公司是一家智能机器人生产企业，目前正处在高速增长期，正进行价值评估。相关资料如下：

（1）甲公司2024年主要财务报表数据（单位：万元）。

资产负债表项目	2024年末
货币资金	200
应收账款	800
存货	1 500
固定资产	5 500
资产总计	8 000
应付账款	2 000
长期借款	2 000
股东权益	4 000
负债及股东权益总计	8 000

利润表项目	2024年度
营业收入	10 000
减：营业成本	6 000
税金及附加	320
销售和管理费用	2 000
财务费用	160
利润总额	1 520
减：所得税费用	380
净利润	1 140

（2）甲公司货币资金全部为经营活动所需，财务费用全部为利息支出。

（3）甲公司预测2025年、2026年营业收入分别增长20%、12%，2027年及以后保持4%的永续增长；税后经营净利率、净经营资产周转次数、净财务杠杆和净负债利息率一直维持2024年水平不变。

（4）甲公司目标资本结构（净负债/股东权益）为2/3。等风险债券税前资本成本8%；普通股β系数1.4，无风险报酬率4%，市场组合的必要报酬率9%，甲公司适用的企业所得税税率为25%。

8. 甲公司只生产和销售一种产品，目前年销售量为1 000件，单价为10万元，单位变动成本为6万元，安全边际率为40%，优先股股利为600万元，适用企业所得税税率为25%。假设不存在资本化利息和优先股，如果该企业销售量上升10%，则每股收益将增长（　　）。

A. 40%　　B. 50%　　C. 20%　　D. 25%

9. 甲公司生产联产品X和Y，8月份产量分别为150件和100件，分离点前共发生联合成本9 000元。X产品在分离后可以立即出售，单位售价为40元，Y产品需要进一步加工，每件尚需发生加工成本20元，完工后单位售价为60元。甲公司采用可变现净值法分配联合成本，Y产品的单位成本是（　　）元。

A. 56　　B. 36　　C. 65　　D. 45

10. 甲公司生产N产品，2024年初N产品存货量为0，2024年生产60万件，销售50万件，年末存货量为10万件，2024年与N产品相关的成本信息如下表所示：

项目	金额
单价	60元/件
单位直接材料	20元/件
单位直接人工	8元/件
单位变动制造费用	16元/件
固定制造费用总额	180万元
单位变动销售和管理费用	2元/件
固定销售和管理费用总额	30万元

如果甲公司采用变动成本法核算N产品成本，则其2024年的税前经营利润为（　　）万元。

A. 50　　B. 470　　C. 490　　D. 520

11. 甲公司生产销售M产品，8月份预计产量为1 000件。甲公司支付给生产工人的工资由两部分构成：一部分是固定工资，8月份预计为60 000元；一部分是计件工资，预计每件产品支付10元。8月份，甲公司实际生产产品1 100件，实际发生人工成本72 500元。下列各项表述中，正确的是（　　）。

A. 直接人工成本作业量差异为不利差异 2 500 元

B. 直接人工成本作业量差异为有利差异 1 000 元

C. 直接人工成本支出差异为不利差异 1 000 元

D. 直接人工成本支出差异为不利差异 1 500 元

12. 甲公司M生产车间是一个标准成本中心，下列成本差异中，属于M生产车间责任的是（　　）。

A. 生产设备闲置造成的固定制造费用闲置能力差异

B. 购入材料质量低劣导致的直接材料数量差异

C. 工资率调整导致的直接人工工资率差异

D. 生产计划安排不当导致的变动制造费用效率差异

13. 甲公司是一家中央企业上市公司，依据国资委《中央企业负责人经营业绩考核办法》采用经济增加值进行业绩考核。2024年公司净利润20亿元，当年发生的费用化利息支出4亿元、资本化利息支出2亿元，费用化研发支出5亿元，资本化研发支出1亿元；调整后资本200亿元，资本成本率5%。企业所得税税率25%。公司2024年经济增加值是（　　）亿元。

A. 19　　B. 17.5　　C. 20　　D. 16.75

二、多项选择题（本题型共12小题，每小题2分，共24分。每小题均有多个正确答案，请从每小题的备选答案中选出你认为最正确的答案。每小题所有答案选择正确的得分，不答、错答、漏答均不得分）

（本题型建议用时20分钟）

1. 根据销售百分比法，假设其他条件不变，下列变动中有利于减少外部融资额的有（　　）。

A. 提高经营负债销售百分比　　B. 提高经营资产周转次数

C. 提高股利支付率　　D. 提高营业净利率

2. 下列关于风险与报酬的表述中，正确的有（　　）。

A. 投资组合的 β 系数等于组合内各资产 β 系数的加权平均值

B. 当相关系数 =0 时，投资组合的标准差等于组合内各资产标准差的加权平均值

C. 甲、乙证券的期望报酬率分别为 10%、18%，则两证券构成的投资组合的收益率不会高于 18%

D. 只要两项资产构成的投资组合具有风险分散化效应，则该投资组合构成的机会集中就必然存在无效集

3. 甲公司计划发行面额为1 000元的公司债券，票面利率10%，每年付息一次，到期偿还本金，5年后到期。下列说法中，错误的有（　　）。

A. 若市场利率是 10%，则到期日之前债券价值一直等于面值

B. 若市场利率是 8%，则到期日之前债券价值不可能低于面值

C. 随着到期时间的缩短，市场利率变动对债券价值的影响越来越大

D. 若延长债券的期限，会导致债券的价值与面值的差异变大

4. 下列关于资本成本的说法中，错误的有（　　）。

A. 进行投资决策时，需要估计的债务成本是未来债务的承诺收益

B. 利用资本资产定价模型估计股权资本成本，若企业的 β 系数比较大，在估计无风险利率时，需要使用实际利率，而非名义利率

C. 利用资本资产定价模型估计股权资本成本，在估计 β 系数时，通常使用过去 10 年期的数据计算

D. 利用债券收益率风险调整模型估计股权资本成本时，债券收益率指的是政府长期债券的到期收益率

5. 下列关于投资项目评价方法的表述中，正确的有（　　）。

A. 现值指数法克服了净现值法在用于比较期限和投资额不同的项目时的局限性

B. 在计算内含报酬率时，可能会出现多解或者无解的情况

C. 回收期法考虑了项目的流动性和风险

D. 会计报酬率法考虑了货币的时间价值

6. 甲公司股票当前市价是20元，市场上有X、Y两种以甲公司股票为标的资产的欧式看涨期权，执行价格均为25元。X期权1个月后到期，Y期权3个月后到期。下列说法中错误的有（　　）。

A. X 期权的内在价值小于 Y 期权的内在价值

B. X 期权的价值小于 Y 期权的价值

C. 若当前股价上升，则 X、Y 期权价值都上升

D. 若股票价格波动率上升，则 X、Y 期权的内在价值同时上升

7. 关于资本结构理论，下列说法中正确的有（　　）。

A. 根据无税的 MM 理论，提高财务杠杆，不会影响债务资本成本

B. 根据有税的 MM 理论，提高财务杠杆，加权平均资本成本会上升

C. 根据代理理论，当负债程度较高的企业陷入财务困境时，股东通常会选择投资净现值为正的项目

D. 根据优序融资理论，当存在外部融资需求时，企业倾向于债务融资而不是股权融资

续表

项目	直接材料	制造费用	合计
合计			
完工产品总成本			
完工产品单位成本			
月末在产品成本			

B产品成本计算单

单位：元

项目	直接材料	制造费用	合计
月初在产品成本			
本月生产成本			
合计			
完工产品总成本			
完工产品单位成本			
月末在产品成本			

（3）若甲公司目前对A、B产品确定的单位售价分别为140元和220元，判断甲公司目前对A、B两个产品的定价是否合理，并说明理由。

2.（本小题9分）甲公司是一家制造业企业，生产销售A产品，产销平衡，正在编制2025年第一季度的预算。

（1）预计第一季度A产品产量为2 000件，预计的相关成本资料如下：单位产品材料消耗量为10千克，材料单价为5元/千克，单位产品工时为2小时，人工成本20元/小时，变动制造费用分配率为10元/小时，单位变动销售费用和管理费用为10元/件，季度固定制造费用总额为140 000元，季度固定销售和管理费用为40 000元。

（2）甲公司采用变动成本加成定价法确定A产品的价格，加成率为100%。甲公司销售货款当季收回60%，下季收回40%，采购货款50%当季付清，50%下季付清，当季采购的材料，当季全部消耗，季初季末无库存原材料。直接人工成本、制造费用、销售和管理费用全部当季付现。甲公司年初应收账款为200 000元，于第一季度收回，应付账款为30 000元，于第一季度支付。第一季度需要预缴所得税20 000元。公司计划安装一条生产线，需要在第一季度支付购置款300 000元。

（3）甲公司年初现金余额为62 000元，年初长期借款余额为100 000元，借款年利率为10%，借款利息按季度计算，并于每季度末支付。每季末现金余额不能低于50 000元，低于50 000元时，向银行借入短期借款，借款金额为1 000元的整数倍。借款季初取得，每季末支付当季利息，季度利率2%。高于50 000元时，高出部分按1 000元的整数倍偿还借款，季末偿还。

第一季度无其他融资和和投资计划。

要求：

（1）计算甲公司A产品的单价。

（2）计算甲公司第一季度的现金收入、现金支出和季末现金余额。

（3）假设甲公司目前具备将1 000件A产品深加工为B产品的能力，每件需要追加变动成本10元，B产品的销售单价为300元。该能力可以对外承揽加工业务每季度可获得边际贡献30 000元。分析判断甲公司是否应该将A产品深加工为B产品，并说明理由。

（4）如果第一季度甲公司实际生产A产品2 200件，实际工时4 300小时，实际发生人工成本90 000元，计算甲公司第一季度直接人工效率差异和工资率差异。

3.（本小题9分）甲公司是一家饮料生产企业，在2023年研发出一种新的饮料配方，计划投资生产该新型饮料。考虑到市场的成长需要一定时间，该项目分两期进行。第一期项目的规模较小，目的是观察市场对该新型饮料的反馈，减少投资风险，大约需要投资300万元，2024年初建成并投资投产，预期税后营业现金流量如下表所示：

新型饮料项目第一期税后营业现金净流量

单位：万元

项目	2024年末	2025年末	2026年末	2027年末
税后营业现金流量	80	90	100	100

第二期项目计划于2026年初建成并投产，需要投资1 200万元，项目寿命期为4年，预期每年税后营业现金流量为400万元。

甲公司预计新型饮料项目现金流量的标准差为30%。假设投资的必要报酬率为10%，无风险报酬率为5%，第二期项目的决策必须在2025年底前决定。

要求：

（1）计算第一期项目不含期权的项目净现值（计算结果填入下方表格）。

第一期项目净现值

单位：万元

项目	2023年末	2024年末	2025年末	2026年末	2027年末
税后营业现金流量					
折现系数					
各年营业现金流量现值					
营业现金流量现值合计					
投资额现值					
净现值					

（2）计算第二期项目不含期权的项目净现值（计算结果填入下方表格）。

（4）甲公司预计筹资完成后，预计经营风险保持不变，其经营营运资本周转率、净经营长期资产周转率和净经营资产净利率与2024年相同。甲公司预计筹资完成后，公司平均税后债务资本成本为8%。

（5）甲公司目前资产的β系数为1，无风险利率为5%，市场组合的必要收益率为9%。甲公司适用的企业所得税税率25%。

要求：

（1）编制甲公司2024年的管理用财务报表。

单位：万元

管理用资产负债表项目	2024年末
经营营运资本	
净经营长期资产	
净经营资产合计	
净负债	
股东权益	
净负债与股东权益合计	

单位：万元

管理用利润表项目	2024年度
税前经营利润	
减：经营利润所得税	
税后经营净利润	
利息费用	
减：利息费用抵税	
税后利息费用	
净利润	

（2）计算甲公司2024年的经营营运资本周转次数、净经营长期资产周转次数、净经营资产净利率和股权现金流量。

（3）计算甲公司2024年的可持续增长率。若甲公司不改变其经营效率和财务政策，采用股权现金流量折现模型计算甲公司2025年初的股权价值。

（4）若甲公司改变其经营效率和财务政策，计算其2025年至2027年的实体现金流量（计算结果填入下方表格）。

单位：万元

项目	2024年末	2025年末	2026年末	2027年末
营业收入				
经营营运资本				
净经营长期资产				
净经营资产				

续表

项目	2024年末	2025年末	2026年末	2027年末
税后经营净利润				
净经营资产增加				
实体现金流量				

（5）若甲公司改变其经营和财务战略，基于上述结果，计算甲公司加权平均资本成本和2025年初的实体价值。

配股权，其他股东全部参与配股，配股后除权参考价是（　　）元。

A. 24.17　　B. 24.24　　C. 25　　D. 30

6. 甲公司针对当年利润采用剩余股利政策，并于下年分配。2023年，甲公司实现净利润2 500万元，同比增长5%，法定盈余公积金计提比例10%。2023年末，甲公司计划将股利政策改为固定股利支付率政策，股利支付率3%。2024年，预计净利润同比下滑15%，计划资本支出3 000万元，同比减少12%，目标资本结构（净债务/股东权益）维持1/2。相比于2023年分配的股利，甲公司2024年预计分配的现金股利将（　　）。

A. 减少 33.23 万元　　B. 减少 67.86 万元

C. 减少 295.10 万元　　D. 减少 436.25 万元

7. 甲公司全年需采购包装材料600千克，每千克进货成本800元，储存材料的仓库租金每年3 200元，另按平均储存量加收每千克材料仓储管理费10元/年，损坏成本为年平均货值的1.5%。假定甲公司的年资金成本为5%，包装材料的单位变动储存成本是（　　）元。

A. 62.25　　B. 62　　C. 52　　D. 67.33

8. 甲公司是一家品牌箱包生产企业，采用作业成本法核算产品成本，下列关于作业成本库设计的表述中，正确的是（　　）。

A. 版型设计属于批次级作业

B. 生产工艺规程更新属于品种级作业

C. 产品锁边属于生产维持级作业

D. 成品抽检属于单位级作业

9. 甲公司正在分析其成本性态以进行更有效的预算和成本控制。公司收集了本年的产量和相关成本数据，具体如下：

季度	产量（件）	总成本（元）
第一季度	1 000	28 000
第二季度	3 000	42 000
第三季度	2 000	45 000
第四季度	1 500	30 000

假设成本可以分解为固定成本和变动成本，预计明年第一季度产量为2 500件，使用高低点法计算预计的总成本为（　　）元。

A. 38 500　　B. 44 000　　C. 46 000　　D. 53 500

10. 甲公司生产A半成品，销售单价50元，单位变动成本20元，全年固定成本总额200 000元，目前有10 000件A半成品库存。甲公司仅具备将7 000件A半成品进一步深加工为B产品的生产能力，该生产能力也可用于对外承揽加工业务，预计一年可获得边际贡献50 000元，B产品销售单价90元。若选择进一步深加工，还需要追加专属固定成本20 000元，则每件A半成品至多追加变动成本（　　）元。

A. 30　　B. 32.86　　C. 37.14　　D. 40

11. 甲公司正在编制直接材料预算。第一季度期初、期末材料存量分别为800千克和600千克；第一季度、第二季度产品销量分别为500件和360件；期末产品存量按下季度销量20%安排。预计单位产品材料消耗10千克，材料单价40元/千克，预计第一季度材料采购金额为（　　）元。

A. 10 880　　B. 188 800　　C. 180 800　　D. 203 200

12. 甲公司将两个生产车间设为成本责任中心。下列各项成本费用中，适合按照责任基础分配的是（　　）。

A. 低值易耗品的领用　　B. 产品试验检验费用

C. 车间厂房的折旧　　D. 车间设备的维修费

13. 下列关于绩效棱柱模型的表述中，正确的是（　　）。

A. 绩效棱柱模型以利益相关者满意为落脚点

B. 企业的利益相关者指股东和债权人

C. 内部控制有效性是投资者在业务流程构面的评价指标

D. 资本保值增值率是监管机构在利益相关者贡献构面的评价指标

二、多项选择题（本题型共12小题，每小题2分，共24分。每小题均有多个正确答案，请从每小题的备选答案中选出你认为最正确的答案。每小题所有答案选择正确的得分，不答、错答、漏答均不得分）

（本题型建议用时20分钟）

1. 半强式有效资本市场的检验方法有（　　）。

A. 随机游走模型　　B. 过滤检验

C. 事件研究法　　D. 投资基金表现分析法

2. 如果两种证券构成的组合机会集是一条曲线，下列关于最小和最大方差组合的表述中，正确的有（　　）。

A. 若未向左侧凸出，最小方差组合是将全部资金投资于低风险资产

B. 若未向左侧凸出，最大方差组合是将全部资金投资于高风险资产

C. 若向左侧凸出，最小方差组合不是将全部资金投资于低风险资产

D. 若向左侧凸出，最大方差组合不是将全部资金投资于高风险资产

3. 甲公司选择资本资产定价模型估计普通股资本成本，下列有关模型参数的表述中，正确的有（　　）。

A. 为了增强可比性，应选用长期政府债券的到期收益率作为无风险利率

B. 如果预测周期内通货膨胀的累积影响巨大，应使用剔除通货膨胀的实际利率

C. 如果未来公司的经营风险将发生重大变化，则不能使用历史数据计算 β 系数

D. 如果当前经济环境存在较大波动，应使用最近几年的数据计算市场风险溢价

4. 下列关于投资项目评价方法的表述中，正确的有（　　）。

A. 使用内含报酬率法可能出现多解或无解的情况

B. 会计报酬率考虑了项目寿命期的全部利润，是项目本身的盈利能力

C. 评价指标的矛盾如果不是由项目期限不同引起的，应当净现值法优先

D. 如果项目所处市场竞争激烈，不适宜使用共同年限法或等额年金法

5. 甲公司7月签订了一份天然橡胶的采购合同，承诺于10月向乙公司采购100手天然橡胶，为了对冲风险，甲公司可以采取的行动有（　　）。

A. 7 月在期货交易所卖出 10 月到期的 100 手天然橡胶期货

B. 7 月在期货交易所买进 10 月到期的 100 手天然橡胶期货

C. 10 月在期货交易所卖出 100 手天然橡胶期货

D. 10 月在期货交易所买进 100 手天然橡胶期货

6. 甲公司的1 000万元长期资本均为普通股，每股价格10元，因扩大经营规模需要筹集长期资本800万元，可以发行长期债券、优先股或普通股，其中发行长期债券的利率为8%，发行优先股的股息率为10%，普

单位：万元

管理用资产负债表项目	2024年末
经营性资产总计	
经营性负债总计	
净经营资产总计	
金融负债	
金融资产	
净负债	
所有者权益	
净负债及所有者权益总计	
管理用利润表项目	**2024年度**
税前经营利润	
减：经营利润所得税	
税后经营净利润	
利息费用	
减：利息费用抵税	
税后利息费用	
净利润	

（2）假设甲公司2025年销售增长率为20%，营业净利率水平保持不变，2024年末的金融资产均可以动用的情况下，使用销售百分比法预测2025年的外部融资需求。

（3）甲公司拟通过平价发行附认股权证债券筹资，面值1 000元，票面利率6%，期限10年，每年年末付息一次，到期还本。每份债券附送20张认股权证，认股权证5年后到期，在到期前每张认股权证可按25元的价格购买一股普通股。不考虑发行成本等其他费用，计算发行附认股权证债券的税前资本成本。

（4）简要说明附认股权证债券税前资本成本的合理区间，并解释不在该区间的税前资本成本不被接受的原因。

2.（本小题9分）甲集团计划收购乙公司，决定采用市盈率相对价值评估模型对乙公司的股权价值进行评估，已经收集到乙公司的有关资料如下：

乙公司2024年初发行在外的普通股8 000万股，无优先股。2024年6月30日，乙公司以5元/股的价格增发2 000万股普通股，过往和未来均无其他增发或回购安排。乙公司2024年初股东权益35 000万元，全年预计实现净利润4 500万元，预计年末股东权益46 800万元，年初总资产50 000万元，预计年末总资产68 000万元，股东权益的增加全部源于股票增发筹集的资金和预计利润留存的增加，2024年及以后年度的预计净利润增长率为5%。乙公司的β系数1.2，财务杠杆系数2.5。甲集团识别出影响市盈率的关键因素包括企业的增长潜力（预计利润增长率）、盈利能力（总资产净利率）和风险（β系数和财务杠杆系数），并选择了乙公司所在行业关键因素类似的3家上市公司作为可比公司，收集了相关数据如下。

可比公司	预计每股收益（元）	每股市价（元）	预计利润增长率（%）	总资产净利率（%）	β系数	财务杠杆系数
A公司	0.8	8	4.75%	6%	1.5	2.1
B公司	2.4	18	8%	10%	0.9	1.5
C公司	1.6	9.6	6%	8%	1.8	1.2

假定长期政府债券利率7%，市场风险溢价5.5%，乙公司和3家可比公司适用的企业所得税税率均为25%，乙公司采用固定股利支付率政策，当年利润当年分配。

要求：

（1）计算乙公司2023年的每股收益和2024年预计的每股收益。

（2）分别计算乙公司的股利支付率、动态市盈率和可比公司的平均市盈率，并使用市盈率基本模型估计乙公司的股票价值。

（3）使用修正平均比率法计算影响市盈率的各项关键因素的调整系数和乙公司修正的市盈率，并根据修正模型估计乙公司的股票价值。

3.（本小题9分）甲公司是一家制造业企业，只生产一种产品，下设两个基本生产车间，第一车间为第二车间提供半成品。第一车间的直接材料、其他材料和第二车间的半成品在开始生产时一次投入，其他成本费用陆续均匀发生。第一车间和第二车间留存的月末在产品相对于本车间的完工程度均为50%。公司采用逐步综合结转分步法计算产品成本，采用约当产量法（加权平均法）在产成品与月末在产品之间分配生产费用。

甲公司2025年6月成本资料如下。

（1）本月产量（单位：件）。

项目	第一车间	第二车间
月初在产品	300	100
本月投入	1 350	1 400
本月完工	1 400	1 350
月末在产品	250	150

（2）月初在产品成本（单位：元）。

项目	第一车间	第二车间
半成品	—	51 520
直接材料	18 750	—
其他材料	5 000	9 000
直接人工	14 000	3 975
制造费用	7 500	3 300
合计	45 250	67 795

项目	2025年末	2026年末	2027年末	2028年末	2029年末
现金净流量					
折现系数					
现金净流量的现值					
净现值					

（3）以项目目前净现值为基准，假设该项目生产线购置和安装成本上升10%，用敏感程度法，计算净现值对生产线购置和安装成本的敏感系数。

本为2元/千克。单位产品生产必不可少的材料消耗为40千克/件，难以避免的材料损失为0.2千克/件。单位产品直接材料标准成本是（　　）元。

A. 725.61　　B. 763.8　　C. 804　　D. 800

9. 甲公司生产和销售A产品，只需经过一个步骤的生产，月末完工产品和在产品采用约当产量法（先进先出法）分配。月初在产品数量200件（完工程度50%），本月投入生产400件，本月完工产品520件，月末在产品80件（完工程度40%），原材料在开始生产时一次投入，直接人工和制造费用陆续均匀发生。下列指标，计算错误的是（　　）。

A. 月末在产品约当产量（直接材料）为 80 件

B. 月末在产品约当产量（直接人工和制造费用）为 32 件

C. 月初在产品本月加工约当产量（直接材料）为 100 件

D. 月初在产品本月加工约当产量（直接人工和制造费用）为 100 件

10. 某产品实际销售量为8 000件，单价为30元，变动成本率为40%，固定成本总额为36 000元。则该产品的安全边际率为（　　）。

A. 25%　　B. 45%　　C. 62.5%　　D. 75%

11. 甲公司生产A、B两种联产品，6月份的产量分别为800件和1 000件。分离点前发生联合成本共计56 000元，分离点后分别发生每件深加工成本32.5元和24元，A产品和B产品的最终销售总价分别为1 250 000元和1 860 000元。按照可变现净值法，A产品和B产品的总加工成本分别是（　　）。

A. 22 400 元和 33 600 元　　B. 48 400 元和 57 600 元

C. 24 889 元和 31 111 元　　D. 48 508.04 元和 57 491.96 元

12. 甲公司只生产一种产品，目前处于盈利状态，每件产品的单价为10元，单价的敏感系数为4。假定其他条件不变，甲公司盈亏平衡时的产品单价是（　　）元。

A. 12.5　　B. 8　　C. 7.5　　D. 6

13. 下列各项中，属于平衡计分卡学习与成长维度评价指标的是（　　）。

A. 经济增加值　　B. 客户保持率

C. 产品合格率　　D. 信息资本准备度

二、多项选择题（本题型共12小题，每小题2分，共24分。每小题均有多个正确答案，请从每小题的备选答案中选出你认为最正确的答案。每小题所有答案选择正确的得分，不答、错答、漏答均不得分）

（本题型建议用时20分钟）

1. 在资本市场有效的情况下，下列关于财务管理目标与利益相关者的要求的表述中，错误的有（　　）。

A. 在股东投资资本和债务价值不变的情况下，每股收益最大化与股东财富最大化具有同等意义

B. 在股东投资资本不变的情况下，股价最大化与增加股东财富具有同等意义

C. 提高股利支付率可能损害债权人的利益

D. 非公开增发新股可能损害债权人的利益

2. 下列关于企业营运能力分析的说法中，正确的有（　　）。

A. 在计算存货周转率时，如果为了分析企业的短期偿债能力，应使用“营业收入”作为周转额

B. 在计算存货周转率时，如果为了评估企业的存货管理业绩，应使用“营业成本”作为周转额

C. 在计算应收账款周转天数时，从使用赊销额改为使用销售收入进行计算，会使应收账款周转天数增加

D. 在计算应收账款周转率时，如果坏账准备的金额较大，应使用计提坏账准备之后的应收账款进行计算

3. 下列关于债务资本成本估计的说法中，正确的有（　　）。

A. 在进行投资决策时，需要估计的是现有债务的成本

B. 如果公司发行“垃圾债券”，债务资本成本应是考虑违约可能后的期望收益

C. 在进行资本预算时，通常只考虑长期债务，而忽略各种短期债务

D. 当不存在违约风险时，债务成本等于债务的承诺收益

4. 甲公司持有以ABC公司股票为标的资产的欧式看跌期权，到期时间为6个月。假设其他因素不变，下列各项中会引起该期权价值增加的有（　　）。

A. 标的股票发放红利　　B. 长期政府债券的利率下降

C. 股价波动率加剧　　D. 期权的到期期限延长

5. A公司长期资本构成中有长期债务资本和普通股，无优先股资本。普通股账面价值为1 000万元，长期债务账面价值为800万元，税前债务资本成本为6%，假设长期债务的现值等于其账面价值。公司处于永续零增长状态，息税前利润为400万元，适用的企业所得税税率为25%。市场无风险利率为5%，市场组合收益率为8%，该公司股票的β系数为1.5，加权平均资本成本的计算采用市场价值权重。则下列结论中，正确的有（　　）。

A. A公司的普通股资本成本为9.5%　　B. A公司股票的市场价值为3 150.36万元

C. A公司加权平均资本成本为8.38%　　D. A公司的市场价值为3 078.95万元

6. 甲公司在营业高峰期，有波动性流动资产200万元，经营性流动负债100万元，金融性流动负债100万元。下列关于该企业营运资本筹资政策的说法中，正确的有（　　）。

A. 甲公司采用的是保守型营运资本筹资政策

B. 甲公司在营业低谷时的易变现率大于1

C. 甲公司在营业高峰时的易变现率小于1

D. 甲公司在生产经营淡季，可将100万元闲置资金投资短期有价证券

7. 下列各项中，需要修订基本标准成本的有（　　）。

A. 生产工艺变化　　B. 工作方法的改变

C. 产品物理结构的变化　　D. 生产经营能力利用程度的变化

8. 甲公司本月变动制造费用预算额为8 000元，生产能力为2 000小时，每件产品的标准工时为5小时。实际生产产品390件，实际发生变动制造费用8 500元，实际工时为2 040小时。下列关于变动制造费用差异分析，计算结果错误的有（　　）。

A. 变动制造费用耗费差异为500元　　B. 变动制造费用成本差异为500元

C. 变动制造费用耗费差异为340元　　D. 变动制造费用效率差异为200元

9. 下列关于作业成本法的说法中，不正确的有（　　）。

A. 适用于制造费用在产品成本中占有较大比重的公司

B. 作业成本法符合对外财务报告的需要

C. 有利于通过组织控制进行管理控制

D. 减少了传统成本信息对于决策的误导

10. 甲公司生产需要一种A零部件，以前一直外购，购买价格每件8.4元。现公司有无法移作他用的剩余生产能力可以用来生产A零部件，但每年将增加专属固定成本1 200元，自制的单位变动成本为6元。下列说法中正确的有（　　）。

A. 如果A零部件的需求量为200件，应当外购

B. 如果A零部件的需求量为400件，应当外购

要求：

（1）利用风险中性原理，计算看涨期权价值，并利用看涨期权–看跌期权平价定理，计算看跌期权的期权价值。

（2）若3个月后甲公司股价为52元，看涨期权价格为5元，看跌期权价格为4.5元，分别计算3个月后看涨期权的内在价值和时间溢价，并据此判断两种期权处于实值状态、虚值状态还是平价状态？

（3）结合要求（1）的计算结果，分别计算到期日股价上升25%和下降20%时，小郭和小金的投资组合净损益（计算投资净损益时，不考虑货币时间价值）。

4.（本小题9分）甲公司是一家制造业企业，只生产和销售一种产品，采用平行结转分步法计算产品成本。产品生产分为两个步骤，分别在两个基本生产车间进行，第一车间为第二车间提供半成品，第二车间将半成品加工成产成品，每件产成品耗用2件半成品。第一车间耗用的原材料在生产开始时一次性投入，其他费用陆续均匀发生。第二车间除耗用第一车间生产的半成品外，还耗用辅助材料，耗用的半成品在开始时一次性投入，辅助材料和其他成本费用陆续均匀发生。第一车间和第二车间均采用约当产量法（加权平均法）在产成品和在产品之间分配成本。

月末第一车间和第二车间的在产品相对于本车间的完工程度均为50%。

甲公司2025年7月份的成本核算资料如下：

（1）月初在产品成本。

单位：元

生产车间	直接材料	直接人工	制造费用	合计
第一车间	40 000	12 000	10 000	62 000
第二车间	5 000	12 000	15 000	32 000

（2）本月的生产量。

单位：件

生产车间	月初在产品	本月投产	本月完工	月末在产品
第一车间	10	90	80	20
第二车间	5	40	35	10

（3）本月发生的成本。

单位：元

生产车间	直接材料	直接人工	制造费用	合计
第一车间	290 000	105 000	145 000	540 000
第二车间	45 000	115 000	215 000	375 000

要求：

（1）编制各车间产品成本计算单（结果填入下方表格中，不用列出计算过程）。

第一车间成本计算单

2025年7月　　　　单位：元

项目	直接材料	直接人工	制造费用	合计
月初在产品成本				
本月生产成本				
合计				
分配率				
产成品中本步骤份额				
月末在产品成本				

第二车间成本计算单

2025年7月　　　　单位：元

项目	直接材料	直接人工	制造费用	合计
月初在产品成本				
本月生产成本				
合计				
分配率				
产成品中本步骤份额				
月末在产品成本				

（2）编制产品成本汇总计算单（结果填入下方表格中，不用列出计算过程）。

产品成本汇总计算单

2025年7月　　　　单位：元

车间	直接材料	直接人工	制造费用	合计
第一车间				
第二车间				
合计				

（3）简述平行结转分步法相对于逐步结转分步法的优点和缺点。

四、综合题（本题共14分。涉及计算的，要求列出计算步骤，否则不得分，除非题目特别说明不需要列出计算过程）

（本题型建议用时35分钟）

甲公司是一家投资公司，拟对乙公司进行投资，现在正在进行可行性分析，需要对乙公司的整体价值进行评估。

（1）乙公司是一家汽车生产企业，主要从事燃油汽车的生产与销售。2025年的相关财务数据如下表所示：

(3)若甲公司完成对乙公司的收购，采用股权现金流量折现模型，估计2026年初乙公司的股权价值。

(4)计算该收购引起的控股权溢价。

图书在版编目（CIP）数据

5年真题·3套模拟. 注册会计师考试辅导用书. 财务成本管理 / 斯尔教育组编. -- 北京 : 电子工业出版社, 2025. 3. -- ISBN 978-7-121-34738-2

Ⅰ. F23-44

中国国家版本馆CIP数据核字第2025FC7696号

责任编辑：张春雨
印　　刷：河北鸿运腾达印刷有限公司
装　　订：河北鸿运腾达印刷有限公司
出版发行：电子工业出版社
　　　　　北京市海淀区万寿路173信箱　　邮编：100036
开　　本：889×1194　1/16　　印张：18.75　　字数：493千字
版　　次：2025年3月第1版
印　　次：2025年7月第2次印刷
定　　价：56.00元（全2册）

凡所购买电子工业出版社图书有缺损问题，请向购买书店调换。若书店售缺，请与本社发行部联系，联系及邮购电话：（010）88254888，88258888。

质量投诉请发邮件至zlts@phei.com.cn，盗版侵权举报请发邮件至dbqq@phei.com.cn。

本书咨询联系方式：faq@phei.com.cn。

使用指南

感谢选用“5年真题·3套模拟”，为帮助你更好地利用本书的8套试卷，请仔细阅读本书使用指南。

斯尔解析

斯尔解析

每套试卷都附有详细的答案解析，以解释题目逻辑，帮助你理解每道题的考查重点。建议利用答案册反复练习，巩固所学知识。在完成试卷后对照解析进行复习，以检测自身理解的准确性和全面性。

揣摩题意

揣摩题意

对主观题材料中的关键词句进行标记，深度剖析题干，点拨如何抓住题眼，助你学会读题、学会分析材料，真正掌握做题技巧。

希望本书能为你的备考之旅增添更多信心与支持，祝愿你在考试中取得优异成绩！

（3）根据企业现在所处的市场条件，如果企业保持当前的经营战略，预计M型号汽车未来的销量将稳定在现有水平，N型号汽车2026年的销量将增长5%，2027年及以后年度将稳定在2026年的水平不再增长。两种型号汽车的单价均保持不变。税后经营净利率、净经营资产周转次数、净财务杠杆，税后利息率一直维持2025年水平保持不变。加权平均资本成本为6%。

（4）如果甲公司完成对乙公司的收购，将改变经营战略，将M型号汽车生产线进行改造，用于生产新型电动汽车。不考虑改造生产线所占用的时间，改造完成后，从2026年开始，乙公司整体的营业收入将保持4%的速度稳定增长，经营营运资本的周转次数为2，净经营长期资产的周转次数为2/3，净经营资产净利率10%，净负债/股东权益=1/1，股权资本成本为9%，税后利息率为3%。

（5）为简化计算，财务指标涉及平均值的，均以年末余额代替全年平均水平。

要求：

（1）编制甲公司2025年管理用资产负债表和管理用利润表（结果填入下方表格中，不用列出计算过程，各种损益均按照平均所得税税率计算）。

单位：万元

管理用资产负债表项目	2025年末
经营资产	
经营负债	
净经营资产	
金融负债	
金融资产	
净负债	
股东权益	

单位：万元

管理用利润表项目	2025年度
税后经营净利润	
税后利息费用	
净利润	

（2）根据要求（1）的计算结果，若乙公司保持当前的经营战略，预测乙公司2026年、2027年的实体现金流量填入下方表格（不需要列出计算过程），并计算2026年初乙公司的实体价值，假设乙公司净负债的市场价值等于其账面价值，计算2025年末乙公司的股权价值。

单位：万元

项目	2026年	2027年
税后经营净利润		
净经营资产		
净经营资产的增加		
实体现金流量		

单位：万元

资产负债表项目	2025年末
货币资金	460
交易性金融资产	1 000
应收账款	2 640
其他应收款	400
存货	3 300
固定资产	21 000
无形资产	7 200
长期股权投资	4 000
资产总计	40 000
短期借款	1 000
应付账款	3 000
其他应付款	1 000
长期借款	15 000
股东权益	20 000
负债及所有者权益合计	40 000

单位：万元

利润表项目	2025年度
营业收入	20 000
减：营业成本	12 000
税金及附加	1 200
销售及管理费用	2 400
财务费用	1 000
加：公允价值变动损益	200
加：投资收益	400
利润总额	4 000
减：所得税费用	1 600
净利润	2 400

货币资金均为经营活动所需，其他应收款全部为长期股权投资形成的应收股利，其他应付款均为应付股利，财务费用均为利息费用，投资收益均来自于长期股权投资，2025年没有资本化利息支出。

（2）目前乙公司生产的汽车型号包括M、N两种型号，2025年M、N两种型号汽车的销售收入比为2：8。

N产品的生产需要使用一项乙公司的专利技术，经初步协商约定，甲公司每年按营业收入的10%向乙公司支付专利技术使用费。

由于新型N产品与M产品有互补作用，因此N产品投产后，M产品每年的销量将会增加2万件，2029年末N产品停产后，M产品的销量将回归原有水平。M产品的单位售价为100元，单位付现成本为60元。营运资金为销售收入的10%，各产品垫支的营运资金在各年年初投入，在项目结束时全部收回。为筹资项目所需资金，甲公司计划通过发行债券和留存收益进行筹资，目标资本结构（负债/权益）为2/3。发行债券筹资的税后资本成本为5%，无风险收益率为4%，市场组合的必要报酬率为8%。N产品所处行业的代表公司为丙公司，丙公司的资本结构（负债/权益）为1/1，股东权益的β系数为1.8。

甲、丙公司适用的所得税税率分别为25%和20%，假设营业现金流量均发生在投产后各年年末。

要求：

（1）计算N项目的股权资本成本和项目的加权平均资本成本。

（2）计算N项目各年的现金净流量以及净现值，并判断该项目是否可行（计算过程和结果填入下方表格）。

单位：万元

项目	2025年末	2026年末	2027年末	2028年末	2029年末
现金净流量					
现值系数					
现金净流量现值					
净现值					

3. （本小题9分）甲公司是一家上市公司，当前每股市价为50元，6个月后有两种可能：上升25%或下降20%。市场上有两种以该股票为标的资产的期权：看涨期权和看跌期权。每份看涨期权可以买入1股股票，每份看跌期权可以卖出1股股票。两种期权的执行价格均为50元，到期时间均为6个月。期权到期前，甲公司不派发现金股利，无风险利率为每年2%，假设市场处于均衡状态。

投资者小郭准备购入1 000股甲公司股票，同时购入1 000份看跌期权；投资者小金准备购入1 000股甲公司股票，同时出售1 000份看涨期权。

C. 如果 A 零部件的需求量为 600 件，应当自制

D. 如果 A 零部件的需求量为 800 件，应当自制

11. 下列关于责任会计的表述中，正确的有（　　）。

A. 最适合评价利润中心部门经理业绩的是部门可控边际贡献

B. 标准成本中心不对生产经营能力的利用程度负责

C. 使用部门投资报酬率对投资中心进行业绩评价，可以使业绩评价与企业目标协调一致

D. 使用剩余收益对投资中心进行业绩评价，不便于部门之间的比较

12. 下列关于责任中心业绩报告的说法中，正确的有（　　）。

A. 责任中心业绩报告应当传递出实际业绩的信息、预期业绩的信息和实际业绩与预期业绩之间差异的信息

B. 成本中心的业绩考核指标通常为该成本中心的所有可控成本

C. 每一级的成本中心的业绩报告，只需要报告本身的可控成本

D. 利润中心的业绩报告自下而上逐级汇编，直至整个企业的税前经营利润

三、计算分析题（本题型共4小题36分。涉及计算的，要求列出计算步骤，否则不得分，除非题目特别说明不需要列出计算过程）

（本题型建议用时75分钟）

1. （本小题9分）甲公司生产、销售一种产品，该产品的单位变动成本是30元，单位售价是40元。公司目前采用30天按发票金额付款的信用政策，80%的顾客（按销售量计算，下同）能在信用期内付款，另外20%的顾客平均在信用期满后20天付款，逾期应收账款的收回需要支出占逾期账款4%的收账费用，公司每年的销售量为54 000件，平均存货水平为3 000件。

为了扩大销售量、缩短平均收现期，公司拟推出“3/10，1/20，N/30”的现金折扣政策。采用该政策后，预计销售量会增加10%，40%的顾客会在10天内付款，30%的顾客会在20天内付款，20%的顾客会在30天内付款，另外10%的顾客平均在信用期满后20天付款，逾期应收账款的收回需要支出占逾期账款4%的收账费用。为了保证及时供货，平均存货水平需提高到3 500件，其他条件不变。

假设等风险投资的最低报酬率为10%，一年按360天计算。

要求：

（1）计算改变信用政策后边际贡献、收账费用、应收账款占用资金的应计利息、存货占用资金应计利息、现金折扣成本的变化。

（2）计算改变信用政策引起的税前损益变化，并回答甲公司是否应该推出该现金折扣政策。

2. （本小题9分）甲公司是一家制造业上市公司，目前只生产M产品，为扩大市场份额，准备投产新型N产品，正在进行该项目的可行性研究。有关资料如下：

如果可行，该项目计划于2025年末开始建设，建设期为1年，2029年末停产。预计投产后第一年的销量为40万件，之后每年保持50万件。每件N产品的单位售价为200元，单位变动制造成本为100元，每年付现固定制造费用为400万元，另外每年支付的广告费用为营业收入的10%。为生产N产品，需要添置一条生产线，生产线的采购和安装成本共计6 000万元，安装期为1年，假设全部款项于2025年末一次性支付。按照税法规定，该生产线的折旧年限为5年，预计净残值率为10%，采用直线法计提折旧，预计2029年末该生产线的变现价值为2 000万元。项目建设和使用期间需占用甲公司的一间厂房，该厂房正在对外出租，每年年初收取租金100万元，2025年末到期，可续租也可收回自用。

2025 年 · 财务成本管理　模拟试卷（三）

一、单项选择题（本题型共13小题，每小题2分，共26分。每小题只有一个正确答案，请从每小题的备选答案中选出一个你认为正确的答案）

（本题型建议用时20分钟）

1. 甲公司2025年与上年度相比，营业收入增长12.8%，净利润增长15.5%，平均资产总额增长10.6%，平均负债总额增长11.8%。则该公司2025年的权益净利率与上一年相比应是（　　）。

A. 下降　　B. 不变

C. 上升　　D. 不确定

2. 现有一项年金方案，前3年没有现金流入，后5年每年年初流入500万元。假设折现率为10%，该年金的现值为（　　）万元。

A. 1 423.21　　B. 1 566.36　　C. 1 813.48　　D. 1 994.59

3. 下列因素中，不会影响资本市场线中，市场均衡点位置的是（　　）。

A. 风险组合的期望报酬率　　B. 风险组合的标准差

C. 投资者个人的风险偏好　　D. 无风险利率

4. 假设其他条件不变，当市场利率大于票面利率时，下列关于拟发行平息债券价值的说法中，正确的是（　　）。

A. 市场利率上升，价值上升　　B. 票面利率上升，价值上升

C. 计息频率增加，价值下降　　D. 到期期限缩短，价值下降

5. 甲公司是一家制造业企业，处于可持续增长状态，不存在优先股。2025年每股营业收入为4元，每股收益为0.8元，股权资本成本为10%，每股分配的现金股利为0.2元，分配完现金股利后，年末每股净资产为10.6元。甲公司预期市销率为（　　）。

A. 1.25　　B. 1.33　　C. 3.75　　D. 1

6. 甲公司与银行签订周转信贷协议：银行承诺一年内随时满足甲公司最高1 000万元的贷款。甲公司在签订协议同时申请一年期贷款500万元，年利率6%，按年单利计息，到期一次还本付息，在此期间未使用承诺贷款额度的其他贷款。同时协议约定，贷款限额未使用的部分需支付承诺费，按照0.5%的承诺费率于年末支付。该笔贷款的实际成本最接近于（　　）。

A. 6.5%　　B. 6%　　C. 6.4%　　D. 7%

7. 甲公司有供电、蒸汽两个辅助生产车间，公司采用一次交互分配法分配辅助生产成本。本月供电车间供电40万度，成本费用为20万元，其中蒸汽车间耗用6万度电；蒸汽车间供气10万吨，成本费用为20万元，其中供电车间耗用1万吨蒸汽。下列计算中，错误的是（　　）。

A. 供电车间分配给蒸汽车间的成本费用为 3 万元

B. 蒸汽车间分配给供电车间的成本费用为 2 万元

C. 供电车间对外分配的成本费用为 19 万元

D. 蒸汽车间对外分配的成本费用为 19 万元

8. 甲公司是一家制造业企业，生产和销售单一产品，使用正常标准成本进行成本控制。预计下一年度的原材料采购价格为15元/千克，运输费为4元/千克，运输过程中的正常损耗为5%，原材料入库后的储存成

要求：

（1）为有效利用关键设备，确定生产安排的优先顺序，并计算在该优先顺序下每种产品的计划产量。

（2）如果按照要求（1）计算的计划产量生产和销售，固定制造费用按照产量分摊，分别计算每种产品的年税前营业利润，判断亏损产品是否应当停产，并说明理由。

（3）针对要求（2）识别出的亏损产品，假设其他条件不变，分别计算净现值对单位售价和单位变动成本的敏感系数。

（4）甲公司目前预算编制采用固定预算法，判断是否适用；若不适用，请给出调整建议并简要说明理由。

四、综合题（本题共14分。涉及计算的，要求列出计算步骤，否则不得分，除非题目特别说明不需要列出计算过程）

（本题型建议用时35分钟）

甲公司是一家手机生产企业，拟投资生产智能穿戴设备，目前正在进行项目的可行性研究。相关资料如下：

（1）如果可行，该项目拟在2025年末开始投资建设生产线，预计建设期为1年，2027年初投入使用。预计该生产线的购置和安装成本合计为4 000万元，项目预期持续3年。按照税法规定，该生产线折旧年限为5年，残值率为10%，按直线法计提折旧。预计2029年末该生产线的变现价值为1 800万元。假设生产线的购置和安装相关的现金流量均发生在2025年末。

（2）公司现有一闲置厂房对外出租，每年年末收取租金80万元。该厂房可用于安装该生产线，安装期间及投资后，该厂房均无法对外出租。

（3）为生产该智能穿戴设备，甲公司需要使用乙公司的一项专利技术。在生产线建设完成之后，正式开始生产产品之前，甲公司向乙公司一次性支付专利技术使用费1 200万元（税法规定在3年内摊销，期满无残值）；此外甲公司还需每年按照营业收入的2%，向乙公司支付专利技术维护费。

（4）生产线建成之后，预计智能穿戴设备的2027年、2028年、2029年每年的产销量分别为2万件、3万件、4万件；预计2027年、2028年、2029年每年的销售价格分别为2 000元、1 800元、1 600元；单位变动制造成本为600元；每年付现销售和管理费用占营业收入的5%；每年的付现固定成本均为400万元。假设营业现金流量均发生在投产后各年末。

（5）该项目预计营运资本占营业收入的20%，垫支的营运资本在运营年度的上年年末投入，在项目结束时全部收回。

（6）甲公司计划以2/3（负债/权益）的资本结构为该项目筹资。如果决定投资该项目，甲公司将于2025年12月发行5年期债券，面值1 000元，票面利率为10%，每年付息一次，发行价格为1 108.78元。

甲公司普通股β系数为1.75，无风险报酬率为4%，市场组合必要报酬率为10%，当前公司资本结构为1/1（负债/权益），该项目经营风险与公司目前的经营风险相同。

（7）甲公司适用的企业所得税税率为25%。

要求：

（1）根据所给资料，计算项目税后债务资本成本、股权资本成本和项目加权平均资本成本。

（2）计算项目2025年末以后各年年末现金净流量及项目净现值，并判断该项目是否可行（计算过程和结果填入下方表格中）。

（3）本月发生的生产费用（单位：元）。

项目	第一车间	第二车间
直接材料	80 250	—
其他材料	21 400	204 750
直接人工	123 250	102 900
制造费用	19 950	30 900
合计	244 850	338 550

要求：

（1）分别计算第一车间半成品的单位成本、完工转出的半成品成本和月末在产品成本。

（2）分别计算第二车间产成品的单位成本、完工转出的产成品成本和月末在产品成本。

（3）编制产成品成本还原计算表（结果填入下列表格，不用列出计算过程）。

产成品成本还原计算表

2025年6月　　单位：元

项目	半成品	直接材料	其他材料	直接人工	制造费用	合计
还原前产成品成本						
本月所产半成品成本						
成本还原						
还原后产成品成本						
还原后产成品单位成本						

（4）甲公司是否有必要采用作业成本法进行成本核算？简要说明理由。

（5）如果甲公司将两个车间均设为标准成本中心考核业绩，应采用何种考核指标？如果两个车间均下设三个工段，每个工段是最基层的成本中心，简要说明每个车间业绩报告中应包含的考核成本构成。

4.（本小题9分）甲公司是一家智能学习机生产企业，有适合于不同年龄段用户的A、B、C三种产品，三种产品都需要通过一台关键设备加工，该设备是公司的关键限制资源，每月能够提供最大加工时间10 000分钟。由于各年龄段用户的需求差异大、变化快，公司正在进行生产经营和预算的调整决策。假设A、B、C三种产品当月生产，当月销售，月初和月末均无存货，预计三种产品每月的市场正常销量及相关资料如下。

项目	A产品	B产品	C产品
市场正常销量（台）	200	600	800
单位售价（元）	3 800	2 100	1 500
单位变动成本（元）	1 000	800	500
单位限制资源消耗（分钟）	10	8	5
年固定制造费用总额（万元）		2 160	

三、计算分析题（本题型共4小题36分。涉及计算的，要求列出计算步骤，否则不得分，除非题目特别说明不需要列出计算过程）

（本题型建议用时75分钟）

1. （本小题9分）甲公司是一家制造业上市公司，目前公司股票每股20元，预计股价未来增长率8%。公司管理层拟采用管理用财务报表进行筹资分析，相关资料如下。

（1）甲公司2024年重要财务报表预计数据。

单位：万元

资产负债表项目	2024年末
货币资金	3 000
交易性金融资产	500
应收账款	8 000
存货	7 500
固定资产	12 000
资产总计	31 000
应付账款	6 200
长期借款	6 200
所有者权益	18 600
负债及所有者权益合计	31 000
利润表项目	**2024年度**
营业收入	42 000
减：营业成本	27 300
税金及附加	1 260
销售和管理费用	9 600
财务费用	350
加：投资收益	50
利润总额	3 540
减：所得税费用	885
净利润	2 655

（2）甲公司没有优先股，股东权益变动均来自利润留存，经营活动所需的货币资金是当年营业收入的5%，投资收益均来自交易性金融资产，财务费用全部为利息支出。

（3）甲公司采用固定股利支付率政策，股利支付率为60%；经营性资产、经营性负债与营业收入保持稳定的百分比关系。

（4）甲公司适用的企业所得税税率为25%。

要求：

（1）编制甲公司2024年预计的管理用财务报表（结果填入下列表格，不用列出计算过程）。

通股发行价为当前股价。假定企业所得税税率为25%，如果甲公司只能选择一种筹资工具，下列关于筹资工具选择的表述中，正确的有（　　）。

A. 如果预期的年息税前利润为 100 万元，甲公司应选择发行普通股

B. 如果预期的年息税前利润为 150 万元，甲公司应选择发行长期债券

C. 如果预期的年息税前利润为 200 万元，甲公司应选择发行长期债券

D. 如果预期的年息税前利润为 260 万元，甲公司应选择发行优先股

7. 根据租赁涉及的各种现金流量风险的不同，下列各项现金流量使用的折现率理论上应高于租赁费折现率的有（　　）。

A. 折旧抵税额　　B. 期末资产余值

C. 期末资产变现损失抵税额　　D. 期末资产变现收益纳税额

8. 甲公司生产一种产品，每件产品的标准工时2小时，固定制造费用的标准成本8元/件，每月生产能力800件。甲公司8月份实际产量900件，发生固定制造费用7 500元，实际工时1 650小时。下列各项表述中，正确的有（　　）。

A. 固定制造费用能力差异为不利差异 800 元

B. 固定制造费用成本差异为不利差异 300 元

C. 固定制造费用耗费差异为有利差异 1 100 元

D. 固定制造费用效率差异为有利差异 600 元

9. 甲公司只生产销售X和Y两种产品，X产品单价25元，单位变动成本12元，Y产品单价30元，单位变动成本15元。2024年X产品和Y产品的销量分别为5万件和2万件，固定经营成本10万元，利息费用5万元。假定企业所得税税率为25%。不考虑其他情况，下列表述中正确的有（　　）。

A. 加权平均边际贡献率为 51.35%

B. X 产品的保本销售量为 0.53 万件

C. 经营杠杆系数为 1.06

D. 联合杠杆系数为 1.19

10. 目前人工智能技术广泛受到市场欢迎，甲公司是一家人工智能硬件设备的生产企业，计划明年升级发布2.0版本学习机。下列关于这款学习机定价方法的表述中，正确的有（　　）。

A. 适合采用渗透性定价策略以便建立长期的市场地位

B. 适合采用撇脂性定价策略以在销售初期获得较高的利润

C. 可以根据市场上同类产品或相似产品的价格进行定价

D. 如果是在完全垄断市场，甲公司可以自主决定产品价格

11. 甲公司已完成作业预算的初步编制，正在组织预算评审小组进行评审。下列部门中应作为预算评审小组组成的有（　　）。

A. 运营与生产管理部门　　B. 作业及流程管理部门

C. 技术定额管理部门　　D. 企业预算管理部门

12. 甲公司是一家中央军工企业，当前资产负债率为70%，较上年提高了5个百分点，采用经济增加值业绩考核办法进行业绩计量和评价。下列表述中正确的有（　　）。

A. 调整净利润时使用的“利息支出”是带息负债情况表中的利息支出总额

B. 调整净利润时使用的“研发费用”是期间费用项下的研发费用

C. 适用的股权资本成本率为 5%

D. 适用的平均资本成本率需要上浮 0.2 个百分点

2025年·财务成本管理　模拟试卷（二）

909

一、单项选择题（本题型共13小题，每小题2分，共26分。每小题只有一个正确答案，请从每小题的备选答案中选出一个你认为正确的答案）

（本题型建议用时20分钟）

1. 甲公司总资产8 000万元，其中货币资金1 500万元，长期股权投资800万元，存货1 200万元，合同资产2 800万元，固定资产1 700万元。负债总额6 500万元，其中合同负债4 600万元，长期借款1 700万元，应付股利50万元，应付利息150万元。营业收入3 000万元，经营活动需要的货币资金占收入比为40%，税后利息费用160万元，净利润300万元。甲公司的杠杆贡献率是（　　）。

A. −0.46%　　B. 3.57%　　C. 5.16%　　D. 6.47%

2. 甲公司考虑购买一份保险产品，收集了市场上4种保险产品方案如下：

方案一：从第一年开始，每年年末支付10万元，连续支付十年。

方案二：前四年不支付，从第五年开始，每年年末支付15万元，连续支付十年。

方案三：前三年不支付，从第四年开始，每年年初支付12万元，连续支付十年。

方案四：从第一年开始，每半年支付5万元，连续支付十年。

假设市场利率为6%，下列各项方案中，保费最低的是（　　）。

A. 方案一　　B. 方案二

C. 方案三　　D. 方案四

3. 甲公司以18 000万元收购乙公司全部股权后，能够控制其经营和管理决策，经评估，收购后股权价值为20 000万元。收购前，乙公司股票每股价格2元，总资产12 000万元，总负债3 600万元，总股数5 000万股。假定资本市场有效，该收购产生的控股权溢价是（　　）万元。

A. 8 000　　B. 9 600　　C. 10 000　　D. 11 600

4. 甲公司有一笔1 000万元年末到期的债务。如果维持当前经营投资策略，年末资产价值仅余900万元。公司经理正在考虑一项新策略，不需要预先投资，投资结果预期分析如下：

结果预期	发生概率	资产价值（万元）
乐观	20%	1 800
正常	50%	800
悲观	30%	300

下列各项根据资本结构代理理论的分析中，正确的是（　　）。

A. 因经理与股东间的冲突可能导致经理的机会主义行为，进而投资该项目

B. 因股东与债权人间的冲突可能导致经理放弃投资该项目

C. 经理和股东都会倾向于投资该项目，并预期为股东带来 160 万元净现值

D. 经理和股东都会倾向于放弃该项目，因为预期将导致资产价值减损 150 万元

5. 甲公司有普通股20 000股，拟采用配股方式进行融资，每10股配2股，配股价格为配股说明书公布前20个交易日公司股票交易均价的80%，公司股票交易均价为25元/股。假设共有2 000股普通股的原股东放弃

（1）公司正处于可持续增长状态，2024年主要财务报表信息如下。

单位：万元

资产负债表项目	2024年末
货币资金	300
交易性金融资产	220
应收账款	1 400
其他应收款	300
存货	1 780
固定资产	2 500
无形资产	1 500
资产合计	8 000
应付账款	600
合同负债	1 000
长期借款	660
应付债券	1 500
股东权益	4 240
负债及股东权益合计	8 000

单位：万元

利润表项目	2024年度
营业收入	4 000
营业成本	2 000
销售和管理费用	1 200
财务费用	200
投资收益	40
利润总额	640
所得税费用	160
净利润	480

（2）甲公司经营活动所需的货币资金是当年营业收入的3%；财务费用均为利息支出；投资收益均来自于交易性金融资产；其他应收款均为经营活动产生。甲公司没有优先股，股东权益变动均来自于利润留存，股利支付率为50%，假设资产负债表年末数可以代表全年平均水平。

（3）甲公司的产品目前市场需求比较旺盛，并且管理层认为其目前的资本结构不利于实现企业价值最大化财务管理目标。甲公司计划在2025年初筹集资金投资建设一条新的生产线，并将资本结构（净负债/权益）调整为1：1。筹资完成后，预计未来2025年、2026年收入的增长率分别为20%、10%；2027年及以后年度进入永续增长阶段，增长率为8%。

第二期项目净现值

单位：万元

项目	2023年末	2025年末	2026年末	2027年末	2028年末	2029年末
税后营业现金流量						
折现系数						
各年营业现金流量现值						
营业现金流量现值合计						
投资额现值						
净现值						

（3）利用BS模型，计算该项目扩张期权价值。

（4）计算含有期权的第一期项目的净现值，判断是否应该投资第一期项目，并简要说明理由。

4.（本小题9分）甲公司是一家上市公司，适用的所得税税率为25%，为扩大生产能力，拟发行可转换债券筹集资金，方案如下：

（1）可转换债券按照面值发行，期限为8年。每份可转换债券的面值为1 000元，票面利率5%，每年年末付息一次，到期还本。可转换债券发行1年后可以转换为普通股，转换价格为50元。

（2）该可转换债券的不可赎回期为5年。在可赎回期，如果可转换债券的转换价值高于1 200元公司有权以1 060元的价格赎回全部未转股的可转债。假设转股必须在年末进行，赎回在达到赎回条件后可立即执行。

（3）预计可转换债券发行后，公司普通股每股市价为40元，公司进入稳定增长状态，可持续增长率为10%，预计下一年每股股利为3.5元/股。

（4）甲公司2年前发行了面值为1 000元，期限为10年的长期债券，该债券的票面利率为8%，每半年付息一次，刚刚支付了上期利息，目前市价为850元。

要求：

（1）计算每份可转换债券在发行时点和第5年年末的转换价值。

（2）计算投资者投资该可转换债券的期望报酬率。

（3）计算甲公司长期债券的到期收益率。

（4）计算甲公司股票的期望报酬率。

（5）判断甲公司发行可转换债券的方案是否可行，并说明理由。如果筹资方案不可行，提出三种具有可行性的修改方向，并指出可转换债券税前资本成本的合理区间。

四、综合题（本题共14分。涉及计算的，要求列出计算步骤，否则不得分，除非题目特别说明不需要列出计算过程）

（本题型建议用时35分钟）

甲公司是一家制造业上市公司，为进行以价值为基础的管理，公司拟对企业整体价值进行评估，有关资料如下：

单位：元

产品	直接材料	制造费用	合计
A	14 000	30 400	44 400
B	6 800	3 200	10 000

资料二：A、B产品本月领用的材料分别为：84 000元和54 000元。

资料三：本月产量。

单位：件

产品	月初在产品	本月投入	本月完工	月末在产品
A	800	4 200	4 000	1 000
B	100	900	800	200

月初A、B产品的完工程度分别为30%和40%；月末A、B产品的完工程度分别为60%和50%。

资料四：本月作业成本。

作业成本库	作业成本（元）	成本动因	作业量		
			A	B	合计
材料切割	165 000	切割次数（次）	1 920	480	2 400
加工制造	362 000	加工时间（小时）	2 800	1 200	4 000
质量检验	43 000	检验时间（小时）	600	400	1 000
合计	570 000	—	—	—	—

要求：

（1）编制作业成本分配表（结果填入下方表格中，不用列出计算过程）。

作业成本分配表

单位：元

作业成本库	作业成本	A产品分配金额	B产品分配金额
材料切割			
加工制造			
质量检验			
合计			

（2）编制A、B产品成本计算单（结果填入下方表格中，不用列出计算过程）。

A产品成本计算单

单位：元

项目	直接材料	制造费用	合计
月初在产品成本			
本月生产成本			

8. 甲公司拟按1股换2股的比例进行股票分割，分割前后，其下列项目中保持不变的有（　　）。

A. 每股收益　　B. 每股市价

C. 股东权益结构　　D. 资本结构

9. 甲公司在生产经营的高峰期，稳定性流动资产为200万元，波动性流动资产为100万元，短期金融负债为60万元，下列说法中，正确的有（　　）。

A. 营业高峰期的易变现率 0.8

B. 营业低谷期的易变现率为 1.2

C. 甲公司采用的是保守型融资策略

D. 甲公司在营业低谷期会有 40 万元的闲置资金

10. 甲公司生产销售X产品，月生产能力为500件，单位产品标准工时为2小时，月固定制造费用预算成本为20 000元。8月实际生产X产品540件，实际工时为1 100小时，实际发生固定制造费用21 400元。下列各项表述中，错误的有（　　）。

A. 固定制造费用成本差异为 1 400 元

B. 固定制造费用闲置能力差异为 -1 600 元

C. 固定制造费用效率差异为 400 元

D. 固定制造费用耗费差异为 -200 元

11. 甲公司用剩余收益指标考核下属投资中心的业绩，下列各项属于该指标优点的有（　　）。

A. 可以使业绩评价与公司的目标协调一致

B. 便于按风险程度的不同调整资本成本

C. 根据现有的会计资料计算的比较客观

D. 可用于部门之间以及不同行业之间的业绩比较

12. 绩效棱柱模型用棱柱的五个构面构建三维绩效评价体系，据此进行绩效管理。下列属于绩效棱柱模型构面的有（　　）。

A. 利益相关者满意构面　　B. 组织能力构面

C. 业务流程构面　　D. 学习与成长构面

三、计算分析题（本题型共4小题36分。涉及计算的，要求列出计算步骤，否则不得分，除非题目特别说明不需要列出计算过程）

（本题型建议用时75分钟）

1. （本小题9分）甲公司是一家制造业企业，生产A、B两种产品，采用品种法核算产品成本。目前按照传统成本计算方法，确定的A、B产品的单位成本分别为160元和200元。随着市场竞争的加剧，企业发现传统成本计算方法无法准确反映产品成本，导致定价策略失误和利润下降。因此，企业决定引入作业成本法来改进成本核算体系。

通过分析，甲公司共设有三个作业成本库，分别为：材料切割作业成本库、加工制造作业成本库和质量检验作业成本库。

A、B产品分别领用原材料，并且在开工时一次性投入，其他费用陆续发生。甲公司在分配当月完工产品和月末在产品成本时，对直接材料采用约当产量法（先进先出法），对制造费用采用约当产量法（加权平均法），直接人工成本已经被归入相应作业成本库，不再单独核算。

2024年8月产品成本相关资料如下：

资料一：月初在产品成本。

2025年·财务成本管理　模拟试卷（一）

一、单项选择题（本题型共13小题，每小题2分，共26分。每小题只有一个正确答案，请从每小题的备选答案中选出一个你认为正确的答案）

（本题型建议用时20分钟）

1. 下列关于财务管理目标的说法中，正确的是（　　）。

A. 如果取得时间相同、投入资本相同，利润最大化也是可以接受的

B. 如果取得时间相同和承担的风险相同，每股收益最大化也是可以接受的

C. 在资本市场有效的情况下，公司分派股利会导致股价下跌，但不会减少股东财富

D. 如果债务价值不变，企业价值最大化与股东财富最大化具有同等意义

2. 甲公司2024年营业净利率为30%，资产负债率为60%，权益净利率为15%，则甲公司2024年的总资产周转次数为（　　）。

A. 0.2　　B. 0.4　　C. 0.75　　D. 0.83

3. 关于利率期限结构，下列各项中，符合流动性溢价理论观点的是（　　）。

A. 资金在长期资金市场和短期资金市场之间的流动完全自由

B. 债券的到期期限越长，利率变动的可能性越大，利率风险就越高

C. 单个市场上的利率变化不会对其他市场上的供求关系产生影响

D. 不同期限的债券完全不可替代

4. 甲公司股票最近支付的每股股利为1.2元，预计未来2年股利高速增长，增长率为10%，之后转为正常增长，增长率为4%。甲公司普通股等风险投资的必要报酬率为8%。甲公司股票目前每股价值是（　　）元。

A. 31.67　　B. 32.44　　C. 32.34　　D. 34.83

5. 目前有X和Y两个互斥投资项目，均可重置，下列说法中正确的是（　　）。

A. 如果两个项目的时间分布相同，项目期限相同，但投资额不同，应当选择内含报酬率大的项目

B. 如果两个项目投资额相同，时间分布相同，但项目期限不同，应当选择等额年金大的项目

C. 如果两个项目投资额相同，项目期限相同，但时间分布不同，应当选择净现值大的项目

D. 如果两个项目投资额相同，项目期限相同，但时间分布不同，应当选择动态回收期短的项目

6. 甲公司是一家上市公司，当前每股市价60元。市场上有一种以该股票为标的资产的看跌期权，每份看跌期权可以卖出1股甲公司股票，行权价格为70元，三个月后到期，到期前甲公司不分配现金股利。每份看跌期权的价格为15元，乙投资者购入100股甲公司股票的同时出售100份看跌期权。若三个月后甲公司股价为56元，该投资组合的净损益是（　　）元。

A. 4 200　　B. 700　　C. −500　　D. −300

7. 甲公司是一家制造业企业，每股股利为0.5元，股利支付率为25%，销售净利率为5%。与甲公司可比的3家制造业企业的平均市销率是0.8倍，平均销售净利率4%，用修正平均市销率法估计的甲公司每股价值是（　　）元。

A. 10　　B. 20　　C. 40　　D. 25.6

续表

项目	2024年末	2025年末	2026年末	2027年末
实体现金流量				
折现系数				
现值				
实体价值				

（4）假设甲公司净负债按2024年末账面价值计算，估计2024年末甲公司股权价值。

（5）甲公司认为，公司发展不能仅仅聚焦于自身的财务指标，还应充分关注利益相关者的需求，这样才能实现可持续发展。因此，公司计划采用绩效棱柱模型来评估自身绩效。请简述绩效棱柱模型的含义以及利益相关者包括哪些。

要求：

（1）编制甲公司2024年管理用财务报表（结果填入下方表格中，不用列出计算过程）。

单位：万元

管理用资产负债表	2024年末
经营性资产	
经营性负债	
净经营资产	
金融负债	
金融资产	
净负债	
股东权益	
净负债及股东权益总计	

单位：万元

管理用利润表	2024年度
税前经营利润	
减：经营利润所得税	
税后经营净利润	
利息费用	
减：利息费用抵税	
税后利息费用	
净利润	

（2）采用资本资产定价模型，估计甲公司的股权资本成本；按照目标资本结构，估计甲公司的加权平均资本成本。

（3）基于上述结果，计算2025—2027年甲公司实体现金流量，并采用实体现金流量折现法，估计2024年末甲公司实体价值（计算过程和结果填入下方表格中）。

单位：万元

项目	2024年末	2025年末	2026年末	2027年末

账款需要承担的收账费用及坏账损失占逾期金额的8%，为确保及时供货，平均存货需提高到3 650件，其他条件不变。

政策二：通过一家金融服务商对应收账款进行保理（即将应收账款转让给服务商），该服务商在销售实现时按销售额的98%向甲付款，其余2%作为甲公司支付给该服务商的利息。此外，甲还须付给服务商销售额的3%作为保理费用。应收账款的现金折扣、收账费用及坏账损失等费用由服务商承担。

等风险投资必要报酬率12%，假设不考虑企业所得税的影响，一年按360天计算。

要求：

（1）放宽信用政策会带来哪些收益、成本项目的变化？如采取政策一，分别计算放宽信用政策会带来哪些收益、成本项目的变化额和改变信用政策给甲带来的净损益，并判断甲是否应采取政策一。

（2）基于（1）的结果，如果进一步采取政策二，计算应收账款保理给甲带来的净损益，并判断是否应采取政策二。

（3）为提高应收账款质量，降低收账费用和坏账损失，企业需要制定享受信用优惠的信用标准，什么是评价顾客违约可能性的5C系统，简要介绍具体内容。

3.（本小题9分）甲公司为上市公司，2024年末发行在外的普通股为1亿股，其中，控股股东持有6 000万股。为配合地方政府开展环境治理及配套产业开发，2024年末拟投资6亿元，开展生态环境导向开发（EOD）项目。相关资料如下：

（1）投资方案：绿色环保项目。

该项目利用山林砂石矿生产低碳清洁建筑材料，期限4年。2024年末项目初始投资6亿元，其中，环境治理研发费用化支出2亿元，购置生产设备支出3亿元，无建设期。根据税法相关规定，研发费用可在税前100%加计扣除，设备按直线法计提折旧，折旧年限10年，无残值。研发费用可在2024年末抵税，假设甲公司有足够利润抵扣。设备预计4年后变现价值2亿元。2024年末投入营运资本1亿元（包含在初始投资内），项目结束时收回。

预计2025年营业收入2亿元，2026—2028年营业收入3亿元，付现变动成本占营业收入的10%；每年付现固定成本2 000万元。假设各年营业现金流量均发生在当年年末。项目等风险投资必要报酬率为10%。企业所得税税率25%。

（2）筹资方案：配股。

2024年末，甲公司拟通过向原股东配股的方式为该项目融资6亿元，每10股配5股，股权登记日股票收盘价为40元/股。假设控股股东放弃配股，其他股东全部参与配股。

要求：

（1）估计投资方案2024—2028年末的现金净流量及2024年末的净现值判断投资方案是否可行，并简要说明理由（计算过程和结果填入下方表格）。

单位：亿元

项目	2024年末	2025年末	2026年末	2027年末	2028年末

9. 下列债券偿还的方式中，属于滞后偿还的有（　　）。

A. 发行新债券替换旧债券

B. 以发行新债券获得的资金赎回旧债券

C. 转为普通股

D. 到期一次还本付息

10. 甲公司采用作业成本法进行成本计算，下列选项中，属于生产维持级作业库的有（　　）。

A. 机器组装　　B. 工厂安保

C. 行政管理　　D. 成批采购

11. 甲公司使用平衡计分卡进行绩效管理，下列各项属于内部业务流程维度指标的有（　　）。

A. 权益净利率　　B. 自由现金流量

C. 生产负荷率　　D. 产品合格率

12. 下列关于绩效棱柱模型应用的说法中正确的有（　　）。

A. 社会贡献率属于利益相关者贡献评价指标

B. 员工培训有效性属于业务流程评价指标

C. 客户忠诚度属于业务流程评价指标

D. 总资产周转率属于组织能力评价指标

三、计算分析题（本题型共4小题36分。涉及计算的，要求列出计算步骤，否则不得分，除非题目特别说明不需要列出计算过程）

（本题型建议用时75分钟）

1.（本小题9分）甲公司是一家处于成长期的上市公司，拟发行可转换债券筹资1亿元建设新生产线。筹资方案如下：

平价发行5年期可转换债券，每份面值1 000元；票面利率5%，每年付息一次，到期还本；发行一年后可转换为普通股，转换价格25元；不可赎回期3年，第3年年末赎回价格1 020元，第4年年末赎回价格1 010元。转股和赎回必须在年末付息后进行。公司已进入稳定增长状态，增长率4%。预期下年每股股利1.14元。公司股权资本成本9%，等风险普通债券市场利率6%，企业所得税税率25%。

要求：

（1）计算发行日不含可转换权的每份纯债券的价值。

（2）计算第3年年末付息后每份可转换债券的底线价值，判断投资者是否应在第3年年末将可转换债券转为普通股。

（3）计算可转换债券的税前资本成本，判断筹资方案是否可行，说明理由。

（4）如果预期下一年每股股利1.2元，假设其他条件不变，甲公司拟采取修改票面利率的方式修改筹资方案，计算使筹资方案可行的票面利率区间（票面利率须为整百分数，例如：5%）。

2.（本小题9分）甲是一家小家电企业，只生产单一小家电产品。产品单位售价200元/件，单位变动成本120元/件。甲目前采用“n/30”的信用政策，预计70%（按销售量计算，下同）的顾客在信用期内付款，30%的顾客在信用期满后20天付款。收回逾期的应收账款需要承担的收账费用及坏账损失占逾期金额的5%。甲公司目前每年销售40 000件，平均存货3 500件，为加强营运资本管理，甲正考虑采用以下两种政策。

政策一：推出“5/10，3/30，n/60”的信用政策，预计每年销量将增加5%。40%的顾客在10天内付款，30%的顾客在30天内付款，25%的顾客在60天内付款，另有5%的顾客在信用期满后20天付款，收回逾期应收

2024 年 · 财务成本管理　真题试卷

911

一、单项选择题（本题型共13小题，每小题2分，共26分。每小题只有一个正确答案，请从每小题的备选答案中选出一个你认为正确的答案）

（本题型建议用时20分钟）

1. 如果投资基金经理根据内幕信息选择股票，投资基金的平均业绩与市场整体收益率相比获得了超额收益，说明该资本市场不可能是（　　）。

A. 完全无效　　B. 弱式有效

C. 半强式有效　　D. 强式有效

2. 甲公司2024年息税前利润1 000万元，计入财务费用利息支出20万元，资本化利息支出5万元，所得税费用245万元，则利息保障倍数为（　　）。

A. 50　　B. 40　　C. 37.75　　D. 36.75

3. 甲公司处于快速发展阶段，2023年至2024年销售收入由5 000万元增长至8 000万元，净利润由800万元增长至1 000万元，总资产周转次数由0.5增长至0.8，甲公司2023年的权益净利率为20%，假设资本结构不变，2024年的权益净利率为（　　）。

A. 32%　　B. 15.63%　　C. 26.31%　　D. 25%

4. 甲公司为一家智能设备制造企业，2024年末每股净资产15元，预期未来营业收入年增长率4.4%，权益净利率11%，销售净利率15%，与该公司可比的乙上市公司同期市净率为1.2倍，预期未来营业收入年增长率4%，权益净利率12%，销售净利率11.25%，用修正市净率法估计该公司每股价值是（　　）元。

A. 14.85　　B. 19.64　　C. 16.5　　D. 24

5. 甲公司为一家上市公司，准备采取长期借款方式进行融资，下列各项中，不属于长期借款合同中债权人保护条款的是（　　）。

A. 限制企业购买固定资产的规模

B. 限制企业高级管理人员的薪酬和奖金总额

C. 限制企业发行优先股或普通股融资

D. 不准在正常情况下出售较多资产

6. 甲公司为一家互联网公司，近年来盈利不断增长，公司2024年6月22日发布公告，公布2023年度利润分配方案，全体股东每10股送2股转增4股，并派发现金股利6元。当日，甲公司普通股收盘价111元，2024年6月28日是股权登记日，当日收盘价109元。甲公司普通股除权参考价是（　　）元/股。

A. 67.53　　B. 67.75　　C. 69　　D. 68.78

7. 甲公司2024年6月按照1股换9股的比例实行股票分割，该行为对甲公司的影响是（　　）。

A. 每股收益上升　　B. 资产负债率下降

C. 每股面额下降　　D. 实体现金流量上升

8. 甲公司为一家智能穿戴设备经销商，为促进销售和回款，计划2025年采取信用政策“1/20，n/30”，预计2025年全年（按360天计算）销售额3.6亿元。其中，有40%的客户（按销售额计算）享受折扣优惠，没有顾客逾期付款，预计甲公司2025年企业应收账款平均余额是（　　）万元。

A. 2 000　　B. 2 400　　C. 2 600　　D. 3 000

要求：

（1）编制第一分部A产品的成本计算单（结果填入下方表格中，不用列出计算过程）。

项目	数量（件）	直接材料成本（元）	直接人工成本（元）	变动制造费用（元）	固定制造费用（元）	合计（元）
月初在产品	15 000	1 207 500	252 000	61 200	156 000	1 676 700
本月生产费用	81 000	6 520 500	3 444 000	836 400	1 804 000	12 604 900
总约当产量（件）	—					—
分配率	—					—
本月完工产品	80 000					
单位成本	—					
月末在产品	16 000					

（2）分别计算第二分部B产品订单#601和订单#701的总成本和单位成本（提示：领用的A产品按内部转移价格200元/件计价）。

（3）假设无其他费用，分别计算7月第一、二分部部门营业利润。

（4）假设市场属于完全竞争市场，第一分部A产品无剩余产能，两个分部都可以接受的A产品内部转移定价金额的合理区间是多少？目前200元/件的定价是否合理？

整个购房方案的等风险投资必要报酬率为9%。

要求：

（1）计算前5年每年年末的公积金还款金额和商业贷款还款金额。

（2）计算第6年年初的公积金贷款余额和商业贷款余额。

（3）计算后5年每年年末的公积金还款金额和商业贷款还款金额。

（4）计算整个购房方案的净现值，并判断该方案在经济上是否可行。

3.（本小题9分）甲公司是一家集团公司，对子公司的投资项目实行审批制。2023年末，集团投资限额尚余20 000万元，其中，债务资金限额12 000万元，股权资金限额8 000万元。甲公司共收到三家全资子公司（乙、丙、丁）分别上报的投资项目方案。相关资料如下：

（1）乙公司投资项目。

2023年末投资9 000万元购置设备，建设期1年，2024年末建成投产，经营期6年。根据税法相关规定，该设备按直线法计提折旧，折旧年限6年，净残值率10%；该设备经营期满可变现400万元。经营期内预计年营业收入4 200万元，年付现成本800万元。投资该项目预计将在经营期内使甲公司原运营项目减少年营业收入600万元、年付现成本200万元。

乙公司按目标资本结构（净负债/股东权益=2）进行项目融资。债务税前资本成本为6%。该项目可比公司的资本结构（净负债/股东权益）为4/3、普通股β系数为2.6。

（2）丙公司投资项目。

2023年末购入固定收益证券，投资额8 000万元，尚有4年到期，票面价值9 000万元，票面利率为7%，每两年收取利息一次，按年复利计息，到期收回本金。根据税法相关规定，利息在收取时缴纳企业所得税，票面价值与购买价格之间的价差在到期收回本金时缴纳企业所得税。项目资本成本为5%。

丙公司按目标资本结构（净负债/股东权益=3）进行项目融资。

（3）丁公司投资项目。

2023年末投资9 600万元，项目净现值1 632万元。丁公司按目标资本结构（净负债/股东权益=2）进行项目融资。

（4）无风险利率为2%，市场风险溢价为4%；企业所得税税率25%。

假设投资项目相互独立，均不可重置，且仅能在2023年末投资，所有现金流量均在当年年末发生。

要求：

（1）计算乙公司投资项目2023—2030年末的现金净流量，并计算净现值和现值指数。

（2）计算丙公司投资项目的净现值和现值指数。

（3）甲公司应审批通过哪些项目？计算并说明理由。

4.（本小题9分）甲艺术中心提供美术艺考一对一授课服务，2023年收费标准为每次课1 000元，每次课2小时。艺术中心按照授课教师资历和授课水平发放薪酬，每小时薪酬100~200元，平均薪酬标准每小时150元。艺术中心免费提供画纸、颜料等材料，平均耗材标准每小时15元。艺术中心月固定成本90 000元。2023年7月预计有800学习人次，实际有840学习人次。

艺术中心使用标准成本进行预算管理。会计部门每月将实际利润和预算利润进行比较，编制业绩报告，并将此报告发给招生、教务等责任部门，据此进行差异分析和业绩评价。据现行内部管理制度规定，招生部门负责招生，根据艺术中心确定的优惠政策对团体客户提供优惠，对收入负责；教务部门负责授课教师及上课时间安排、美术耗材的采购和使用，对成本负责；收费优惠政策和教师课酬标准由艺术中心确定。

11. 下列各项中，对于投资中心而言，既能全面反映其投入产出关系，又可使其利益与企业整体利益一致的考核指标有（　　）。

A. 剩余收益　　B. 投资报酬率

C. 经济增加值　　D. 部门税前经营利润

12. 下列关于责任中心的表述中，正确的有（　　）。

A. 费用中心支出没有超过预算说明该中心业绩良好

B. 责任中心业绩报告反映实际业绩与预期业绩及其差异

C. 采用部门边际贡献考核利润中心部门经理业绩体现了可控原则

D. 责任中心有权决定使用某项资产，就应对该项资产的成本负责

三、计算分析题（本题型共4小题36分。涉及计算的，要求列出计算步骤，否则不得分，除非题目特别说明不需要列出计算过程）

（本题型建议用时75分钟）

1. （本小题9分）甲公司是一家上市公司，为优化资本结构、加强市值管理，拟发行债券融资200亿元用于回购普通股股票并注销。相关资料如下：

（1）公司2023年末总资产2 000亿元，负债800亿元，优先股200亿元，普通股1 000亿元。公司负债全部为长期银行贷款，利率8%；优先股票面价值100元/股，固定股息率7%，为平价发行，分类为权益工具；普通股200亿股。预计2024年息税前利润360 亿元。

（2）拟平价发行普通债券，每份票面价值1 000元，票面利率8%。如果回购普通股股票，预计平均回购价格（含交易相关费用）为12.5元/股。

（3）公司普通股β系数为1.25，预计发债回购后β系数上升至1.52。

（4）无风险利率为4%，平均风险股票报酬率为12%。企业所得税税率 25%。

要求：

（1）如果不发行债券进行股票回购，计算甲公司预计的2024 年每股收益、财务杠杆系数和加权平均资本成本（按账面价值计算权重）。

（2）如果发行债券并进行股票回购，计算甲公司预计的2024年每股收益、财务杠杆系数和加权平均资本成本（按账面价值计算权重）。

（3）根据要求（1）和（2）的计算结果，如果将每股收益最大化作为财务管理目标，是否应该发债并回购？简要说明原因。

（4）根据要求（1）和（2）的计算结果，如果按照资本成本最小化进行财务管理决策，是否应该发债并回购？简要说明原因。

（5）简要回答每股收益最大化、资本成本最小化与股东财富最大化财务管理目标之间的关系。

2. （本小题9分）肖先生拟在2023年末购置一套价格为360万元的精装修商品房，使用自有资金140万元，公积金贷款60万元，余款通过商业贷款获得。公积金贷款和商业贷款期限均为10年，均为浮动利率，2023 年末公积金贷款利率为4%，商业贷款利率为6%，均采用等额本息方式在每年年末还款。

该商品房两年后交付，可直接拎包入住。肖先生计划收房后即搬入，居住满8年后（2033年末）退休返乡并将该商品房出售，预计扣除各项税费后变现净收入450万元。若该商品房用于出租，每年年末可获得税后租金6万元。

肖先生拟在第5年年末（2028年末）提前偿还10万元的商业贷款本金。预计第5年年末公积金贷款利率下降至3%，商业贷款利率下降至5%。

2023 年 · 财务成本管理　真题试卷

一、单项选择题（本题型共13小题，每小题2分，共26分。每小题只有一个正确答案，请从每小题的备选答案中选出一个你认为正确的答案）

（本题型建议用时20分钟）

1. 甲公司流动资产3 000万元，其中货币资金800万元，应收账款500万元，预付款项200万元，存货1 300万元，其他流动资产200万元。流动负债2 000万元，其中一年内到期的非流动负债500万元。甲公司的速动比率是（　　）。

A. 0.5　　B. 0.52　　C. 0.65　　D. 0.75

2. 甲公司当前股价55元／股，股利历史信息如下：

项目	2年前	1年前	刚支付
每股股利（元）	2	2.3	2.42

假设股利未来稳定增长，增长率等于按几何平均计算的股利历史增长率，采用股利增长模型估计的股权资本成本是（　　）。

A. 10%　　B. 14.4%　　C. 14.84%　　D. 14.95%

3. 以甲公司股票为标的资产的看涨期权，期限6个月，3个月后到期。用布莱克–斯克尔斯期权定价模型估计该期权价值时，下列各项中最适合作为无风险利率的是（　　）。

A. 3 个月后到期的政府债券的票面利率　　B.3 个月后到期的政府债券的到期收益率

C. 6 个月后到期的政府债券的票面利率　　D.6 个月后到期的政府债券的到期收益率

4. 甲公司目前每股净资产为8元，权益净利率10%，拟使用修正平均市净率模型评估公司股票价值。可比公司相关资料如下：

可比公司	本期市净率	权益净利率
M	3.45	10.5%
N	3.40	9.5%
P	3.35	10.6%

下列各项中，最接近甲公司每股价值的是（　　）元。

A. 26.67　　B. 26.73　　C. 27.20　　D. 27.74

5. 甲公司拟发行新债券N调换旧债券M，1份N调换1份M。M债券将于1年后到期，每份票面价值1 000元，刚发放当期利息，市价980元。N债券期限2年，每份票面价值1 000元，票面利率6%，每半年付息一次，到期还本。N债券的税前资本成本为（　　）。

A. 5.36%　　B. 7.14%　　C. 7.23%　　D. 9.64%

6. 甲公司采用剩余股利政策，当年利润当年分配。2023年，甲公司期初未分配利润400万元，当年净利润580万元，法定盈余公积计提比例10%，预计下年资本性支出900万元，目标资本结构（净负债/股东权益）为2/3。甲公司2023年应分配的现金股利为（　　）万元。

A. 0　　B. 36　　C. 40　　D. 382

资料三：项目投资相关信息。

新产品生产线可在2022年末投产，无建设期，经营期限5年。初始投资额3 000万元，全部形成固定资产；根据税法相关规定，按直线法计提折旧，折旧年限5年，净残值率10%；5年后变现价值预计200万元。投产2年后须进行大修，2024年末支付大修费用200万元。大修支出可在所得税前列支。会计处理与税法一致。

新生产线年销售收入2 800万元，经营期付现成本前两年为每年1 600万元，后三年可降至每年1 400万元。2022年末需一次性投入营运资本400万元，经营期满全部收回。假设各年营业现金流量均发生在当年年末。

新项目投产不影响甲公司原项目的正常运营，原项目创造的税前经营利润在未来5年保持2022年水平不变。

资料四：项目融资相关信息。

甲公司目前资本结构为目标资本结构，乙集团继续按该资本结构进行项目融资（净经营资产/净负债=2/1），预计债务税后资本成本保持5.6%不变。

为确定股权资本成本，乙集团将处于同行业的丙上市公司作为项目可比公司。2022年末，丙公司净经营资产50 000万元，股东权益30 000万元；股权资本成本为11%，β系数为2.1。

市场风险溢价为4%。企业所得税税率为25%。

要求：

（1）计算甲公司2022年关键绩效指标，并判断其是否完成考核目标。

（2）计算甲公司新项目权益资本成本和加权平均资本成本。

（3）计算甲公司2022—2027年新项目的现金净流量和净现值（计算过程和结果填入下方表格中），并从乙集团角度判断该项目是否在财务方面具有可行性。

单位：万元

现金流量项目	2022年末	2023年末	2024年末	2025年末	2026年末	2027年末
现金净流量						

（3）编制第二车间产品成本计算单（结果填入下方表格中，不用列出计算过程）。

第二车间产品成本计算单

2022年7月　　　　单位：元

项目	产成品产量（件）	直接材料	加工成本	合计
月初在产品	—			
本月生产费用	—			
合计	—			
产成品中本步骤份额				
月末在产品	—			

（4）编制产品成本汇总表（结果填入下方表格中，不必列出计算过程）。

产品成本汇总表

2022年7月　　　　单位：元

生产车间	产成品产量（件）	直接材料	加工成本	合计
第一车间	—			
第二车间	—			
总成本				
单位成本（元/件）	—			

四、综合题（本题共14分。涉及计算的，要求列出计算步骤，否则不得分，除非题目特别说明不需要列出计算过程）

（本题型建议用时35分钟）

甲公司是乙集团的全资子公司，专门从事电子元器件生产制造和销售。乙集团根据战略安排，拟于2022年末在甲公司建设一条新产品生产线，但甲公司对此持有异议。为此，乙集团开展专项研究以厘清问题症结所在。相关资料如下：

资料一：甲公司考核指标及其目标值。

乙集团采用税后经营净利润和净经营资产净利率两个关键绩效指标，对子公司进行业绩考核，实施指标逐年递增且“一票否决”的考评制度，即任何一项未满足要求，该子公司考核结果为不合格。乙集团对甲公司2022年和2023年设定的考核目标如下：

考核指标	考核目标值	
	2022年	2023年
税后经营净利润（万元）	2 500	3 000
净经营资产净利率（%）	30	31

注：财务指标涉及平均值的，均以年末余额代替全年平均水平。

资料二：甲公司2022年相关财务数据。

甲公司管理用财务报表中列示，2022年末净经营资产8 000万元，净负债4 000万元，2022年税前经营利润3 400万元。

相关资料如下表所示：

2021年和2022年X产品实际数量

单位：件

项目	2021年	2022年
年初存货数量	0	12 000
本年产量	62 000	50 000
本年销量	50 000	62 000
年末存货数量	12 000	0

2021年和2022年X产品生产费用实际数据

项目	金额
单价	58元/件
单位直接材料	6元/件
单位直接人工	7元/件
单位变动制造费用	2元/件
固定制造费用总额	1 860 000元
单位变动销售和管理费用	1元/件
固定销售和管理费用总额	220 000元

要求：

（1）分别计算2021年、2022年X产品在完全成本法下和变动成本法下的单位产品成本。

（2）分别计算2021年、2022年X产品在完全成本法下和变动成本法下的税前经营利润及其差异，并解释差异产生的原因。

（3）简要说明财务经理建议采用变动成本法的理由。

2.（本小题9分）甲基金主要投资政府债券和货币性资产，目前正为5 000万元资金设计投资方案。三个备选方案如下：

方案一：受让银行发行的大额存单A，存单面值4 000万元，期限10年，年利率为5%，单利计息，到期一次还本付息。该存单尚有3年到期，受让价格为5 000万元。

方案二：以组合方式进行投资。其中，购入3万份政府债券B，剩余额度投资于政府债券C。

B为5年期债券，尚有1年到期，票面价值1 000元，票面利率为5%，每年付息一次，到期还本，刚支付上期利息，当前市价为980元；该债券到期后，甲基金计划将到期还本付息金额全额购买2年期银行大额存单，预计有效年利率为4.5%，复利计息，到期一次还本付息。

C为新发行的4年期国债，票面价值1 000元，票面利率为5.5%，单利计息，到期一次还本付息，发行价格为1 030元；计划持有三年后变现，预计三年后债券价格为1 183.36元。

方案三：平价购买新发行的政府债券D，期限3年，票面价值1 000元，票面利率为5%，每半年付息一次，到期还本。

假设不考虑相关税费的影响。

7. 下列各项中，属于长期借款保护性条款的有（　　）。

A. 限制企业租赁固定资产的规模

B. 限制企业支付现金股利和再购入股票

C. 限制企业高级职员的薪金和奖金总额

D. 限制企业投资于短期内不能收回资金的项目

8. 甲公司月生产能力为10 400件，单位产品标准工时为1.5小时，固定制造费用标准分配率为1 200元/小时。本月实际产量8 000件，实际工时10 000小时，实际发生固定制造费用1 900万元。下列各项表述中，正确的有（　　）。

A. 固定制造费用耗费差异为有利差异 28 万元

B. 固定制造费用效率差异为有利差异 240 万元

C. 固定制造费用能力差异为不利差异 432 万元

D. 固定制造费用成本差异为不利差异 460 万元

9. 下列各项作业中，属于品种级作业的有（　　）。

A. 产品设计　　B. 产品更新

C. 产品组装　　D. 产品生产工艺规程制定

10. 甲企业计划生产M产品。现有旧设备一台，原值5 000万元，已提折旧3 500万元，账面价值1 500万元。如使用旧设备生产M产品，需对其进行技术改造，追加支出1 000万元。企业也可购入新设备生产M产品，新设备市价2 000万元，可将旧设备作价1 200万元以旧换新。假设不考虑所得税等相关税费的影响，下列关于企业改造旧设备或购买新设备的决策中，正确的有（　　）。

A. 旧设备的已提折旧与决策无关

B. 旧设备的账面价值属无关成本

C. 旧设备的以旧换新作价与决策无关

D. 改造旧设备比购买新设备多支出 200 万元

11. 甲公司用剩余收益指标考核下属投资中心，该指标的优点有（　　）。

A. 便于不同行业之间的业绩比较

B. 指标计算不依赖于会计数据的质量

C. 可避免部门经理产生“次优化”行为

D. 便于按风险程度的不同调整资本成本

12. 下列各项中，属于战略地图内部业务流程维度的有（　　）。

A. 营运管理流程　　B. 顾客管理流程

C. 创新管理流程　　D. 法规与社会流程

三、计算分析题（本题型共4小题36分。涉及计算的，要求列出计算步骤，否则不得分，除非题目特别说明不需要列出计算过程）

（本题型建议用时75分钟）

1.（本小题9分）甲公司是一家小家电制造企业，只产销X产品。公司采用完全成本法核算产品成本，每年按实际产量分配固定制造费用，采用先进先出法进行存货计价。

2022年末，总经理收到会计部门转来的利润表后，比较了2022年和2021年的税前经营利润，发现了一个奇怪的现象：2022年销量比2021年增加24%，但税前经营利润却大幅下降。公司管理层就此问题进行了讨论，财务经理建议采用变动成本法重新核算产品成本，然后再作分析。

2022年·财务成本管理　真题试卷

一、单项选择题（本题型共13小题，每小题2分，共26分。每小题只有一个正确答案，请从每小题的备选答案中选出一个你认为正确的答案）

（本题型建议用时20分钟）

1. 甲公司是一家传统制造业企业，拟投资新能源汽车项目，预计期限10年。乙公司是一家新能源汽车制造企业，与该项目具有类似的商业模式、规模、负债比率和财务状况。下列各项中，最适合作为该项目债务资本成本的是（　　）。

A. 刚刚发行的10年期政府债券的票面利率5%

B. 刚刚发行的10年期政府债券的到期收益率5.5%

C. 乙公司刚刚发行的10年期债券的票面利率6%

D. 乙公司刚刚发行的10年期债券的到期收益率6.5%

2. 甲公司有两个互斥的投资项目M和N，投资期限和投资风险都不同，但都可以重置。下列情况下，可以判定M项目优于N项目的是（　　）。

A. M的等额年金＞N的等额年金　　B. M的永续净现值＞N的永续净现值

C. M的内含报酬率＞N的内含报酬率　　D. M的动态投资回收期＜N的动态投资回收期

3. 下列关于优先股的说法中，正确的是（　　）。

A. 优先股股东仅在公司发行优先股时拥有表决权

B. 公司破产清算时，优先股股东将优先于无担保债权人求偿

C. 优先股属于兼具债务融资特征和权益融资特征的混合筹资工具

D. 公司配股增发时，优先股股东相比于普通股股东具有优先配股权

4. 甲公司每半年发放一次普通股股利，股利以每半年3%的速度持续增长，最近刚发放上半年股利每股1元。甲公司普通股等风险投资的年必要报酬率为10.25%，该公司股票目前每股价值是（　　）元。

A. 13.73　　B. 24.96　　C. 48.47　　D. 51.5

5. 2022年8月26日，甲公司股票每股市价20元。市场上有以甲公司股票为标的资产的欧式看跌期权，每份看跌期权可卖出1股股票，执行价格为18元，2022年11月26日到期。下列情形中，持有该期权多头的理性投资人会行权的是（　　）。

A. 2022年9月26日，甲公司股票每股市价20元　　B.2022年9月26日，甲公司股票每股市价15元

C. 2022年11月26日，甲公司股票每股市价20元　　D.2022年11月26日，甲公司股票每股市价15元

6. 甲公司采用固定股利支付率政策，股利支付率为60%。公司2022年实现净利润8 000万元，提取10%法定公积金。甲公司2022年应分配现金股利（　　）万元。

A. 4 000　　B. 4 320　　C. 4 800　　D. 5 600

7. 甲公司采用随机模式管理现金。现金余额最低1 500万元，现金返回线3 500万元。当现金余额为8 500万元时，应采取的措施是（　　）。

A. 不进行证券买卖　　B. 买入证券5 000万元

C. 卖出证券5 000万元　　D. 买入证券1 000万元

利润表项目	2021年度
营业收入	20 000
营业成本	14 000
税金及附加	420
销售费用	1 000
管理费用	400
财务费用	200
公允价值变动收益	20
所得税费用	1 000
净利润	3 000

货币资金全部为经营活动所需，其他应收款、其他应付款均为经营活动产生，财务费用均为利息费用，2021年没有资本化利息支出。企业所得税税率25%。

（2）甲公司预测2022年、2023年营业收入增长率20%，2024年及以后保持6%的永续增长；税后经营净利率、净经营资产周转次数、净财务杠杆和净负债利息率一直维持2021年水平不变。

（3）甲公司普通股资本成本12%。

（4）可比公司乙公司2021年每股收益1元，2021年末每股市价15元。

为简化计算，财务指标涉及平均值的，均以年末余额替代全年平均水平。

要求：

（1）计算公司2021年每股收益，用市盈率模型估算2021年末甲公司股权价值，并判断甲公司股价是否被低估。

（2）编制甲公司2021年管理用资产负债表和利润表（结果填入下方表格中，不用列出计算过程）。

单位：百万元

管理用报表项目	2021年末
净经营资产	
净负债	
股东权益	
管理用报表项目	**2021年度**
税后经营净利润	
税后利息费用	
净利润	

（3）在甲公司追加产能的前提下，如果在正常市场需求外客户乙提出新增A产品订单400件，不可拆单（即若接受该订单，则必须全部接受，不可部分接受），1个月内交货，每件2 100元。若机器设备剩余生产能力无法转移，原正常市场需求可以部分放弃，计算接受该订单对公司税前经营利润的影响，并判断是否应接受该订单。

（4）在甲公司追加产能的前提下，如果在正常市场需求外甲公司拟参加客户丙的一项招标：丙订购A产品360件，1个月交货。甲公司使用成本加成定价法制定投标价格，在成本基础上的总加成额为72 000元。若机器设备剩余生产能力无法转移，计算甲公司投标的最低单价。

四、综合题（本题共14分。涉及计算的，要求列出计算步骤，否则不得分，除非题目特别说明不需要列出计算过程）

（本题型建议用时35分钟）

甲上市公司是一家电气设备制造企业，目前正处在高速增长期。为判断公司股票是否被低估，正进行价值评估。相关资料如下：

（1）甲公司2021年末发行在外普通股5亿股，每股市价100元，没有优先股。未来不打算增发和回购股票。2021年相关报表项目如下：

单位：百万元

资产负债表项目	2021年末
货币资金	7 500
交易性金融资产	600
应收账款	7 500
预付款项	400
其他应收款	900
存货	5 100
流动资产合计	22 000
固定资产	3 200
无形资产	1 600
非流动资产合计	4 800
短期借款	400
应付账款	13 400
其他应付款	1 200
流动负债合计	15 000
长期借款	2 000
负债合计	17 000
所有者权益	9 800

单位：万元

项目	2021年末	2022年末	2023年末	2024年末
现金净流量				
折现系数				
现值				
净现值				

（2）如果项目加权平均资本成本上升到14%，其他因素不变，计算项目的净现值。

（3）基于要求（1）和（2）的结果，计算项目净现值对资本成本的敏感系数。

3. （本小题9分）甲公司是一家制造业企业，下设一基本生产车间，生产A、B两种产品。A、B产品分别由不同的班组加工，领用不同的材料。A产品有A-1、A-2和A-3三种型号，加工工艺、耗用材料基本相同；B产品有B-1和B-2两种型号，加工工艺、耗用材料基本相同。公司采用品种法计算产品成本，直接材料、直接人工直接计入A、B产品，制造费用按当月定额工时在A、B产品之间分配。原材料在开工时一次投入，直接人工、制造费用随加工进度陆续发生。公司先分配完工产品与月末在产品成本，再在同一产品不同型号之间分配完工产品成本，均采用定额比例法。

2021年7月相关资料如下：

（1）单位完工产品定额。

产品	型号	材料定额（元/件）	工时定额（小时/件）
A产品	A-1	1 500	8
	A-2	800	6
	A-3	400	4
B产品	B-1	500	8
	B-2	1 000	10

三、计算分析题（本题型共4小题36分。涉及计算的，要求列出计算步骤，否则不得分，除非题目特别说明不需要列出计算过程）

（本题型建议用时75分钟）

1.（本小题9分）甲公司是一家上市公司，目前拟发行可转换债券筹集资金。乙投资机构是一家从事证券投资的专业机构，正对甲公司可转换债券进行投资的可行性分析，为此收集了甲公司的发行公告、股票价格等信息。相关资料如下：

（1）甲公司于2021年12月20日发布的《公开发行可转换债券发行公告》摘要。

本次发行证券的种类为可转换为公司A股普通股股票的可转换公司债券。本次募集资金总额为人民币100 000万元，发行数量为100万张。

本可转债每张面值人民币1 000元，票面利率5%，每年年末付息一次，到期归还本金。

本可转债按面值发行，期限为自发行之日起10年，即2022年1月1日至2031年12月31日。本可转债的转股期自可转债发行结束之日满六个月后的第一个交易日起至可转债到期日止，转股价格为100元/股。在转股期内，如果可转债的转换价值高于1 500元时，公司董事会有权以1 080元的价格赎回全部未转股的可转债。

（2）预计债券发行后，甲公司普通股每股市价55元，公司进入生产经营稳定增长期，可持续增长率12%。

（3）假定转股必须在年末进行，赎回在达到赎回条件后可立即执行。

（4）市场上等风险普通债券市场利率8%。

要求：

（1）什么是赎回条款？为什么设置赎回条款？什么是有条件赎回？

（2）计算每张可转换债券第8年年末和第9年年末的转换价值。

（3）计算每张可转换债券第8年年末（付息后）的纯债券价值和底线价值，判断债券持有者是否应在第8年末转股，并说明理由。

（4）如果投资者在第8年年末（付息后）转股，计算投资可转换债券的期望报酬率，判断乙投资机构是否应购买该债券，并说明原因。

2.（本小题9分）甲生物制药公司拟于2021年末投资建设一条新药生产线，项目期限3年。现正进行可行性研究，相关信息如下：

该项目需要一栋厂房、一套生产设备和一项特许使用权。厂房拟用目前公司对外出租的闲置厂房，租金每年200万元，每年年初收取。生产设备购置安装成本5 000万元，按直线法计提折旧，折旧年限5年，无残值，预计3年后变现价值2 500万元。特许使用权需一次性支付3 000万元，使用期限3年，按使用年限平均摊销，无残值。按税法规定，当年折旧和摊销可在当年抵扣所得税。该项目无建设期。

生产线建成后，预计新药2022年、2023年、2024年每年营业收入分别为6 000万元、7 000万元、7 000万元。每年付现固定成本500万元，付现变动成本为当年营业收入的25%。

该项目需要占用的营运资本与营业收入存在函数关系：营运资本=200万元+当年营业收入×20%。每年新增的营运资本在年初投入，项目结束时全部收回。

假设设备购置和特许使用权支出发生在2021年末，各年营业现金流量均发生在当年年末。

项目加权平均资本成本12%。企业所得税税率25%。

要求：

（1）估计该项目2021—2024年末的相关现金净流量和净现值（计算过程和结果填入下方表格中）。

2021年·财务成本管理　真题试卷

914

一、单项选择题（本题型共13小题，每小题2分，共26分。每小题只有一个正确答案，请从每小题的备选答案中选出一个你认为正确的答案）

（本题型建议用时20分钟）

1. 下列关于有限合伙企业与公司制企业共同点的说法中，正确的是（　　）。
   A. 都是独立法人　　B. 都需要缴纳企业所得税
   C. 都需要两个或两个以上出资人　　D. 都可以有法人作为企业的出资人
2. 甲公司拟发行优先股筹资，发行费用率和年股息率分别为2%和8%，每半年支付一次股利，企业所得税税率25%。根据税法规定，该优先股股利不能抵税。该优先股资本成本为（　　）。
   A. 7.84%　　B. 8.00%　　C. 8.16%　　D. 8.33%
3. 下列情形中，最适合采用空头对敲投资策略的是（　　）。
   A. 预计未来标的资产价格将大幅上涨
   B. 预计未来标的资产价格将大幅下跌
   C. 预计未来标的资产价格将在执行价格附近小幅波动
   D. 预计未来标的资产价格将发生剧烈波动，但不知道升高还是降低
4. 甲公司股票当前价格60元，以该股票为标的资产的看涨期权执行价格为65元。每份看涨期权可买入1份股票。预计未来甲公司股价或者上涨20元，或者下跌10元。下列投资组合中，可复制1份多头该看涨期权投资效果的是（　　）。
   A. 购入 0.5 份甲公司股票，同时借入必要的款项　　B. 购入 2 份甲公司股票，同时借入必要的款项
   C. 购入 0.5 份甲公司股票，同时贷出必要的款项　　D. 购入 2 份甲公司股票，同时贷出必要的款项
5. 甲公司的经营杠杆系数为1.5，财务杠杆系数为2。如果该公司销售额增长80%，每股收益增长（　　）。
   A. 120%　　B. 160%　　C. 240%　　D. 280%
6. 甲公司2020年度利润分配方案：向全体股东每10股送2股转增4股并派发现金股利2元。2021年5月12日是股利宣告日，当日收盘价108元；5月18日是股权登记日，当日收盘价107元。甲公司股票的除权参考价为（　　）元/股。
   A. 66.75　　B. 67.38　　C. 76.29　　D. 77
7. 甲公司采用随机模式进行现金管理，现金余额最低为1 000万元，现金返回线为5 000万元，现金余额控制的上限应该是（　　）万元。
   A. 10 000　　B. 11 000　　C. 12 000　　D. 13 000
8. 甲公司生产X产品，设有供电和锅炉两个辅助生产车间。2021年7月，供电车间发生生产费用315 000元，供电450 000度，其中锅炉车间30 000度、X产品320 000度、基本生产车间60 000度、行政管理部门40 000度；锅炉车间发生生产费用119 000元，提供热力蒸汽150 000吨，其中供电车间10 000吨、X产品100 000吨、基本生产车间25 000吨、行政管理部门15 000吨。甲公司采用直接分配法分配辅助生产成本，供电车间的分配率是（　　）元/度。
   A. 0.70　　B. 0.72　　C. 0.75　　D. 0.85

续表

项目	2020年末	2021年末	2022年末	2023年末
实体现金流量				
折现系数				
现值				
实体价值				

（5）假设乙公司净负债按2020年末账面价值计算，估计2020年末乙公司股权价值。

（6）计算甲公司非公开增发新股的发行价格和发行数量。

乙公司货币资金均为经营活动所需，财务费用均为利息支出。

（2）甲公司预测，乙公司2021年、2022年营业收入分别增长20%、12%，自2023年开始进入增长率为4%的稳定增长状态。假设收购不影响乙公司正常运营，收购后乙公司净经营资产周转率、税后经营净利率按2017—2020年的算术平均值估计。假设所有现金流量均发生在年末，资产负债表期末余额代表全年平均水平。

（3）乙公司目标资本结构（净负债/股东权益）为2/3。等风险债券税前资本成本8%；普通股β系数1.4，无风险报酬率4%，市场组合的必要报酬率9%。企业所得税税率25%。

（4）甲公司非公开增发新股的发行价格按定价基准日前20个交易日公司股票价格均价的80%确定。定价基准日前20个交易日相关交易信息如下：

定价基准日	累计交易金额（亿元）	累计交易数量（亿股）	平均收盘价（元/股）
前20个交易日	4 000	160	24

要求：

（1）编制乙公司2017—2020年管理用资产负债表和利润表（结果填入下方表格中，不用列出计算过程）。

单位：万元

管理用财务报表项目	2017年	2018年	2019年	2020年
净经营资产				
净负债				
股东权益				
税后经营净利润				
税后利息费用				
净利润				

（2）预测乙公司2021年及以后年度净经营资产周转率、税后经营净利率。

（3）采用资本资产定价模型，估计乙公司的股权资本成本；按照目标资本结构，估计乙公司的加权平均资本成本。

（4）基于上述结果，计算2021—2023年乙公司实体现金流量，并采用实体现金流量折现法，估计2020年末乙公司实体价值（计算过程和结果填入下方表格中）。

单位：万元

项目	2020年末	2021年末	2022年末	2023年末

年流失500万元，同时付现变动成本每年减少200万元。

（5）假设厂房、设备和专利技术使用费相关支出发生在2020年末，各年营业现金流量均发生在当年年末。

（6）项目加权平均资本成本14%，企业所得税税率25%。

要求：

（1）计算该项目2020—2025年末的相关现金净流量和净现值（计算过程和结果填入下方表格中）。

单位：万元

项目	2020年末	2021年末	2022年末	2023年末	2024年末	2025年末
现金净流量						
折现系数						
现值						
净现值						

（2）计算该项目的动态投资回收期。

（3）分别用净现值法和动态投资回收期法判断该项目是否可行。假设甲公司设定的项目动态投资回收期为3年。

3.（本小题9分）甲公司是一家制造业企业，产品市场需求处于上升阶段。为提高产能，公司拟新建一个生产车间。该车间运营期6年。有两个方案可供选择：

方案一：设备购置。预计购置成本320万元，首年年初支付；设备维护费用每年2万元，年末支付。

方案二：设备租赁。租赁期6年，租赁费每年50万元，年初支付。租赁公司负责设备的维护，不再另外收费。租赁期内不得撤租，租赁期满时租赁资产所有权以60万元转让。

6年后该设备可按85万元出售，但需支付处置费用5万元。根据税法相关规定，设备折旧年限8年，净残值4%，按直线法计提折旧。税前有担保借款利率8%，企业所得税税率25%。

各订单开工时一次投入，加工费用随加工进度陆续发生。2020年9月，产品成本相关资料如下：

（1）9月初公司承接一新订单，订单编号901，客户订购M产品10 000千克，立即开工，月底交付。在加工M产品时，同时产出N副产品。

（2）本月生产费用及工时资料：901订单开工时实际耗用直接材料178 000元。801订单（上月承接，未完工，本月继续加工）和901订单生产工人工资154 000元，车间制造费用113 000元。实际人工工时12 320小时，其中：801订单7 040小时，901订单5 280小时。实际机器工时14 125小时，其中：801订单8 125小时，901订单6 000小时。

（3）本月订单完成情况：截至9月30日，801订单全部未完工；901订单全部完工，加工完成M产品10 000千克，同时产出N副产品500千克。M产品市场售价45元/千克。N副产品进一步简装需支付2元/千克，简装后市场售价10.8元/千克。由于副产品价值相对较低，在计算M产品成本时，可将N副产品价值从M产品直接材料中扣除。

要求：

（1）什么是副产品？副产品成本分配通常采用何种方法？

（2）编制901订单产品成本计算单（结果填入下方表格中，不用列出计算过程）。

产品成本计算单

订单：901　　　　2020年9月　　　　单位：元

项目	直接材料	直接人工	制造费用	合计
月初在产品成本				
本月生产费用				
合计				
扣除副产品价值				
完工产品总成本				
完工产品单位成本				

（3）在出售或深加工决策中，公司管理者通常需要考虑哪些因素，用何种方法决策？假如公司对N副产品进一步深加工并简装后出售，简装成本仍为2元/千克，市场售价可提高至15元/千克，公司可接受的最高深加工成本是多少？

2.（本小题9分）甲公司是一家中低端护肤品生产企业，为适应市场需求，2020年末拟新建一条高端护肤品生产线，项目期限5年。相关资料如下：

（1）新建生产线需要一栋厂房、一套生产设备和一项专利技术。新建厂房成本5 000万元，根据税法相关规定，按直线法计提折旧，折旧年限20年，无残值。假设厂房建设周期很短，2020年末即可建成使用，预计5年后变现价值4 000万元。生产设备购置成本2 000万元，无须安装，根据税法相关规定，按直线法计提折旧，折旧年限5年，无残值，预计5年后变现价值为零。一次性支付专利技术使用费1 000万元，可使用5年，根据税法相关规定，专利技术使用费按受益年限平均摊销。

（2）生产线建成后，预计高端护肤品第一年销售收入5 000万元，第二年及以后每年销售收入6 000万元。付现变动成本占销售收入的20%，付现固定成本每年1 000万元。

（3）项目需增加营运资本200万元，于2020年末投入，项目结束时收回。

（4）项目投产后，由于部分原中低端产品客户转而购买高端产品，预计会导致中低端产品销售收入每

2020年·财务成本管理　真题试卷

一、单项选择题（本题型共13小题，每小题2分，共26分。每小题只有一个正确答案，请从每小题的备选答案中选出一个你认为正确的答案）

（本题型建议用时20分钟）

1. 下列各项中，属于资本市场工具的是（　　）。

A. 短期国债　　B. 商业票据

C. 长期公司债券　　D. 银行承兑汇票

2. 一项投资组合由两项资产构成。下列关于两项资产的期望收益率、相关系数与投资组合风险分散效应的说法中，正确的是（　　）。

A. 相关系数等于1时，不能分散风险

B. 相关系数等于0时，风险分散效应最强

C. 相关系数等于–1时，才有风险分散效应

D. 相关系数大小不影响风险分散效应

3. 甲公司采用债券收益率风险调整模型估计股权资本成本，税前债务资本成本8%，股权相对债权风险溢价6%。企业所得税税率25%。甲公司的股权资本成本是（　　）。

A. 6%　　B. 8%　　C. 12%　　D. 14%

4. 某两年期债券，面值1 000元，票面年利率8%，每半年付息一次，到期还本。假设有效年折现率是8.16%，该债券刚刚支付过上期利息，目前其价值是（　　）元。

A. 994.14　　B. 997.10　　C. 1 000　　D. 1 002.85

5. 甲公司2019年净利润150万元，利息费用100万元，优先股股利37.5万元。企业所得税税率25%。甲公司财务杠杆系数为（　　）。

A. 1.85　　B. 2　　C. 2.15　　D. 3

6. 甲公司采用配股方式进行融资，每10股配5股，配股价20元，配股前股价27元。最终参与配股的股权占80%。乙在配股前持有甲公司股票1 000股，若其全部行使配股权，乙的财富（　　）。

A. 增加500元　　B. 增加1 000元

C. 减少1 000元　　D. 不发生变化

7. 供货商向甲公司提供的信用条件是"2/30，N/90"。一年按360天计算，不考虑复利，甲公司放弃现金折扣的成本是（　　）。

A. 12%　　B. 12.24%　　C. 12.62%　　D. 12.88%

8. 甲公司生产X产品，需要经过三个步骤，第一步骤半成品直接转入第二步骤，第二步骤半成品直接转入第三步骤，第三步骤生产出产成品。各步骤加工费用随加工进度陆续发生。该公司采用平行结转分步法计算产品成本。月末盘点：第一步骤月末在产品100件，完工程度60%；第二步骤月末在产品150件，完工程度40%；第三步骤完工产品540件，在产品200件，完工程度20%。按照约当产量法（加权平均法），第二步骤加工费用应计入完工产品成本的份额占比是（　　）。

A. 40%　　B. 60%　　C. 67.5%　　D. 80%

目录

2020 年 · 财务成本管理　真题试卷 / 1

2021 年 · 财务成本管理　真题试卷 / 7

2022 年 · 财务成本管理　真题试卷 / 13

2023 年 · 财务成本管理　真题试卷 / 19

2024 年 · 财务成本管理　真题试卷 / 23

2025 年 · 财务成本管理　模拟试卷（一） / 29

2025 年 · 财务成本管理　模拟试卷（二） / 35

2025 年 · 财务成本管理　模拟试卷（三） / 41

電子工

Publishing Hous

北方

5年真题·3套模拟

注册会计师考试辅导用书

财务成本管理
答案与解析

斯尔教育　组编

電子工業出版社
Publishing House of Electronics Industry
北京·BEIJING

图书在版编目（CIP）数据

5年真题·3套模拟. 注册会计师考试辅导用书. 财务成本管理答案与解析 / 斯尔教育组编. -- 北京 : 电子工业出版社，2025. 3. -- ISBN 978-7-121-34738-2

Ⅰ. F23-44

中国国家版本馆CIP数据核字第202596KP26号

责任编辑：张春雨
印　　刷：河北鸿运腾达印刷有限公司
装　　订：河北鸿运腾达印刷有限公司
出版发行：电子工业出版社
北京市海淀区万寿路173信箱　　邮编：100036
开　　本：889×1194　1/16　　印张：18.75　　字数：493千字
版　　次：2025年3月第1版
印　　次：2025年7月第2次印刷
定　　价：56.00元（全2册）

凡所购买电子工业出版社图书有缺损问题，请向购买书店调换。若书店售缺，请与本社发行部联系，联系及邮购电话：（010）88254888，88258888。

质量投诉请发邮件至zlts@phei.com.cn，盗版侵权举报请发邮件至dbqq@phei.com.cn。

本书咨询联系方式：faq@phei.com.cn。

目录

2020 年 · 财务成本管理　真题试卷　答案与解析 / 1

2021 年 · 财务成本管理　真题试卷　答案与解析 / 25

2022 年 · 财务成本管理　真题试卷　答案与解析 / 49

2023 年 · 财务成本管理　真题试卷　答案与解析 / 73

2024 年 · 财务成本管理　真题试卷　答案与解析 / 99

2025 年 · 财务成本管理　模拟试卷（一）　答案与解析 / 121

2025 年 · 财务成本管理　模拟试卷（二）　答案与解析 / 147

2025 年 · 财务成本管理　模拟试卷（三）　答案与解析 / 173

2020年·财务成本管理　真题试卷
答案与解析

一、单项选择题

1	C	2	A	3	C	4	C	5	B
6	A	7	B	8	C	9	A	10	A
11	B	12	D	13	B				

二、多项选择题

1	AB	2	BD	3	AB	4	ACD	5	ABD
6	BD	7	BD	8	ABC	9	ABC	10	ABC
11	ABCD	12	BC						

一、单项选择题

1. 斯尔解析 C　资本市场指的是期限在1年以上的金融工具交易市场，资本市场的工具包括股票、长期公司债券、长期政府债券和银行长期贷款等，选项C当选。商业票据、短期国债和银行承兑汇票都属于货币市场工具，选项ABD不当选。

2. 斯尔解析 A　相关系数的取值范围：$-1 \leqslant r \leqslant 1$。相关系数等于1时，两项资产完全正相关，不能分散风险，选项A当选。只要相关系数小于1，就具有风险分散效应，且相关系数越小风险分散效应越强，相关系数的最小值为 -1，因此当相关系数等于 -1 时，风险分散效应最强。综上，选项BCD不当选。

3. 斯尔解析 C　股权资本成本 = 本公司税后债务资本成本 + 股东比债权人承担更大风险所要求的风险溢价 =8%×（1−25%）+6%=12%，选项C当选。

提示：

选项A，错误使用股权相对债权风险溢价6%作为甲公司的股权资本成本。

选项B，错误使用税前债务资本成本8%作为甲公司的股权资本成本。

选项D，错误使用税前债务资本成本8%计算，甲公司的股权资本成本 =8%+6%=14%，忽略债务资本成本应使用税后口径。

4. 斯尔解析 C 由于债券半年付息一次，半年期的票面利率 =8%/2=4%，半年期的折现率 = $\sqrt{1+8.16\%}-1=4\%$，半年期的票面利率 = 半年期的折现率，所以该债券平价发行。由于刚刚支付过上期利息，因此目前的债券价值不受应计利息的影响，即债券价值 = 债券面值 =1 000（元）（每间隔一段时间支付一次利息的平价债券，债券价值在每个付息期内波动上升，至付息日支付完利息后回落至面值），选项 C 当选。

提示：选项 B，错误计算半年期折现率 = 有效年折现率 /2=8.16%/2=4.08%，则债券价值 =1 000 × 4% ×（*P/A*，4.08%，4）+1 000 ×（*P/F*，4.08%，4）=997.10（元）。

5. 斯尔解析 B 息税前利润 =150/（1−25%）+100=300（万元），**财务杠杆系数 = 息税前利润 /［息税前利润 − 债务利息 − 优先股股利 /（1− 所得税税率）］**=300/［300−100−37.5/（1−25%）］=2，选项 B 当选。

提示：

选项 A，计算财务杠杆系数公式错误，忽略优先股股利应使用税前口径，即财务杠杆系数 = 息税前利润 /（息税前利润 − 债务利息 − 优先股股利）=300/（300−100−37.5）=1.85。

选项 D，计算财务杠杆系数公式错误，分母错误使用利息费用，即财务杠杆系数 = 息税前利润 / 债务利息 =300/100=3。

6. 斯尔解析 A **配股除权参考价 =（配股前每股价格 + 配股价格 × 股份变动比例）/（1+ 股份变动比例）**=（27+20 × 50% × 80%）/（1+50% × 80%）=25（元），乙财富的变化 = 配股后财富 − 配股成本 − 配股前财富 =1 000 ×（1+50%）× 25−20 × 1 000 × 50%−1 000 × 27=500（元），选项 A 当选。

提示：

选项 B，计算乙财富变化公式错误，即（配股前财富 − 配股后除权参考价 × 乙持股数）× 配股比例 =（1 000 × 27−1 000 × 25）×（5/10）=1 000（元）。

选项 C，计算乙财富变化公式错误，即（配股后除权参考价 × 乙持股数 − 配股前财富）× 配股比例 =（1 000 × 25−1 000 × 27）×（5/10）=−1 000（元）。

7. 斯尔解析 B **甲公司放弃现金折扣的成本 = 折扣百分比 /（1− 折扣百分比）× 360/（信用期 − 折扣期）**=2%/（1−2%）× 360/（90−30）=12.24%，选项 B 当选。

提示：

选项 A，计算放弃现金折扣的成本公式错误，即 2% × 360/（90−30）=12%。

选项 D，错误按复利计算，即放弃现金折扣成本 = $\left(1+\frac{\text{折扣百分比}}{1-\text{折扣百分比}}\right)^{\frac{360}{\text{信用期}-\text{折扣期}}}-1=\left(1+\frac{2\%}{1-2\%}\right)^{\frac{360}{90-30}}-1=12.88\%$。

8. 斯尔解析 C **平行结转分步法下，完工产品是指最终完工的产成品；在产品是指广义在产品，包括本步骤在产品和本步骤已完工但未最终完工的所有后续仍需继续加工的在产品、半成品。**无论对于哪一步骤，均满足完工产品数量 = 最终完工产品数量 =540（件）；第二步骤广义在产品约当产量 = 本步骤在产品数量 × 完工程度 + 第三步骤在产品数量 =150 × 40%+200=260（件）；因此，第二步骤加工费用应计入完工产品成本的份额占比 = 完工产品数量 /（完工产品数量 + 第二步骤在产品约当产量）=540/（540+260）=67.5%，选项C当选。

需要注意的是，第二步骤的加工费用分别归集到第二步骤的产成品及第二步骤的在产品中，第二步骤的产成品成本又归集到第三步骤的产成品及第三步骤的在产品中。所以第二步骤的加工费用可以归集到①第二步骤在产品、②第三步骤产成品、③第三步骤在产品三部分中。第二步骤加工费用计入完工产品成本的份额即计入第三步骤产成品中的属于第二步骤的加工费用（②）占总的第二步骤的加工费用（①+②+③）的比例。第二步骤在产品对于本步骤来说尚未完工，故需要考虑完工程度40%；第三步骤在产品对于第二步骤来说已经完工，故无须考虑完工程度20%。

提示：

选项A，错误使用第二步骤在产品完工程度40%作为第二步骤加工费用应计入完工产品成本的份额占比。

选项B，错误使用第一步骤在产品完工程度60%作为第二步骤加工费用应计入完工产品成本的份额占比。

选项D，错误使用第一、二步骤在产品完工程度之和减去第三步骤在产品完工程度（40%+60%−20%=80%）作为第二步骤加工费用应计入完工产品成本的份额占比。

9. 斯尔解析 A 固定制造费用标准分配率=125 000/25 000=5（元/小时），**固定制造费用闲置能力差异=固定制造费用预算数−实际工时×固定制造费用标准分配率**=125 000−24 000×5=5 000（元）（U）（不利差异），选项A当选。

提示：

选项B，计算过程同选项A，但是将不利差异错误理解为有利差异。

选项C，计算的是固定制造费用效率差异=（实际工时−实际产量标准工时）×固定制造费用标准分配率=（24 000−2 000×10）×5=20 000（元）（U），即固定制造费用效率差异是不利差异20 000元。

选项D，计算的也是固定制造费用效率差异，同选项C，同时将不利差异错误理解为有利差异。

10. 斯尔解析 A 现有订单加工时间=13 000×6=78 000（小时），剩余产能=90 000−78 000=12 000（小时），新订单需要的加工时间=2 000×6=12 000（小时），等于剩余产能。由于剩余生产能力无法转移，不用考虑机会成本，因此公司增加的营业利润=2 000×（90−70）=40 000（元），选项A当选。

提示：

选项B，计算公司增加的营业利润错误，即2 000×（150−100）=100 000（元）。

选项C，计算公司增加的营业利润错误，即2 000×（150−70）=160 000（元）。

选项D，计算公司增加的营业利润错误，即2 000×90=180 000（元）。

11. 斯尔解析 B 单位变动成本=（440 000−220 000）/110 000=2（元），总成本=2×115 000+220 000=450 000（元），选项B当选。

提示：

选项A，错误将X产品产量为110 000件时的总成本440 000元作为总产量为115 000件时的总成本。

选项C，计算总产量为115 000件时的总成本错误，即2×115 000×2=460 000（元）。

12. 斯尔解析 D　可控成本通常应符合以下三个条件：（1）成本中心有办法知道将发生什么性质的耗费（可预知性，选项 A）；（2）成本中心有办法计量它的耗费（可计量性，选项 B）；（3）成本中心有办法控制并调节它的耗费（可调控性，选项 C）。所以，可追溯性不属于责任中心判断成本是否可控的条件，选项 D 当选。

13. 斯尔解析 B　税后净营业利润 = 净利润 +（利息支出 + 研究开发费用调整项）×（1−25%）=10+（3+2）×（1−25%）=13.75（亿元），**经济增加值 = 税后净营业利润 − 调整后资本 × 平均资本成本率** =13.75−100×6%=7.75（亿元），选项 B 当选。

提示：

选项 A，计算税后净营业利润时未考虑研究开发费用调整项和所得税，即 10+3=13（亿元），经济增加值 =13−100×6%=7（亿元）。

选项 C，计算税后净营业利润时未考虑所得税，即 10+3+2=15（亿元），经济增加值 =15−100×6%=9（亿元）。

选项 D，计算税后净营业利润时未考虑利息支出，即 10+2×（1−25%）=11.5（亿元），计算经济增加值公式错误，即 11.5−2=9.5（亿元）。

二、多项选择题

1. 斯尔解析 AB　由于投资组合不能分散收益（收益的衡量指标为期望收益率），也不能分散系统风险（系统风险的衡量指标为 β 系数），所以**投资组合的收益等于组合内各资产收益的加权平均值，组合的 β 系数等于组合内各资产 β 系数的加权平均值**。因此，组合的期望收益率 =12%×50%+10%×50%=11%，组合的 β 系数 =1.5×50%+1.3×50%=1.4，选项 AB 当选。因为题中没有给出相关系数，所以无法计算组合标准差和变异系数，选项 CD 不当选（当且仅当相关系数 r=1 时，选项 CD 当选）。

2. 斯尔解析 BD　如果债券是平价发行的，债券的期限不会影响债券价格与面值之间的差异，选项 A 不当选。债券的价值取决于未来现金流量的现值，对于平息债券，债券期限越短，未来的现金流量越少，折现率（即市场利率）变动对现金流量现值的影响越小，选项 B 当选。当市场利率高于票面利率时，债券价格低于面值，选项 C 不当选。当市场利率与票面利率的差异越大，债券溢折价的程度越大，即债券价格与面值的差异越大，选项 D 当选。

3. 斯尔解析 AB　对于看涨期权，现行股价高于执行价格时，内在价值 = 现行市价 − 执行价格，因此该期权的内在价值 =60−50=10（元），期权处于实值状态，选项 A 当选。时间溢价 = 期权价值 − 内在价值 =12−10=2（元），选项 B 当选。欧式期权只能在到期日行权，目前无法执行，选项 C 不当选。由于 1 个月之后到期日的股价未知，因此无法判断期权到期时是否应被执行，选项 D 不当选。

4. 斯尔解析 ACD　会计价值指的是账面价值，由于净资产每股 5 元，所以会计价值是每股 5 元，选项 A 当选。清算价值指的是停止经营，立即出售资产产生的现金流，根据题目资料，无法判断清算价值大小，选项 B 不当选。现时市场价值是指按照现行市场价格计量的资产价值，即每股 20 元，选项 C 当选。现时市场价值可能公平，也可能不公平，但本题已知资本市场有效，即价格 = 价值，所以少数股权价值 = 企业公平价值 = 现时市场价值（每股 20 元），选项 D 当选。

5. 斯尔解析 ABD 一般情况下，企业使用多余现金进行股票回购，导致外部流通股的数量减少，每股收益提高，从而导致股票价格提高，而发放现金股利会导致所有者权益减少，从而导致股票市场价格降低，选项C不当选。公司回购股票将导致现金、股本和资本公积等项目减少，从而减少所有者权益、改变所有者权益结构；发放现金股利将导致公司现金和未分配利润减少，从而减少所有者权益、改变所有者权益结构，选项ABD当选。

6. 斯尔解析 BD **股票的除权参考价 =（股票登记日收盘价 − 每股现金股利）/（1+ 送股率 + 转增率）**，由公式可知，派发现金股利并转增股本将导致分子变小、分母变大，使乙公司股价下降，选项A不当选。利润分配及资本公积金转增股本均是面向全体股东的，不会导致股东财富发生变化，选项B当选。资本公积转增股本的方案将导致甲持有乙公司的股数增加，且由于该方案是针对全体股东的，因此甲的持股比例保持不变，选项C不当选、选项D当选。

7. 斯尔解析 BD **逐步分项结转分步法不需要进行成本还原**，逐步综合结转分步法才需要进行成本还原，选项A不当选。**平行结转分步法不计算半成品成本**，不能提供各步骤半成品存货资金占用信息，选项C不当选。逐步结转分步法核算各步骤的半成品成本，因此能全面反映各生产步骤的生产耗费水平，选项BD当选。

8. 斯尔解析 ABC 直接人工效率差异的形成原因很多，包括工作环境不良、工人经验不足、劳动情绪不佳、新工人上岗太多、机器或工具选用不当、设备故障较多、生产计划安排不当、产量规模太少而无法发挥经济批量优势等，选项A当选。**标准工时是指在现有生产技术条件下，生产单位产品所需要的时间，包括直接加工操作必不可少的时间、必要的间歇和停工（如工间休息、设备调整准备时间）、不可避免的废品耗用工时等**，选项B当选。直接人工工资率差异的形成原因，包括直接生产工人升级或降级使用、奖励制度未产生实效、工资率调整、加班或使用临时工、出勤率变化等，选项C当选。直接人工效率差异 =（实际工时 − 标准工时）× 标准工资率，选项D不当选。

9. 斯尔解析 ABC 品种级作业是指服务于某种型号或样式产品的作业，例如产品设计、产品生产工艺规程制定、工艺改造、产品更新等，选项A当选、选项D不当选。单位级作业是指每一单位产品至少要执行一次的作业，例如机器加工、组装，选项B当选。批次级作业是指同时服务于每批产品或许多产品的作业，例如生产前机器调试、成批产品转移至下一工序的运输、成批采购和检验等，选项C当选。

10. 斯尔解析 ABC

方法一：

设甲公司采购量为X件，则自制相关总成本=7 500+2X。

当X<10 000（件）时，外购相关总成本=3.2X，当X≥10 000（件）时，外购相关总成本=2.6X。

当X<10 000（件）时，若选择自制，则7 500+2X<3.2X，X>6 250（件）。

因此当采购量介于6 250件至10 000件之间时，应选择自制；当采购量小于6 250件时，应当外购。

当X≥10 000（件）时，若选择自制，则7 500+2X<2.6X，X>12 500（件）。

因此当采购量大于12 500件时，应当选择自制；当采购量介于10 000件至12 500件之间时，应当选择外购。

综上，选项ABC当选、选项D不当选。

方法二：

当采购量为4 000件时，外购的单位成本=3.2（元），自制的单位成本=2+7 500/4 000=3.88（元），3.2（元）<3.88（元），应外购，选项A当选。

当采购量为8 000件时，外购的单位成本=3.2（元），自制的单位成本=2+7 500/8 000=2.94（元），3.2（元）>2.94（元），应自制，选项B当选。

当采购量为12 000件时，外购的单位成本=2.6（元），自制的单位成本=2+7 500/12 000=2.63（元），2.6（元）<2.63（元），应外购，选项C当选。

当采购量为16 000件时，外购的单位成本=2.6（元），自制的单位成本=2+7 500/16 000=2.47（元），2.6（元）>2.47（元），应自制，选项D不当选。

11. 斯尔解析 ABCD 材料采购量 = 生产需要量 + 期末材料存量 − 期初材料存量，材料采购金额 = 材料采购量 × 材料采购单价，而现金支出金额会随着供应商提供的信用政策的变化而变化，选项 ABCD 当选。

12. 斯尔解析 BC 反映内部业务流程维度的常用指标有交货及时率、生产负荷率、产品合格率等，选项 BC 当选。客户获得率属于常用的顾客维度指标，选项 A 不当选。员工生产率属于常用的学习与成长维度指标，选项 D 不当选。

三、计算分析题

1.

揣摩题意

要求：

（1）什么是副产品？副产品成本分配通常采用何种方法①？

（2）编制 901 订单产品成本计算单②（结果填入下方表格中，不用列出计算过程③）。

①不可忽视主观题中的文字表述题，掌握副产品定义和分配方法的要点，考试时往往根据关键点给分。

②当存在 901 订单与其他订单共同耗用生产费用的情况，在编制 901 订单时，注意分配 901 订单耗用的生产费用，同时根据表格项目列可知，应扣除副产品价值。

③要求中明确不用列出计算过程，在表格中填入结果项目即可。

（3）在出售或深加工决策④中，公司管理者通常需要考虑哪些因素，用何种方法决策？假如公司对 N 副产品进一步深加工并简装后出售，简装成本仍为每千克 2 元，市场售价可提高至 15 元 / 千克，公司可接受的最高深加工成本⑤是多少？

④在出售或深加工决策中：

a. 决策标准：差额利润 = 深加工的相关收入 − 深加工的相关成本。相关成本只包括进一步深加工所需的追加成本，相关收入则是加工后出售和直接出售的收入之差。

b. 决策原则：当差额利润 > 0 时，应进一步深加工该产品，否则应该直接出售该产品。

⑤结合④可知，可接受的最高深加工成本（相关成本）不应超过增量收入（相关收入）。

题干：

甲公司有一基本生产车间，对外承接工业性加工服务，按照客户订单组织生产并核算成本。各订单分别领料⑥，直接人工、制造费用分别按实际人工工时、实际机器工时在订单之间分配。原材料各订单开工时一次投入，加工费用随加工进度陆续发生⑦。2020年9月，产品成本相关资料如下：

（1）9月初公司承接一新订单，订单编号901⑧，客户订购M产品10 000千克，立即开工，月底交付。在加工M产品时，同时产出N副产品。

（2）本月生产费用及工时资料：901订单开工时实际耗用直接材料178 000元⑨。801订单（上月承接，未完工，本月继续加工）和901订单生产工人工资154 000元，车间制造费用113 000元⑩。实际人工工时12 320小时，其中：801订单7 040小时，901订单5 280小时。实际机器工时14 125小时，其中：801订单8 125小时，901订单6 000小时⑪。

（3）本月订单完成情况：截至9月30日，801订单全部未完工；901订单全部完工⑫，加工完成M产品10 000千克，同时产出N副产品500千克。M产品市场售价45元/千克。N副产品进一步简装需每千克支付2元，简装后市场售价10.8元/千克⑬。由于副产品价值相对较低，在计算M产品成本时，可将N副产品价值从M产品直接材料中扣除⑭。

⑥直接材料无须在各订单间进行分配。

⑦直接材料无须考虑完工进度，即在产品的直接材料也已于开工时一次性投入完毕，直接材料的完工程度约当于100%；加工费用（直接人工和制造费用）随加工进度陆续投入，则需要考虑完工进度。

⑧901订单是9月份承接的新订单，那么901订单月初在产品成本为0。

⑨结合⑥，直接材料178 000元归属于901订单，无须考虑在901订单和801订单之间进行分配，但需要在M产品和N副产品之间进行分配。

⑩直接人工费用154 000元需要按实际人工工时在801订单和901订单之间进行分配；制造费用113 000元需要按实际机器工时在801订单和901订单之间进行分配。

⑪a.901订单直接人工=154 000×5 280/12 320=66 000（元）。
b.901订单制造费用=113 000×6 000/14 125=48 000（元）。

⑫901订单全部完工，那么归属于901的直接人工和制造费用无须在未完工产品和完工产品之间进行分配。

⑬因为N副产品需要进一步简装，所以采用可变现净值法，N副产品的可变现净值（价值）=（10.8−2）×500=4 400（元）。

⑭归属于901订单M产品的直接材料=178 000−4 400=173 600（元）。

答案与采分点

（1）副产品是指在同一生产过程中，使用同种原料，在生产主要产品的同时附带生产出来的非主要产品（1 分）。

由于副产品价值相对较低，而且在全部产品生产中所占的比重较小，因而可以采用简化方法确定成本，然后从总成本中扣除，其余额就是主产品的成本（指明该项得 1 分）。比如，副产品可以按预先规定的固定单价确定成本（如果仅指明该项则得 0.5 分，如果前述内容与本项均指明得 1 分）。

（2）

产品成本计算单

订单：901　　　　2020 年 9 月　　　　单位：元

项目	直接材料	直接人工	制造费用	合计
月初在产品成本	0	0	0	0
本月生产费用	178 000（0.25 分）	66 000（0.25 分）	48 000（0.25 分）	292 000（0.25 分）
合计	178 000	66 000	48 000	292 000
扣除副产品价值	4 400（0.5 分）	0	0	4 400
完工产品总成本	173 600（0.5 分）	66 000	48 000	287 600（0.5 分）
完工产品单位成本	17.36（0.5 分）	6.6（0.5 分）	4.8（0.5 分）	28.76（0.5 分）

计算说明：

本月直接材料费用 178 000 元。

本月直接人工费用 =154 000×［5 280÷（7 040+5 280）］=66 000（元）

本月制造费用 =113 000×［6 000÷（8 125+6 000）］=48 000（元）

N 副产品的价值 =10.8−2=8.8（元 / 件）

N 副产品的总价值 =500×8.8=4 400（元）

（3）考虑因素和方法：

相关成本只包括进一步深加工所需的追加成本（0.5 分）；相关收入是加工后出售和直接出售的收入之差（0.5 分）；通常采用差量分析的方法计算出差额利润进行决策（0.5 分）。

［或，考虑因素和方法：差量收入（或指明此项得 0.5 分）；差量成本（或指明此项得 0.5 分）；根据差量收入减去差量成本计算差量利润，当差量利润大于 0 时，可以进一步加工（或指明此项得 0.5 分）］

如果进一步加工，单位 N 副产品的收入可以增加 15−10.8=4.2（元），所以公司可以接受的最高深加工成本是 4.2 元 / 千克（1 分）。

2.

揣摩题意

要求：

（1）计算该项目 2020—2025 年末的相关现金净流量①和净现值②（计算过程和结果填入下方表格中③）。

（2）计算该项目的动态投资回收期④。

①投资项目的现金净流量由建设期现金流量、经营期现金流量和终结期现金流量构成。其中，经营期现金流量的计算公式有三个，每一个都要完全掌握，根据题干具体信息，选择最容易计算的一个（或者自己最擅长、正确率最高的一个）：

a. 直接法：营业现金毛流量 = 营业收入 − 付现营业费用 − 所得税。

b. 间接法：营业现金毛流量 = 税后经营净利润 + 折旧与摊销。

c. 分算法：营业现金毛流量 = 税后营业收入 − 税后付现营业费用 + 折旧与摊销抵税额。

②净现值 = 未来现金净流量现值 − 原始投资额现值。

③注意表格中要写出计算过程项目（销售收入、付现成本等），不能直接写要求结果项目（现金净流量和净现值）。

④动态回收期（或称折现回收期）指在考虑货币时间价值的情况下，投资引起的未来现金流量累计到与原始投资额相等所需要的时间，即动态回收期 = 累计现金净流量现值最后一次为负值的年份 + 该年年末尚未收回投资额现值 / 下一年现金净流量现值。

（3）分别用净现值法和动态投资回收期法判断该项目是否可行⑤。假设甲公司设定的项目动态投资回收期为 3 年⑥。

⑤当净现值为正数时，表明投资报酬率大于资本成本，该项目可以增加股东财富，应予采纳。

当回收期＜期望回收期时，项目风险满足最低要求，可以采纳。

⑥期望回收期 =3（年）。

题干：

甲公司是一家中低端护肤品生产企业，为适应市场需求，2020 年末拟新建一条高端护肤品生产线⑦，项目期限 5 年⑧。相关资料如下：

⑦“2020 年末”相当于项目初始期，即“零时点”。

⑧项目期限 5 年，说明该项目经营期间发生 5 期现金流量，但是要注意固定资产、无形资产的折旧和摊销年限并不一定是 5 年，而应根据“税法规定”。

（1）新建生产线需要一栋厂房、一套生产设备和一项专利技术。新建厂房成本5 000万元⑨，根据税法相关规定，按直线法计提折旧，折旧年限20年，无残值⑩。假设厂房建设周期很短，2020年末即可建成使用⑪，预计5年后变现价值4 000万元⑫。生产设备购置成本2 000万元，无须安装⑬，根据税法相关规定，按直线法计提折旧，折旧年限5年⑭，无残值，预计5年后变现价值为零⑮。一次性支付专利技术使用费1 000万元，可使用5年，根据税法相关规定，专利技术使用费按受益年限平均摊销⑯。

⑨新建厂房成本是项目初始投资，是资本性支出，无须计算税后金额；其税务影响体现在后续资产折旧的抵税效应中。

⑩根据税法规定，厂房折旧年限为20年，而非经营周期5年，注意联系上述⑧中的提示；无残值说明20年后厂房的账面价值为0，但本题要关注的是项目终结期（5年后）厂房的账面价值。

⑪厂房不存在建设期，2020年末（零时点）即可投产。

⑫结合⑩，在确认终结期税后现金流量时，不要遗漏将资产变现价值与账面价值比较这一步骤：

a. 变现价值＞账面价值，产生的变现收益应当纳税。

b. 变现价值＜账面价值，产生的变现损失可以抵税。

⑬购置生产设备是项目初始投资，是资本性支出，无须计算税后金额，且设备不存在安装期，2020年末（零时点）即可投产；其税务影响体现在后续资产折旧的抵税效应中。

⑭注意联系上述⑧中的提示，设备折旧年限虽然是5年，但该年限依然指的是“税法规定”，而并非经营周期5年。

⑮既无残值也无变现价值，则项目终结期不存在变现收益纳税/变现损失抵税。

⑯注意联系上述⑧中的提示，专利使用费摊销年限虽然为5年，但该年限依然是“税法规定”，而并非经营周期5年。

（2）生产线建成后，预计高端护肤品第一年销售收入5 000万元⑰，第二年及以后每年销售收入6 000万元⑱。付现变动成本占销售收入的20%⑲，付现固定成本每年1 000万元⑳。

⑰结合①，本题选择第二种计算公式，即间接法。第一年销售收入应单独计算，注意税后口径。

⑱第二至第五年销售收入相等，注意税后口径。

⑲付现变动成本与销售收入呈稳定百分比关系，但由于第一年和后四年销售收入不同，导致第一年付现变动成本和后四年付现变动成本也不同，同时要注意税后口径。

⑳付现固定成本每年相同，不受销售收入的影响，注意税后口径。

（3）项目需增加营运资本200万元，于2020年末投入，项目结束时收回㉑。

㉑营运资本的支出在项目初始期，即“零时点”发生，在项目终结期收回。

（4）项目投产后，由于部分原中低端产品客户转而购买高端产品，预计会导致中低端产品销售收入每年流失500万元[22]，同时付现变动成本每年减少200万元[23]。

（5）假设厂房、设备和专利技术使用费相关支出发生在2020年末，各年营业现金流量均发生在当年年末。

（6）项目加权平均资本成本14%[24]，企业所得税税率25%[25]。

㉒在⑰⑱的基础上，每年销售收入（税前）应减少500万元。
㉓在⑲的基础上，每年付现变动成本（税前）减少200万元。
㉔折现率=14%。
㉕注意税率。

答案与采分点

（1）

单位：万元

项目	2020年末	2021年末	2022年末	2023年末	2024年末	2025年末
初始投资	−8 200	—	—	—	—	—
增加的销售收入	—	4 500	5 500	5 500	5 500	5 500
增加的变动付现成本	—	800	1 000	1 000	1 000	1 000
增加的固定付现成本	—	1 000	1 000	1 000	1 000	1 000
折旧与摊销	—	850	850	850	850	850
增加的净利润	—	1 387.5	1 987.5	1 987.5	1 987.5	1 987.5
营运资本回收	—	—	—	—	—	200
厂房变现的现金净流量	—	—	—	—	—	3 937.5
现金净流量	−8 200	2 237.5（0.5分）	2 837.5（0.5分）	2 837.5（0.5分）	2 837.5（0.5分）	6 975（0.5分）
折现系数	1	0.8772	0.7695	0.6750	0.5921	0.5194
现值	−8 200（0.5分）	1 962.74（0.5分）	2 183.46（0.5分）	1 915.31（0.5分）	1 680.08（0.5分）	3 622.82（0.5分）
净现值	3 164.41（0.5分）					

计算说明：

2020 年末现金流量：

5 000（厂房）+2 000（设备）+1 000（专利）+200（营运资本）=8 200（万元）

2021 年末现金流量：

年折旧：

厂房 =5 000/20=250（万元）

设备 =2 000/5=400（万元）

专利 =1 000/5=200（万元）

增加的销售收入 =5 000−500=4 500（万元）

增加的变动付现成本 =5 000×20%−200=800（万元）

增加的固定付现成本 =1 000（万元）

折旧与摊销 =250+400+200=850（万元）

增加的净利润 =（4 500−800−1 000−850）×（1−25%）=1 387.5（万元）

增加的营业现金净流量 =1 387.5+850=2 237.5（万元）

2022—2024 年末现金流量：

增加的销售收入 =6 000−500=5 500（万元）

增加的变动付现成本 =6 000×20%−200=1 000（万元）

增加的固定付现成本 =1 000（万元）

折旧与摊销 =850（万元）

增加的净利润 =（5 500−1 000−1 000−850）×（1−25%）=1 987.5（万元）

增加的营业现金净流量 =1 987.5+850=2 837.5（万元）

2025 年末现金流量：

增加的营业现金净流量 =1 987.5+850=2 837.5（万元）

营运资本回收 =200（万元）

厂房账面价值 =5 000−250×5=3 750（万元）

厂房变现的现金净流量 =4 000−（4 000−3 750）×25%=3 937.5（万元）

增加的现金流量总额 =2 837.5+200+3 937.5=6 975（万元）

项目净现值 =−8 200+2 237.5×（*P*/*F*，14%，1）+2 837.5×（*P*/*F*，14%，2）+2 837.5×（*P*/*F*，14%，3）+2 837.5×（*P*/*F*，14%，4）+6 975×（*P*/*F*，14%，5）

=−8 200+2 237.5×0.8772+2 837.5×0.7695+2 837.5×0.6750+2 837.5×0.5921+6 975×0.5194

=−8 200+1 962.74+2 183.46+1 915.31+1 680.08+3 622.82

=3 164.41（万元）

[或，=−8 200+2 237.5×（*P*/*F*，14%，1）+2 837.5×（*P*/*A*，14%，3）×（*P*/*F*，14%，1）+6 975×（*P*/*F*，14%，5）

=−8 200+2 237.5×0.8772+2 837.5×2.3216×0.8772+6 975×0.5194

=−8 200+1 962.74+5 778.59+3 622.82

=3 164.15（万元）]

（2）动态回收期 =4+（3 622.82−3 164.41）/3 622.82=4.13（年）（2分）。

（3）用净现值法判断，净现值＞0，故该项目可行（0.5分）。

用动态回收期法判断，动态回收期＞3年，故该项目不可行（0.5分）。

3.

揣摩题意

要求：

（1）计算设备租赁相对于购置的差额现金流量①及其净现值②（计算过程和结果填入下列表格中③）。

（2）判断企业应该选择何种方案，简要说明理由④。

①差额现金流量＝租赁方案的现金流量－购置方案的现金流量。计算租赁方案的现金流量时，首先要判断租赁的性质。

②租赁净现值＝租赁的现金流量总现值－借款购买的现金流量总现值。注意此处的“净现值”并非单一方案的净现值，而是两个方案差额现金流量的净现值。

③注意表格中要写出计算过程项目（租金支付、购置设备等），不能直接写要求结果项目（差额现金净流量和净现值）。

④结合②，净现值＞0，则应选择租赁方案；反之，选择购置方案。

题干：

甲公司是一家制造业企业，产品市场需求处于上升阶段。为提高产能，公司拟新建一个生产车间。该车间运营期6年⑤。有两个方案可供选择⑥：

方案一：设备购置⑦。预计购置成本320万元，首年年初支付⑧；设备维护费用每年2万元，年末支付⑨。

⑤车间运营期6年，说明该项目经营期间发生6期现金流量，但是要注意固定资产、无形资产的折旧和摊销年限不一定是6年，而应根据“税法规定”。

⑥考查互斥项目决策问题（自行购置 vs 租赁）。

⑦需注意“自行购置”情形下可能存在建设期。

⑧设备购置支出是项目初始投资，是资本性支出，无须计算税后金额；其税务影响体现在后续资产折旧的抵税效应中。

⑨此处注意：

a. 现金流出发生时点在“年末”。

b. 维护费用属于经营活动中的付现费用，应考虑税后金额。

方案二：设备租赁。租赁期6年⑩，租赁费每年50万元，年初支付⑪。租赁公司负责设备的维护，不再另外收费⑫。租赁期内不得撤租，租赁期满时租赁资产所有权以60万元转让⑬。

⑩租赁期不一定等于设备折旧期，如①所述，设备折旧期应根据“税法规定”。

⑪发生时点在每年年初，相当于预付年金。

⑫承租方不必考虑维修费，租赁方案与购置方案注意区分此处付现费用的处理。

⑬a. 结合⑩⑪，租赁资产的计税基础＝约定付款总额（租赁费＋留购价款）＋交易费用 =50×6+60=360（万元）。

b. 所有权转移，则承租方可以享有终结期的现金流量＝变现净收入＋变现损失抵税（或，－收益纳税）。

6年后该设备可按85万元出售，但需支付处置费用5万元⑭。根据税法相关规定，设备折旧年限8年，净残值4%，按直线法计提折旧⑮。税前有担保借款利率8%⑯，企业所得税税率25%⑰。

⑭变现净收入=85−5=80（万元），在确认终结期税后现金流量时，不要遗漏将资产变现价值与账面净收入比较这一步骤。

a. 变现净收入＞账面价值，产生的变现收益应当纳税。

b. 变现净收入＜账面价值，产生的变现损失可以抵税。

⑮无论在购置方案下，还是租赁方案下，设备的折旧年限都按税法规定为8年，净残值为4%。

结合⑧⑭，可知购置方案下：

年折旧额=320×（1−4%）÷8=38.4（万元）

期末资产账面价值=320−6×38.4=89.6（万元）

变现损失抵税=（89.6−80）×25%=2.4（万元）

结合⑬⑭，可知租赁方案下：

年折旧额=360×（1−4%）÷8=43.2（万元）

期末资产账面价值=360−43.2×6=100.8（万元）

变现损失抵税=（100.8−80）×25%=5.2（万元）

⑯这里提供的是税前利率，但计算净现值时，注意应使用税后有担保借款利率。

⑰注意税率。

答案与采分点

（1）

单位：万元

项目	T=0	T=1	T=2	T=3	T=4	T=5	T=6
租金支付	−50	−50	−50	−50	−50	−50	—
购置设备	320	—	—	—	—	—	—
折旧抵税	—	1.2	1.2	1.2	1.2	1.2	1.2
税后维修费用	—	1.5	1.5	1.5	1.5	1.5	1.5
转让所有权现金流出	—	—	—	—	—	—	−60
资产变现流入	—	—	—	—	—	—	0
资产变现损失抵税	—	—	—	—	—	—	2.8

续表

项目	T=0	T=1	T=2	T=3	T=4	T=5	T=6
差额现金流量	270（0.5分）	−47.3（0.5分）	−47.3（0.5分）	−47.3（0.5分）	−47.3（0.5分）	−47.3（0.5分）	−54.5（0.5分）
折现系数	1	0.9434	0.8900	0.8396	0.7921	0.7473	0.7050
现值	270	−44.62（0.5分）	−42.10（0.5分）	−39.71（0.5分）	−37.47（0.5分）	−35.35（0.5分）	−38.42（0.5分）
净现值	32.33（1.5分）						

计算说明：

租赁方案各年现金流量：

该合同不属于可简化处理的短期租赁和低价值资产租赁，符合融资租赁的认定标准。

T=0：租金支付 =−50（万元）。

设备购置 =−320（万元），题目要求采用差额现金流量计算，所以此处购置设备320万元应为节约成本，故表中填列正数。

T=1 ~ 5：租金支付 =−50（万元）。

租赁资产的计税基础 =50×6+60=360（万元）

Δ 折旧抵税 =［（360−320）×（1−4%）÷8］×25%=1.2（万元）

Δ 税后维修费用 =2×（1−25%）=1.5（万元）

T=6：Δ 折旧抵税 =［（360−320）×（1−4%）÷8］×25%=1.2（万元）。

Δ 税后维修费用 =2×（1−25%）=1.5（万元）

转让所有权现金流出 =−60（万元）

Δ 资产变现流入 =（85−5）−（85−5）=0（万元）

Δ 资产变现损失抵税 =｛［（360−360×（1−4%）÷8×6）］−［（320−320×（1−4%）÷8×6）］｝×25%=2.8（万元）

折现率 =8%×（1−25%）=6%

（2）租赁设备方案相对购置方案的净现值大于0（0.5分），甲公司应该采用租赁方案（0.5分）。

4.

揣摩题意

要求：

（1）分别计算游乐场2021年边际贡献总额、固定成本总额、营业利润①。

（2）分别计算游乐场2021年平均每人次边际贡献、盈亏临界点游客人次、安全边际率②。

（3）如果甲公司计划2021年实现营业利润10 000万元，拟将游乐场普通票提价至70元，其他票价不变，联票销售预计增长50%③。假设其他条件不变，计算至少需要售卖多少万张游乐场门票才能实现目标利润④。

①本题的关键是要明确该游乐场的主体是谁（甲承包了游乐场，即游乐场的主体为甲，而不是甲和乙）。在计算相关指标时，要站在主体公司的角度。

a. 边际贡献总额＝收入－变动成本。

b. 固定成本总额根据题干信息计算。

c. 营业利润＝边际贡献总额－固定成本总额。

注意：结合题干“甲公司拟承包”“甲公司目前正在进行2021年盈亏平衡分析”，无时无刻不在指明分析的主体是甲公司，不要被要求中“游乐场”三个字所迷惑。

②a. 平均每人次边际贡献（单位边际贡献）＝边际贡献总额/门票售卖总数。

b. 盈亏临界点游客次数（保本量）＝固定成本/单位边际贡献。

c. 安全边际率＝1－盈利临界点作业率＝1－保本量/门票售卖总数。

注意：平均每人次边际贡献中分母是门票售卖总数（人数），而非收入（金额）。

③注意变动的票型：普通票提价至70元/张，其他票价不变；联票销售量预计增长50%，已售普通票和优惠票比例不变。

④求保利量。存在企业所得税时，保利量＝［固定成本＋税后目标利润/（1－企业所得税税率）］/（单价－单位变动成本）＝［固定成本＋税后目标利润/（1－企业所得税税率）］/单位边际贡献。

题干：

甲公司拟承包乙集团投资开发的主题公园中的游乐场，承包期限5年，承包时一次性支付经营权使用费25 000万元，按承包年限平均分摊⑤；承包期内每年上交5 000万元承包费⑥，并且每年按其年收入的10%向乙集团支付管理费⑦。甲公司目前正在进行2021年盈亏平衡分析。相关资料如下：

⑤“一次性支付”经营权使用费25 000万元，需要在承包期内（5年）分期摊销，每年摊销费用5 000万元（25 000/5）属于固定成本。

⑥承包期内（5年）每年上交的承包费5 000万元属于固定成本。

⑦支付的管理费按收入的10%计算，属于变动成本。

（1）游乐场售卖两种门票，均当日当次有效。票价如下：

⑧注意门票和联票、普通票和优惠票的区别，后续计算应分别予以考虑。

单位：元

项目	游乐场门票	公园观光和游乐场联票（联票）[⑧]
成人普通票（普通票）	60	80
儿童及60岁以上老人优惠票（优惠票）[⑧]	30	40

（2）2021年预计门票售卖情况：游乐场门票500万张，联票400万张，假设各类已售门票中，普通票和优惠票的比例均为40%：60%[⑨]。

⑨结合⑧：

a. 门票收入 =500×40%×60+500×60%×30

=500×（40%×60+60%×30）

=21 000（万元）

b. 联票收入 =400×40%×80+400×60%×40

=400×（40%×80+60%×40）

=22 400（万元）

（3）联票收入甲、乙分享，各占50%[⑩]。

⑩结合⑧⑨，归属于甲公司的联票收入为22 400×50%=11 200（万元）。

（4）物业费为固定费用，2021年甲公司支付游乐场物业费10 286万元[⑪]。

⑪ 2021年物业费10 286万元属于固定成本，结合⑤⑥，固定成本总额 =5 000+5 000+10 286=20 286（万元）。

（5）假设不考虑企业所得税[⑫]。

⑫所有承租期间的费用性支出和收入无须使用税后口径。

答案与采分点

（1）游乐场门票收入 =500×（60×40%+30×60%）=21 000（万元）。

联票收入 =400×（80×40%+40×60%）=22 400（万元）

收入总额 = 游乐场门票收入 +50% 联票收入 =21 000+50%×22 400=32 200（万元）

边际贡献总额 =32 200×（1−10%）=28 980（万元）（1 分）

固定成本总额 =25 000÷5+5 000+10 286=20 286（万元）（1 分）

营业利润 =28 980−20 286=8 694（万元）（1 分）

（2）游客人次 =500+400=900（万次）。

平均每人次边际贡献 =28 980÷900=32.20（元）（1 分）

盈亏临界点游客人次 =20 286÷32.20=630（万次）（1 分）

安全边际率 =（900−630）÷900=30%（1 分）

（3）新的联票销售量 =400×（1+50%）=600（万张）。

假设至少需要售卖 X 万张游乐场门票才能实现目标利润：

50% 联票收入 =600×（80×40%+40×60%）×50%=16 800（万元）

游乐场门票收入 =X×（70×40%+30×60%）=46X（万元）

（1−10%）×（16 800+46X）=10 000+20 286

X=366.33（万张）（3 分）

［或，$X=\dfrac{20\,286+10\,000-16\,800\times(1-10\%)}{(70\times40\%+30\times60\%)\times(1-10\%)}$=366.33（万张）］

四、综合题

揣摩题意

要求：

（1）编制乙公司 2017—2020 年管理用资产负债表和利润表①（结果填入下方表格中，不用列出计算过程②）。

①a. 编制管理用资产负债表时：

Ⅰ. 区分经营资产和金融资产（先“金融”，后“经营”）：金融资产，包括交易性金融资产、其他应收款（应收利息）、债权投资、其他债权投资、其他权益工具投资等。

Ⅱ. 区分金融负债和经营负债（先“金融”，后“经营”）：金融负债，包括短期/长期借款、交易性金融负债、其他应付款（应付利息）、其他应付款（应付股利）、应付债券、优先股等。

b. 编制管理用利润表时：收入、成本和利润均根据经营活动和金融活动进行划分。

②要求中明确不用列出计算过程，在表格中填入结果项目即可。

（2）预测乙公司 2021 年及以后年度净经营资产周转率③、税后经营净利率④。

③净经营资产周转率 = 营业收入/净经营资产。

④税后经营净利率 = 税后经营净利润/营业收入。

（3）采用资本资产定价模型[⑤]，估计乙公司的股权资本成本；按照目标资本结构，估计乙公司的加权平均资本成本[⑥]。

⑤资本资产定价模型：股权资本成本$R_s=R_f+\beta\times(R_m-R_f)$。其中，$R_f$表示无风险利率；$\beta$表示股票的贝塔系数；$R_m$表示平均风险股票报酬率（市场组合平均报酬率）；$R_m-R_f$表示市场风险溢价；$\beta\times(R_m-R_f)$表示股票的风险溢价。

⑥加权平均资本成本$WACC=r_d\times w_d\times(1-T)+r_e\times w_e$。其中，$r_d$表示税前债务资本成本；$w_d$表示债务权重；$r_e$表示权益资本成本；$w_e$表示权益权重。

（4）基于上述结果，计算2021—2023年乙公司实体现金流量[⑦]，并采用实体现金流量折现法[⑧]，估计2020年末乙公司实体价值（计算过程和结果填入下方表格中[⑨]）。

（5）假设乙公司净负债按2020年末账面价值计算，估计2020年末乙公司股权价值[⑩]。

（6）计算甲公司非公开增发新股的发行价格[⑪]和发行数量[⑫]。

⑦实体现金流量

=营业现金净流量－资本支出（公式1）

=税后经营净利润＋折旧与摊销－经营营运资本增加－（净经营长期资产增加＋折旧与摊销）（公式2）

=税后经营净利润－净经营资产增加（公式3）

⑧采用实体现金流量折现法估计企业价值时，必须确定企业实体现金流量和加权平均资本成本。

⑨注意表格中要写出计算过程项目（税后经营净利润、实体现金流量等），不能直接写要求结果项目（实体价值）。

⑩股权价值＝企业实体价值－净债务价值。

⑪发行价格需要根据具体题干信息计算。

⑫发行数量＝股权价值/发行价格。

题干：

甲公司是一家制造业上市公司，乙公司是一家制造业非上市公司，两家公司生产产品不同，且非关联方关系。甲公司发现乙公司的目标客户多是小微企业，与甲公司的市场能有效互补，拟于2020年末通过对乙公司原股东非公开增发新股的方式换取乙公司100%股权以实现对其的收购[⑬]。目前，甲公司已完成该项目的可行性分析，拟采用实体现金流量折现法估计乙公司价值[⑭]。相关资料如下：

⑬以非公开增发的方式发行定价不低于定价基准日前20个交易日公司股票均价的80%。

⑭计算实体现金流量的公式有很多，在解题时不应盲目计算，而应根据题目信息等选择最简便的公式（针对本题，公式3最简便）。

（1）乙公司成立于2017年初，截至目前仅运行了4年，但客户数量增长较快。乙公司2017—2020年主要财务报表数据如下：

单位：万元

资产负债表项目	2017年末	2018年末	2019年末	2020年末
货币资金⑮	80	120	160	250
应收账款⑮	120	180	240	260
存货⑮	240	290	320	400
固定资产⑮	540	610	710	827.5
资产总计	980	1 200	1 430	1 737.5
应付账款⑯	180	200	280	300
长期借款⑯	220	300	420	600
股东权益⑰	580	700	730	837.5
负债及股东权益合计	980	1 200	1 430	1 737.5

单位：万元

利润表项目	2017年	2018年	2019年	2020年
营业收入⑱	2 000	2 300	2 760	3 450
减：营业成本⑱	1 000	1 100	1 200	1 600
税金及附加⑱	14	16	22	30
销售和管理费用⑱	186	356	250	348
财务费用⑲	16	20	28	40
利润总额⑳	784	808	1 260	1 432
减：所得税费用⑳	196	202	315	358
净利润㉑	588	606	945	1 074

⑮“应收账款、存货、固定资产”属于经营资产；“货币资金”根据㉒属于经营资产。

⑯“应付账款”属于经营负债，“长期借款”属于金融负债。

结合⑮，净经营资产 = 经营资产 − 经营负债 = 资产总计应付账款。

净负债 = 金融负债 − 金融资产 = 长期借款

⑰“股东权益”作为“定海神针”，其数值在管理用报表编制中保持不变。

⑱“营业收入、营业成本、税金及附加、销售和管理费用”属于经营损益。

⑲“财务费用”属于金融损益。

⑳平均所得税税率 = 所得税费用 / 利润总额 ×100%=196/784×100%=202/808×100%=315/1 260×100%=358/1 432×100%=25%。

㉑“净利润”作为“定海神针”，其数值在管理用报表编制中保持不变。

乙公司货币资金均为经营活动所需[22]，财务费用均为利息支出[23]。

（2）甲公司预测，乙公司2021年、2022年营业收入分别增长20%、12%，自2023年开始进入增长率为4%的稳定增长状态[24]。假设收购不影响乙公司正常运营，收购后乙公司净经营资产周转率、税后经营净利率按2017—2020年的算术平均值估计[25]。假设所有现金流量均发生在年末，资产负债表期末余额代表全年平均水平[26]。

（3）乙公司目标资本结构（净负债/股东权益）为2/3。等风险债券税前资本成本8%；普通股β系数1.4，无风险报酬率4%，市场组合的必要报酬率9%。企业所得税税率25%[27]。

（4）甲公司非公开增发新股的发行价格按定价基准日前20个交易日公司股票价格均价的80%确定。定价基准日前20个交易日相关交易信息如下[28]：

定价基准日前20个交易日	累计交易金额（亿元）	累计交易数量（亿股）	平均收盘价（元/股）
	4 000[28]	160[28]	24

㉒“货币资金”应划分为经营资产。

㉓利息费用＝财务费用。

税后利息费用＝利息费用×（1－平均所得税税率）＝财务费用×（1－25%）

税后经营净利润＝净利润＋税后利息费用

提示：税后经营净利润也有“正向”计算法，即税后经营净利润＝税前经营净利润×（1－平均所得税税率）＝（营业收入－营业成本－税金及附加－销售和管理费用）×（1－25%），针对本题而言，“逆向”计算法更加方便。

㉔计算乙公司企业价值时应采用实体现金流量模型下的两阶段模型。

㉕第（2）小问的关键条件。

2021年及以后净经营资产周转率＝Σ（2017—2020年净经营资产周转率）/4；2021年及以后税后经营净利率＝Σ（2017—2020年税后经营净利率）/4。

㉖当时点和时期数错配时，无须计算时点数的平均值，可以直接利用期末数值进行计算。

㉗ a. 股权资本成本＝无风险利率＋β×（市场组合的必要报酬率－无风险利率）=4%+1.4×（9%-4%）=11%。

b. 税后债务资本成本＝等风险债券税前资本成本×（1－所得税税率）=8%×（1-25%）=6%。

c. 加权平均资本成本WACC=税后债务资本成本×2/5+股权资本成本×3/5=6%×2/5+11%×3/5=9%。

㉘结合⑬，发行价格＝累计交易金额/累计交易数量×80%。

发行数量＝股权价值/发行价格

答案与采分点

（1）

单位：万元

管理用财务报表项目	2017 年	2018 年	2019 年	2020 年
净经营资产	800	1 000	1 150	1 437.5
净负债	220	300	420	600
股东权益	580	700	730	837.5
税后经营净利润	600（0.25 分）	621（0.25 分）	966（0.25 分）	1 104（0.25 分）
税后利息费用	12（0.25 分）	15（0.25 分）	21（0.25 分）	30（0.25 分）
净利润	588	606	945	1 074

（2）2017 年净经营资产周转率 =2 000/800=2.5（次）。

2018 年净经营资产周转率 =2 300/1 000=2.3（次）

2019 年净经营资产周转率 =2 760/1 150=2.4（次）

2020 年净经营资产周转率 =3 450/1 437.5=2.4（次）

2021 年及以后年度净经营资产周转率 =（2.5+2.3+2.4+2.4）/4=2.4（次）（1 分）

2017 年税后经营净利率 =600/2 000×100%=30%

2018 年税后经营净利率 =621/2 300×100%=27%

2019 年税后经营净利率 =966/2 760×100%=35%

2020 年税后经营净利率 =1 104/3 450×100%=32%

2021 年及以后年度税后经营净利率 =（30%+27%+35%+32%）/4=31%（1 分）

（3）股权资本成本 =4%+1.4×（9%−4%）=11%（1 分）。

加权平均资本成本 =8%×（1−25%）×2/5+11%×3/5=9%（1 分）

（4）

单位：万元

项目	2020 年末	2021 年末	2022 年末	2023 年末
营业收入增长率		20%	12%	4%
营业收入	3 450	4 140	4 636.8	4 822.27
税后经营净利率		31%	31%	31%
税后经营净利润		1 283.4（0.25 分）	1 437.4（0.25 分）	1 494.9（0.25 分）
净经营资产周转率		2.4	2.4	2.4
净经营资产	1 437.5	1 725	1 932	2 009.28
净经营资产增加		287.5（0.25 分）	207（0.25 分）	77.28（0.25 分）

续表

项目	2020 年	2021 年	2022 年	2023 年
实体现金流量		995.9（0.5 分）	1 230.41（0.5 分）	1 417.62（0.5 分）
折现系数		0.9174	0.8417	0.7722
现值		913.64（0.5 分）	1 035.64（0.5 分）	1 094.69（0.5 分）
实体价值	25 813.44（0.5 分）			

计算说明：

2021 年税后经营净利润 =3 450×（1+20%）×31%=1 283.4（万元）

2021 年净经营资产增加 =3 450×（1+20%）/2.4−1 437.5=287.5（万元）

2021 年实体现金流量 =1 283.4−287.5=995.9（万元）

2021 年实体现金流量现值 =995.9×0.9174=913.64（万元）

2022 年税后经营净利润 =3 450×（1+20%）×（1+12%）×31%=1 437.41（万元）

2022 年净经营资产增加 =［3 450×（1+20%）/2.4］×12%=207（万元）

2022 年实体现金流量 =1 437.41−207=1 230.41（万元）

2022 年实体现金流量现值 =1 230.41×0.8417=1 035.64（万元）

2023 年税后经营净利润 =3 450×（1+20%）×（1+12%）×（1+4%）×31%=1 494.90（万元）

2023 年净经营资产增加 =［3 450×（1+20%）×（1+12%）/2.4］×4%=77.28（万元）

2023 年实体现金流量 =1 494.90−77.28=1 417.62（万元）

2023 年实体现金流量现值 =1 417.62×0.7722=1 094.69（万元）

2020 年末实体价值 =913.64+1 035.64+1 094.69+1 417.62×（1+4%）/（9%−4%）×0.7722=25 813.44（万元）

（5）2020 年末股权价值 =25 813.44−600=25 213.44（万元）（1 分）。

（6）发行价格 =4 000/160×80%=20（元）（1 分）。

发行数量 =25 213.44/20=1 260.67（万股）（1 分）

【斯考卡片】

扫码背重点

2021 年 · 财务成本管理　真题试卷
答案与解析

一、单项选择题

题号	答案	题号	答案	题号	答案	题号	答案	题号	答案
1	D	2	D	3	C	4	A	5	C
6	A	7	D	8	C	9	C	10	D
11	A	12	C	13	B				

二、多项选择题

题号	答案	题号	答案	题号	答案	题号	答案	题号	答案
1	ABC	2	AD	3	CD	4	AD	5	ABCD
6	BCD	7	ABD	8	ABC	9	ABC	10	ABCD
11	ACD	12	BCD						

一、单项选择题

1. 斯尔解析 D 公司制企业是独立法人，而有限合伙企业不具有法人资格，不是独立法人，选项 A 不当选。公司制企业存在双重课税，即公司作为独立法人，其利润需缴纳企业所得税，企业利润分配给股东后，股东还需要缴纳个人所得税，而有限合伙企业不具有法人资格，无须缴纳企业所得税，由合伙人分别缴纳所得税。合伙人是法人，则需缴纳企业所得税；合伙人是自然人，则需缴纳个人所得税，选项 B 的表述过于绝对，不当选。公司制企业的出资人可以只有一名自然人或者一名法人，即一人有限责任公司，选项 C 不当选。公司制企业的出资人可以是自然人，也可以是法人，合伙企业的合伙人通常是两个或两个以上的自然人，有时也有法人或其他组织，选项 D 当选。

2. 斯尔解析 D 优先股资本成本应是有效年利率的口径。根据题干“每半年支付一次”可知，该优先股计息期为半年，每年复利两次，第一步需利用 $r_p=\frac{D_p}{P_p(1-F)}$，计算出 $r_p=\frac{\frac{8\%}{2}}{1-2\%}=4.08\%$，此时计算出的 r_p 是计息期利率的口径；第二步，将计息期利率按照每年复利次数转换为有效年利率 $=(1+4.08\%)^2-1=8.33\%$，根据题目条件优先股不能抵税，不用考虑所得税的影响，即该优先股资本成本为 8.33%，选项 D 当选。

提示：

选项 A，错误使用 8%×（1−2%）=7.84%。

选项 B，错误地使用了 8% 作为优先股资本成本。

选项 C，计算计息期利率等于 4.08% 后，错误使用 4.08%×2=8.16%，报价利率 = 计息期利率 × 计息次数，而本题需要计算的是有效年利率。

3. 斯尔解析 C　空头对敲策略对于预计市场价格将相对比较稳定的投资者非常有用，选项 C 当选。

提示：选项 D，多头对敲策略对于预计市场价格将发生剧烈变动，但是不知道升高还是降低的投资者非常有用。

4. 斯尔解析 A　当前股价 S_0=60（元），上涨后股价 S_u=60+20=80（元），下跌后股价 S_d=60−10=50（元），执行价格 X=65（元），那么股价上涨后的到期日看涨期权价值 C_u=Max（0，S_u-X）=80−65=15（元），股价下跌后的到期日看涨期权价值 C_d=Max（0，S_d-X）=0（元），股票数量 = 套期保值比率 =（C_u-C_d）/（S_u-S_d）=（15−0）/（80−50）=0.5（份），复制原理通过构建投资组合（购进适量股票并借入必要款项）达到复制 1 份多头看涨期权的效果，因此选项 A 当选。

提示：

选项 B，分子分母混淆，使用（S_u-S_d）/（C_u-C_d）=（80−50）/15=2（份）。

选项 CD，应借入必要的款项而非贷出。

5. 斯尔解析 C　**联合杠杆系数 = 每股收益变化的百分比 / 营业收入变化的百分比 = 经营杠杆系数 × 财务杠杆系数**，则每股收益变化的百分比 = 联合杠杆系数 × 营业收入变化的百分比 = 经营杠杆系数 × 财务杠杆系数 × 营业收入变化的百分比 =1.5×2×80%=240%，选项 C 当选。

提示：

选项 A，错误使用经营杠杆系数 × 营业收入变化的百分比 =1.5×80%=120%。

选项 B，错误使用财务杠杆系数 × 营业收入变化的百分比 =2×80%=160%。

选项 D，错误使用（经营杠杆系数 + 财务杠杆系数）× 营业收入变化的百分比 =（1.5+2）×80%=280%。

6. 斯尔解析 A　**股票的除权参考价 =（股权登记日收盘价 − 每股现金股利）/（1+ 送股率 + 转增率）**，其中，每股现金股利 =2÷10=0.2（元），送股率 =2÷10=0.2，转增率 =4÷10=0.4。因此，股票的除权参考价 =（107−0.2）÷（1+0.2+0.4）=66.75（元），选项 A 当选。

提示：

选项 B，错误使用股利宣告日收盘价，（108−0.2）÷（1+0.2+0.4）=67.38（元）。

选项 C，忽略了送股率，（107−0.2）÷（1+0.4）=76.29（元）。

选项 D，错误使用股利宣告日收盘价，并忽略了送股率，（108−0.2）÷（1+0.4）=77（元）。

7. 斯尔解析 D　$H=3R-2L$=3×5 000−2×1 000=13 000（万元），选项 D 当选。

提示：

选项 A，错误使用公式 $2R$=2×5 000=10 000（万元）。

选项 B，错误使用公式 $2R+L$=2×5 000+1 000=11 000（万元）。

选项 C，错误使用公式 $2R+2L$=2×5 000+2×1 000=12 000（万元）。

8. 斯尔解析 C　在直接分配法下，不考虑辅助生产内部相互提供的劳务量，直接将各辅助生产车间发生的费用分配给辅助生产以外的各个受益单位或产品，那么直接分配法下供电车间的分配

率 =315 000 ÷ （450 000−30 000）=0.75（元 / 度），选项 C 当选。

提示：

选项 A，错误考虑了辅助生产内部相互提供的劳务量，315 000 ÷ 450 000=0.70（元 / 度）。

选项 B，错误采用一次交互分配法，供电车间对外的分配率 =（315 000+119 000 ÷ 150 000 × 10 000−315 000 ÷ 450 000 × 30 000）÷（450 000−30 000）=0.72（元 / 度）。

选项 D，计算的是直接分配法下锅炉车间的分配率 119 000 ÷（150 000−10 000）=0.85（元 / 吨）。

9. 斯尔解析 C 固定制造费用闲置能力差异 =（生产能力 − 实际工时）× 固定制造费用标准分配率 =（1 500−1 200）× 10=3 000（元），成本差异的计算结果为正数，属于不利差异，选项 C 当选。

提示：

选项 A，固定制造费用耗费差异 = 固定制造费用实际数 − 固定制造费用预算数 =15 800−1 500 × 10=800（元）（不利差异）。

选项 B，固定制造费用效率差异 =（实际工时 − 实际产量标准工时）× 固定制造费用标准分配率 =（1 200−1 000 × 1）× 10=2 000（元）（不利差异）。

选项 D，二因素法下，固定制造费用能力差异 = 固定制造费用预算数 − 固定制造费用标准成本 =1 500 × 10−1 000 × 1 × 10=5 000（元）（不利差异）。

10. 斯尔解析 D 延期变动成本，是指在一定业务量范围内总额保持稳定，超出特定业务量则开始随业务量同比例增长的成本。题干中，销售员的销售额在 10 万元内，只能获得固定工资 5 000 元，销售额超过 10 万元后，才可以按销售额的 5% 获得提成，符合延期变动成本的特征，因此选项 D 当选。

提示：

选项 A，半变动成本是指在初始成本的基础上随业务量正比例增长的成本。若本题改为销售员月固定工资 5 000 元，在此基础上，按销售额的 5% 提成，则选项 A 当选。

选项 BC，阶梯式成本，亦称半固定成本，是指总额随业务量呈阶梯式增长的成本。若本题改为销售员月固定工资 5 000 元，每月完成销售额 0 ～ 10 万元（含），无提成，销售额 10 万元～ 20 万元（含），提成 5 000 元，以此类推，则选项 BC 当选。

11. 斯尔解析 A 生产 X 产品给甲公司带来的息税前利润 =（300−220）× 10 000−950 000=−150 000（元）。根据题干描述，固定成本 950 000 元是 X 产品的专属固定成本。若 X 产品停产，专属固定成本不会发生，即专属固定成本 =0（元），此时 X 产品收入（销量）和变动成本也是 0 元，则 X 产品停产后给甲公司带来的息税前利润 =0（元），甲公司息税前利润的变化 =0−（−150 000）=150 000（元），即上升 15 万元，选项 A 当选、选项 B 不当选。

提示：选项 CD，将 X 产品的专属固定成本理解为共同固定成本，即使停产 X 产品固定成本仍存在，则 X 产品停产后给甲公司带来的息税前利润 =−950 000（元），甲公司息税前利润的变化 =−950 000−（−150 000）=−800 000（元）。

12. 斯尔解析 C 第三季度末材料存量 = 第四季度生产需用量 × 10%=2 × 10%=0.2（吨），第四季度期初材料存量 = 第三季度期末材料存量 =0.2（吨），第四季度材料采购量 = 第四季度生产需用量 + 第四季度期末材料存量 − 第四季度期初材料存量 =2+0.5−0.2=2.3（吨），采购金额 =2.3 × 100=

230（万元），选项 C 当选。

提示：

选项 A，计算第四季度材料采购量时，直接使用第三季度生产需用量 + 第四季度期初材料存量 =1.5+0.2=1.7（吨），进而采购金额 =1.7×100=170（万元）。

选项 B，计算第四季度材料采购量时，直接使用第四季度生产用量 − 第四季度期初材料存量 =2−0.2=1.8（吨），进而采购金额 =1.8×100=180（万元）。

选项 D，计算第四季度材料采购量时，漏减期初材料存量，直接使用生产需用量 + 期末材料存量 =2+0.5=2.5（吨），进而采购金额 =2.5×100=250（万元）。

13. 斯尔解析　B　中央企业考核的是简化的经济增加值，**简化的经济增加值 = 税后净营业利润 − 资本成本 = 税后净营业利润 − 调整后资本 × 平均资本成本率**，税后净营业利润 = 净利润 +（利息支出 + 研究开发费用调整项）×（1−25%）=9.5+（5−2+3）×（1−25%）=14（亿元），那么经济增加值 =14−120×6%=6.8（亿元），选项 B 当选。

提示：

选项 A，计算税后净营业利润时，利息支出未使用“财务费用”项下的“利息支出”，同时忽略了研究开发费用调整项，则税后净营业利润 =9.5+5×（1−25%）=13.25（亿元），进而经济增加值 =13.25−120×6%=6.05（亿元）。

选项 C，计算税后净营业利润时，错误使用公式，在计算过程中将研究开发费用调整项加在了错误位置，即税后净营业利润 =9.5+（5−2）×（1−25%）+3=14.75（亿元），进而经济增加值 =14.75−120×6%=7.55（亿元）。

选项 D，计算税后净营业利润时，利息支出未使用“财务费用”项下的“利息支出”，则税后净营业利润 =9.5+（5+3）×（1−25%）=15.5（亿元），进而经济增加值 =15.5−120×6%=8.3（亿元）。

二、多项选择题

1. 斯尔解析　ABC　**能够增强短期偿债能力的因素包括可动用的银行授信额度、可快速变现的非流动资产和偿债的声誉（良好的公司声誉）**，选项 ABC 当选。公司股价上涨并不会直接导致流动资产的增加，即公司股价上涨不会提高短期偿债能力，选项 D 不当选。

2. 斯尔解析　AD　两种或两种以上证券的组合，其期望报酬率为单个证券期望报酬率的加权平均数，介于单个证券的期望报酬率之间，最小期望报酬率组合为 100% 投资于甲证券，最大期望报酬率组合为 100% 投资于乙证券，选项 AD 当选。如果相关系数不够小，风险分散不显著（机会集曲线没有向左侧凸出），则最小方差组合的标准差等于全部投资于低风险资产的标准差；如果相关系数足够小，分散效应显著（机会集曲线向左侧凸出），则最小方差组合不是全部投资于低风险资产时，选项 BC 不当选。

3. 斯尔解析　CD　在采用共同年限法或等额年金法时，对项目的净现值进行调整，以调整后的净现值结论为决策依据，通过“净现值”可知，共同年限法和等额年金法考虑了货币的时间价值，选项 A 不当选。共同年限法和等额年金法都可以用于投资额不同的项目优选决策，选项 B 不当选。两种方法的局限性包括：（1）技术进步快的领域，预期升级换代不可避免，不可能原样复制（选项 D 当选）；（2）没有考虑通货膨胀导致重置成本上升的影响（选项 C 当选）；（3）忽视了竞争会使项目净利润下降，甚至被淘汰的可能性。

4. 斯尔解析 AD 改变折现率会改变项目资本成本，净现值指特定项目未来现金净流量现值与原始投资额现值的差额。如果改变折现率，则会改变未来现金净流量现值，影响净现值计算结果，选项A当选。内含报酬率是使投资项目净现值为0的折现率，代表项目本身的盈利能力，而非项目资本成本，计算时无须提前预估折现率（资本成本），所以改变折现率也不会影响内含报酬率的计算结果，选项B不当选。会计收益率 = 年平均税后经营净利润 / 资本占用 ×100%，使用账面利润而非现金流量，忽视了净利润的时间分布对于项目经济价值的影响，即没有考虑货币的时间价值因素，所以改变折现率不会影响会计收益率的计算结果，选项C不当选。动态回收期指在考虑货币时间价值的情况下，投资引起的未来现金流量累计到与原始投资额相等所需要的时间，与选项A类似，如果改变折现率，则会改变累计现金流量现值，影响动态回收期计算结果，选项D当选。

5. 斯尔解析 ABCD 当折现率等于票面利率时，债券平价发行，债券价值等于票面价值，选项A当选。**当折现率大于票面利率时，债券折价发行，债券价值到期前低于票面价值**，选项B当选。当折现率小于票面利率时，债券溢价发行，债券价值到期前高于票面价值，选项C当选。**债券的价值取决于未来现金流量的现值，债券期限越短，未来的现金流量越少，折现率（即市场利率）变动对现金流量现值的影响越小**，选项D当选。

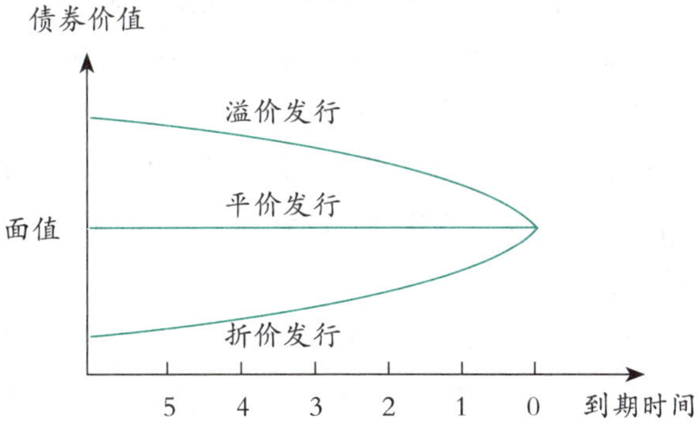

提示：

如果是每间隔一段时间支付一次利息的债券，随着到期时间的缩短：

折价发行债券的价值波动上升，到期日前债券价值可能高于、等于、低于债券面值。

平价发行债券的价值波动持平，到期日前债券价值可能高于、等于债券面值。

溢价发行债券的价值波动下降，到期日前债券价值一直高于债券面值。

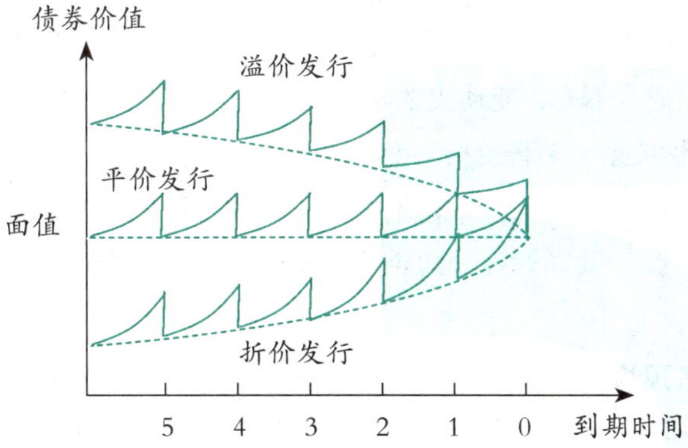

6. 斯尔解析 BCD 对公司而言，股票回购的意义包括：（1）公司进行股票回购的目的之一是**向市场传递股价被低估的信号**（选项C当选）；（2）当公司可支配的现金流明显超过投资项目所需的现金流时，可以用自由现金流进行股票回购，**有助于提高每股收益**；（3）**避免股利波动带来的负面影响**（选项D当选）；（4）通过股票回购提高负债率，**改变公司的资本结构，增加财务杠杆，并有助于降低加权平均资本成本**（选项A不当选）；（5）通过股票回购，**可以减少外部流通股的数量，提高股票价格，在一定程度上降低公司被收购的风险**；（6）**调节所有权结构**（选项B当选）。

7. 斯尔解析 ABD 材料数量差异是在材料耗用过程中形成的，反映生产部门的成本控制业绩。材料数量差异形成的具体原因也有许多，例如，工人操作疏忽造成废品或废料增加（选项A当选）、操作技术改进而节省材料、新工人上岗造成用料增多、机器或工具不适造成用料增加（选项D当选）等。有时用料量增多并非生产部门的责任，可能是由于购入材料质量低劣、规格不符使用量超过标准（选项C不当选），应由采购部门负责；也可能是由于工艺变更、检验过严使数量差异加大，应由工艺设计和质检等相关部门负责。要区分工艺变更和工艺流程管理不善，工艺流程管理不善是由生产部门造成的，因此选项B当选。

8. 斯尔解析 ABC 品种级作业是指服务于某种型号或样式产品的作业，例如产品设计、产品生产工艺规程制定、工艺改造、产品更新等，选项A当选。批次级作业是指同时服务于每批产品或许多产品的作业，例如生产前机器调试、成批产品转移至下一工序的运输、成批采购和检验等，选项B当选。单位级作业是指每一单位产品至少要执行一次的作业，例如机器加工、组装，选项C当选。生产维持级作业是指服务于整个工厂的作业，它们是为了维护生产能力而进行的作业，不依赖于产品的数量、批次和种类，例如工厂保安、维修、行政管理等，而产品包装往往需要依赖于产品数量、批次和种类，因此选项D不当选。

9. 斯尔解析 ABC **酌量性固定成本**是可以通过管理决策行动而改变数额的固定成本，可以通过调整预算来调节，**例如科研开发费、广告费、职工培训费等**，选项ABC当选。约束性固定成本不能通过当前管理决策行动改变，只能合理利用生产能力，降低单位固定成本，照明取暖费属于约束性固定成本，选项D不当选。

需要注意的是，本题中科研开发费不随产量变动，但可以通过管理决策改变其具体金额，属于酌量性固定成本。若明确指出是按照销售额一定百分比支付的新产品研制费，其金额随销售额的变动而变动，属于可以通过管理决策改变的变动成本，即酌量性变动成本。

10. 斯尔解析 ABCD 本量利分析基本模型的相关假设包括：（1）**相关范围假设**，即区分一项成本是变动的还是固定的时，均限定在一定的相关范围内，包括期间假设和业务量假设（选项D当选）；（2）**线性假设**，即固定成本不变，变动成本与业务量呈完全线性关系（单位变动成本不变），销售收入与销售数量呈完全线性关系（销售价格不变）（选项A当选）；（3）**产销平衡假设**，即生产数量=销售数量（选项B当选）；（4）**品种结构不变假设**，即各种产品的销售收入在总收入中所占的比重不变（选项C当选）；（5）**共同假设**，即企业的全部成本可以合理地或者比较准确地分解为固定成本与变动成本。

11. 斯尔解析 ACD **零基预算法是不以历史期经济活动及其预算为基础**，以0为起点，从实际需要出发分析预算期经济活动的合理性，经综合平衡，形成预算的预算编制方法，选项B不当选。零基预算法不受前期费用项目和费用水平的制约，能够调动各部门降低费用的积极性，选项 D 当选。零基预算法编制工作量大，选项 A 当选。零基预算法适用于企业各项预算的编制，特别是不经常发生的预算项目或预算编制基础变化较大的预算项目，选项 C 当选。

12. 斯尔解析 BCD 标准成本中心不对生产能力的利用程度负责，而只对既定产量的投入量承担责任，选项 A 不当选。标准成本中心必须按规定的质量（生产工艺标准）、时间标准（产品工时标准）和计划产量进行生产，选项 BCD 当选。

三、计算分析题

1.

揣摩题意

要求：

（1）什么是赎回条款？为什么设置赎回条款？什么是有条件赎回①？

①不可忽视主观题中常见的文字表述题。要掌握赎回条款的定义、设置目的和有条件赎回的定义的要点，考试时往往根据关键点给分。

（2）计算每张可转换债券第 8 年年末和第 9 年年末的转换价值②。

②转换价值 = 股价 × 转换比率，计算第 8 年年末和第 9 年年末股价的终值。

（3）计算每张可转换债券第 8 年年末（付息后③）的纯债券价值④和底线价值⑤，判断债券持有者是否应在第 8 年年末转股，并说明理由⑥。

③此处的“付息后”，指相应时点的债券价值不受当期应计利息的影响，仅需要考虑未来期间的现金流量（未来应收取的利息和本金）。

④纯债券价值，是不考虑转股权的可转换公司债券价值，纯债券价值 = 未来利息现值 + 本金现值

⑤底线价值，是可转换债券的最低价值，应当是纯债券价值和转换价值两者中的较高者。

⑥计算未来第 8 年年末的转换价值，分别与赎回价格、赎回条件比较，确定转换时点。

（4）如果投资者在第 8 年年末（付息后⑦）转股，计算投资可转换债券的期望报酬率⑧，判断乙投资机构是否应购买该债券，并说明原因⑨。

⑦此处的“付息后”，指相应时点已支付给债权人利息，计算期望报酬率时应考虑该时点的利息现金流量。

⑧即可转换债券的税前债务资本成本，可用投资人的内含报酬率来估计。

⑨可转债税前成本应当在普通债券利率与税前股权资本成本之间。

题干：

甲公司是一家上市公司，目前拟发行可转换债券筹集资金[⑩]。乙投资机构是一家从事证券投资的专业机构，正对甲公司可转换债券进行投资的可行性分析，为此收集了甲公司的发行公告、股票价格等信息。相关资料如下：

（1）甲公司于2021年12月20日发布的《公开发行可转换债券发行公告》摘要。

本次发行证券的种类为可转换为公司A股普通股股票的可转换公司债券。本次募集资金总额为人民币100 000万元，发行数量为100万张[⑪]。

本可转债每张面值人民币1 000元，票面利率5%，每年年末付息一次，到期归还本金[⑫]。

本可转债按面值发行[⑬]，期限为自发行之日起10年，即2022年1月1日至2031年12月31日。本可转债的转股期自可转债发行结束之日满六个月后的第一个交易日起至可转债到期日止，转股价格为100元/股[⑭]。在转股期内，如果可转债的转换价值高于1 500元时，公司董事会有权以1 080元的价格赎回全部未转股的可转债[⑮]。

⑩本题考查混合筹资中可转换债券筹资，需掌握可转换债券的主要条款和可转换债券的价值评估。

⑪结合下述资料可知，可转债每张面值为1 000元，无须计算。

⑫可转债每年付息一次，每张年利息=1 000×5%=50（元），计算利息现值时，应使用年金现值系数折现；本金在到期时归还，计算本金现值时，应使用复利现值系数折现。

⑬结合⑪，可转债平价发行，可转债发行价格＝面值＝1 000（元）。

⑭转换比率＝债券面值÷转换价格=1 000÷100=10，结合②，转换价值＝股价×转换比率。

⑮在转股期内，当可转债转换价值处于1 080元至1 500元的区间时，选择转股。

（2）预计债券发行后，甲公司普通股每股市价55元，公司进入生产经营稳定增长期，可持续增长率12%[16]。

⑯当前每股股价 V_0=55（元）。

可持续增长率 g=12%，计算未来第 n 年的股价时，相当于计算利率为12%的 n 期复利终值，即第 n 年股价 =55×（F/P，12%，n）。

（3）假定转股必须在年末进行，赎回在达到赎回条件后可立即执行[17]。

⑰结合⑮，计算未来第 n 年年末的转换价值，分别与赎回价格（1 080元）、赎回条件（1 500元）比较，确定转换时点；同时，由于转股只能在年末进行，而达到条件后可立即执行赎回，因此如果判断可能于第 n 年年中达到赎回条件，则转股需要在第 n−1年年末提前进行，否则将错过转股机会。

（4）市场上等风险普通债券市场利率8%[18]。

⑱该普通债券利率为税前口径，计算纯债券价值时应采用该利率结合⑨，可转债税前成本（期望报酬率）应当高于普通债券利率才可被接受（本题未提供股权资本成本相关资料，因此无须与税前股权资本成本作比较）。

答案与采分点

（1）赎回条款是可转换债券的发行企业可以在债券到期日之前提前赎回债券（0.5分）。

设置赎回条款是为了促使债券持有人转换股份，因此被称为加速条款（0.5分）；同时，也使发行公司避免市场利率下降后，继续向债券持有人按较高的债券票面利率支付利息所蒙受的损失（0.5分）。

有条件赎回是对赎回债券有一些条件限制，只有在满足了这些条件之后才能由发行企业赎回债券（0.5分）。

（2）转换比率 =1 000÷100=10。

第8年年末的转换价值 = 第8年年末的股价 × 转换比率

=55×（F/P，12%，8）×10=1 361.80（元）（0.5分）

第9年年末的转换价值 = 第9年年末的股价 × 转换比率

=55×（F/P，12%，9）×10=1 525.21（元）（0.5分）

（3）第8年年末（付息后）的纯债券价值 =1 000×5%×（P/A，8%，2）+1 000×（P/F，8%，2）

=1 000×5%×1.7833+1 000×0.8573=946.47（元）（1分）

第8年年末的转换价值 =1 361.80（元）

可转换债券的底线价值是两者中较高者，即1 361.80元（0.5分）。

债券持有者应在第8年年末转换（0.5分）。

因为第9年年末股价超过1 500元，甲公司将赎回可转债（0.5分）；而第8年年末的转换价值高于赎回价格1 080元，如果债券持有者不在第8年年末转股，将遭受损失（0.5分）。

（4）设期望报酬率为 K，则有：

1 000=1 000×5%×（P/A，K，8）+1 361.80×（P/F，K，8）

当 K=8% 时，未来流入现值 =50×5.7466+1 361.80×0.5403=1 023.11（元）。

当 K=9% 时，未来流入现值 =50×5.5348+1 361.80×0.5019=960.23（元）。

（K−8%）÷（9%−8%）=（1 000−1 023.11）÷（960.23−1 023.11）

K=8.37%（2 分）

乙投资机构应购买该债券（0.5 分）。

因为乙投资机构的投资报酬率 8.37% 高于等风险普通债券的市场利率 8%，对投资者具有一定的吸引力（0.5 分）。

2.

揣摩题意

要求：

（1）估计该项目 2021—2024 年末的相关现金净流量①和净现值②（计算过程和结果填入下方表格中③）。

（2）如果项目加权平均资本成本上升到 14%，其他因素不变，计算项目的净现值④。

（3）基于要求（1）和（2）的结果，计算项目净现值对资本成本的敏感系数⑤。

①投资项目的现金净流量由建设期现金流量、经营期现金流量和终结期现金流量构成。其中，营业期现金流量的计算公式有三个，每一个都要完全掌握，根据题干具体信息，选择最容易计算的一个（或者自己最擅长、正确率最高的一个）：

a. 直接法：营业现金毛流量 = 营业收入 − 付现营业费用 − 所得税。

b. 间接法：营业现金毛流量 = 税后经营净利润 + 折旧与摊销。

c. 分算法：营业现金毛流量 = 税后营业收入 − 税后付现营业费用 + 折旧与摊销抵税额。

②净现值 = 未来现金净流量现值 − 原始投资额现值。

③注意表格中要写出计算过程项目（营业收入、付现成本等），不能直接写要求的结果项目（现金净流量和净现值）。

④结合②，计算净现值的思路相同，仅需注意折现率为 14%。

⑤敏感系数 = 目标值变动百分比 / 选定变量变动百分比 = 项目净现值变动百分比 / 资本成本变动百分比。

题干：

甲生物制药公司拟于 2021 年末投资建设一条新药生产线⑥，项目期限 3 年⑦。现正进行可行性研究，相关信息如下：

⑥“2021 年末”相当于项目初始期，即 2022 年初，即“零时点”。

⑦项目期限 3 年，说明该项目经营期间发生 3 期现金流量，但是要注意固定资产、无形资产等设备的折旧和摊销年限并不一定是 3 年，而应参考“税法规定”。

该项目需要一栋厂房、一套生产设备和一项特许使用权。厂房拟用目前公司对外出租的闲置厂房，租金每年200万元，每年年初收取⑧。生产设备购置安装成本5 000万元⑨，按直线法计提折旧，折旧年限5年，无残值⑩，预计3年后变现价值2 500万元⑪。特许使用权需一次性支付3 000万元⑫，使用期限3年，按使用年限平均摊销，无残值⑬。按税法规定，当年折旧和摊销可在当年抵扣所得税⑭。该项目无建设期⑮。

⑧注意相关现金流量。如果将该厂房收回自用，那么原来的每年租金即变为丧失的收益，构成该项目决策的机会成本，需在现金流出中考虑。同时，需要注意现金流发生的时点：

a. 丧失的租金发生时点：每年年初（上年年末）。

b. 节约的租金收入纳税时点：每年年末。

⑨生产设备购置安装成本是项目初始投资，是资本性支出，无须计算税后金额；其税务影响体现在后续资产折旧的抵税效应中。

⑩根据税法规定，设备折旧年限为5年，而非经营期3年，注意联系上述⑦中的提示正确计算。

⑪资产变现价值与账面价值比较：

a. 变现价值＞账面价值，则产生的变现收益应当纳税。

b. 变现价值＜账面价值，则产生的变现损失可以抵税。

⑫结合⑨，特许使用权费用是项目初始投资，资本性支出，无须计算税后金额；其税务影响体现在后续资产摊销的抵税效应中。

⑬特许使用权摊销年限是参照“税法规定”下的3年，而非经营期3年。

⑭设备折旧和特许使用权摊销都可以抵税，产生现金流入。

⑮结合⑦，无建设期，则项目期限为3年。

生产线建成后，预计新药2022年、2023年、2024年每年营业收入分别为6 000万元、7 000万元、7 000万元⑯。每年付现固定成本500万元⑰，付现变动成本为当年营业收入的25%⑱。

⑯结合①，本题选择第三种计算公式，即分算法。在计算现金净流量时，营业收入应使用税后金额，注意每年营业收入数额不同。

⑰在计算现金净流量时，付现固定成本应使用税后金额，注意每年付现固定成本数额相同。

⑱在计算现金净流量时，付现变动成本应使用税后金额，注意付现变动成本随每年营业收入数额不同而变动。

该项目需要占用的营运资本与营业收入存在函数关系：营运资本=200万元＋当年营业收入×20%⑲。每年新增的营运资本在年初投入，项目结束时全部收回⑳。

⑲ 2022年营运资本垫支=200+6 000×20%=1 400（万元）。2023年营运资本垫支=200+7 000×20%=1 600（万元）在2022年营运资本垫支额的基础上投入1 600−1 400=200（万元）即可，2024年营业收入与2023年营业收入相同，则所需营运资本垫支额相同，无须继续投入。注意，这里使用的是税前营业收入。

⑳营运资本垫支发生的时点：本年年初（上年年末）。营运资本收回的时点：项目结束时（2024年末）。

假设设备购置和特许使用权支出发生在2021年末，各年营业现金流量均发生在当年年末[21]。

项目加权平均资本成本12%[22]。企业所得税税率25%[23]。

㉑生产设备购置安装成本和特许使用权费用发生在"零时点"，无须折现；每年现金流入与流出（除丧失的租金收入外）发生在当年年末，即可以将每年现金流量作为普通年金进行折现。

㉒折现率 =12%。

㉓注意税率。

答案与采分点

（1）

单位：万元

项目	2021 年末	2022 年末	2023 年末	2024 年末
税后营业收入		4 500	5 250	5 250
税后付现变动成本		−1 125	−1 312.50	−1 312.50
税后边际贡献		3 375	3 937.50	3 937.50
税后付现固定成本		−375	−375	−375
租金	−200	−200	−200	
租金抵税		50	50	50
设备购置	−5 000			
设备折旧抵税		250	250	250
设备变现收入				2 500
设备变现缴税				−125
特许使用权购入	−3 000			
特许使用权摊销抵税		250	250	250
营运资本	−1 400	−200		1 600
现金净流量	−9 600（1 分）	3 150（1 分）	3 912.50（1 分）	8 087.50（1 分）
折现系数（12%）	1	0.8929	0.7972	0.7118
现值	−9 600（0.5 分）	2 812.64（0.5 分）	3 119.05（0.5 分）	5 756.68（0.5 分）
净现值	2 088.37（1 分）			

计算说明：

以2024年为例：

税后营业收入 =7 000×（1−25%）=5 250（万元）

税后付现变动成本 =7 000×25%×（1−25%）=1 312.50（万元）

税后边际贡献 =5 250−1 312.50=3 937.50（万元）

税后付现固定成本 =500×（1−25%）=375（万元）

租金抵税 =200×25%=50（万元）

设备折旧抵税 =（5 000÷5）×25%=250（万元）

设备变现收入 =2 500（万元）

设备变现缴税 =［2 500−（5 000−3×5 000/5）］×25%=125（万元）

特许经营权摊销抵税 =（3 000÷3）×25%=250（万元）

营运资本收回 =1 400+200=1 600（万元）

2024年末现金净流量 =3 937.50−375+50+250+2 500−125+250+1 600=8 087.50（万元）

（2）净现值 $=-9\,600+\dfrac{3\,150}{1+14\%}+\dfrac{3\,912.50}{(1+14\%)^2}+\dfrac{8\,087.50}{(1+14\%)^3}$=1 632.53（万元）（1分）。

（3）敏感系数 $=\dfrac{\dfrac{1\,632.53-2\,088.37}{2\,088.37}}{\dfrac{14\%-12\%}{12\%}}$=−1.31（1分）。

3.

揣摩题意

要求：

（1）编制制造费用分配表①（结果填入下方表格中，不用列出计算过程②）。

（2）编制A产品成本计算单③（结果填入下方表格中，不用列出计算过程②）。

（3）编制A产品单位产品成本计算单（分型号）④（结果填入下方表格中，不用列出计算过程②）。

①按定额工时分配A、B产品的制造费用。

②要求中明确不用列出计算过程，在表格中填入结果项目即可。

③结合题干中的具体分配方法，进行完工产品和在产品的成本分配。

④结合要求（2）的结果，计算不同型号A产品的单位实际成本。

题干：

甲公司是一家制造业企业，下设一基本生产车间，生产A、B两种产品。A、B产品分别由不同的班组加工，领用不同的材料。A产品有A-1、A-2和A-3三种型号，加工工艺、耗用材料基本相同；B产品有B-1和B-2两种型号，加工工艺、耗用材料基本相同⑤。公司采用品种法⑥计算产品成本，直接材料、直接人工直接计入A、B产品，制造费用按当月定额工时在A、B产品之间分配⑦。原材料在开工时一次投入，直接人工、制造费用随加工进度陆续发生⑧。公司先分配完工产品与月末在产品成本，再在同一产品不同型号之间分配完工产品成本，均采用定额比例法⑨。

2021年7月相关资料如下：

（1）单位完工产品定额。

产品	型号	材料定额（元/件）	工时定额（小时/件）
A产品	A-1	1 500	8
	A-2	800	6
	A-3	400	4
B产品	B-1	500	8
	B-2	1 000	10

⑤结合资料（2）和资料（3）可知，A产品直接材料、直接人工和制造费用可以不分型号直接归集，B产品同理。

⑥品种法是最基础的成本计算方法，因为无论什么方法最终都要计算各种产品的成本，而且品种法的成本计算程序是成本计算的一般程序。

⑦本月基本生产车间发生的制造费用需要根据资料（3）中的定额工时合计数计算出分配率，再根据A、B产品各自定额工时分配制造费用。

⑧仅描述直接材料、直接人工和制造费用的投入状态，在实际解题过程中属于"迷惑性"的无关条件。即读到这些条件时，可能认为本题使用的是约当产量法，实际上结合⑨可知，本题使用的是定额比例法。

⑨在定额比例法下，通常，材料费用按定额消耗量比例分配，而其他费用按定额工时比例分配，即：

a. 材料费用分配率＝（月初在产品实际成本＋本月投入的实际材料成本）/（完工产品定额材料成本＋月末在产品定额材料成本）。

b. 完工产品应分配材料成本＝完工产品定额材料成本×材料费用分配率。

c. 月末在产品应分配材料成本＝月末在产品定额材料成本×材料费用分配率。

d. 直接人工（或制造费用）分配率＝[月初在产品实际直接人工（费用）＋本月投入的实际直接人工（费用）]/（完工产品定额工时＋月末在产品定额工时）。

e. 完工产品应分配的直接人工（或制造费用）＝完工产品定额工时×直接人工（或制造费用）分配率。

f. 月末在产品应分配的直接人工（或制造费用）＝月末在产品定额工时×直接人工（或制造费用）分配率。

（2）月初在产品实际成本[5]。

产品	直接材料（元）	直接人工（元）	制造费用（元）
A 产品	684 500	49 200	30 200
B 产品	428 000	52 000	50 000

（3）本月直接材料、直接人工和定额工时[5]。

产品	直接材料（元）	直接人工（元）	定额工时（小时）
A 产品	4 030 000	570 000	23 000
B 产品	2 020 000	620 000	24 100
合计	6 050 000	1 190 000	47 100

（4）本月基本生产车间发生制造费用942 000 元[7]。

（5）本月完工产品数量。

产品	型号	完工数量（件）
A 产品	A-1	1 000
	A-2	2 000
	A-3	400
B 产品	B-1	1 600
	B-2	800

（6）月末在产品材料定额成本和定额工时。

产品	材料定额成本（元）	定额工时（小时）
A 产品	1 230 000	4 200
B 产品	800 000	5 600

答案与采分点

（1）

制造费用分配表

2021 年 7 月　　单位：元

产品	定额工时（小时）	分配率	制造费用
A 产品	23 000	—	460 000（0.5 分）
B 产品	24 100	—	482 000（0.5 分）
合计	47 100	20（0.5 分）	942 000（0.5 分）

计算说明：

制造费用分配率 =942 000 ÷ 47 100=20（元 / 小时）

A 产品制造费用 =23 000 × 20=460 000（元）

B 产品制造费用 =24 100 × 20=482 000（元）

（2）

A 产品成本计算单

2021 年 7 月　　单位：元

项目	直接材料		定额工时（小时）	直接人工	制造费用	合计
	定额成本	实际成本				
月初在产品	—	684 500	—	49 200	30 200	763 900
本月生产费用	—	4 030 000	—	570 000	460 000	5 060 000
合计	—	4 714 500	—	619 200	490 200	5 823 900
分配率	—	1.05（0.25 分）	—	24（0.25 分）	19（0.25 分）	—
完工产品	3 260 000（0.25 分）	3 423 000（0.25 分）	21 600（0.25 分）	518 400（0.25 分）	410 400（0.25 分）	4 351 800（0.25 分）
月末在产品	1 230 000	1 291 500（0.25 分）	4 200	100 800（0.25 分）	79 800（0.25 分）	1 472 100（0.25 分）

计算说明：

完工产品直接材料定额成本 =1 000 × 1 500+2 000 × 800+400 × 400=3 260 000（元）

直接材料成本分配率 =4 714 500 ÷（3 260 000+1 230 000）=1.05

完工产品直接材料成本 =3 260 000 × 1.05=3 423 000（元）

月末在产品直接材料成本 =1 230 000 × 1.05=1 291 500（元）

完工产品定额工时 =1 000 × 8+2 000 × 6+400 × 4=21 600（小时）

直接人工成本分配率 =619 200 ÷（21 600+4 200）=24

完工产品直接人工成本 =21 600×24=518 400（元）
月末在产品直接人工成本 =4 200×24=100 800（元）
制造费用分配率 =490 200÷（21 600+4 200）=19
完工产品制造费用 =21 600×19=410 400（元）
月末在产品制造费用 =4 200×19=79 800（元）
A 产品的完工成本 =3 423 000+518 400+410 400=4 351 800（元）
A 产品的月末在产品成本 =1 291 500+100 800+79 800=1 472 100（元）

（3）

A 产品单位产品成本计算单（分型号）

2021 年 7 月　　单位：元

型号	单位产品定额		单位实际成本			
	材料定额	工时定额	直接材料	直接人工	制造费用	合计
A-1	1 500	8	1 575（0.25 分）	192（0.25 分）	152（0.25 分）	1 919（0.5 分）
A-2	800	6	840（0.25 分）	144（0.25 分）	114（0.25 分）	1 098（0.5 分）
A-3	400	4	420（0.25 分）	96（0.25 分）	76（0.25 分）	592（0.5 分）

计算说明：
A-1 的单位实际成本 =1 500×1.05+8×24+8×19=1 919（元 / 件）
A-2 的单位实际成本 =800×1.05+6×24+6×19=1 098（元 / 件）
A-3 的单位实际成本 =400×1.05+4×24+4×19=592（元 / 件）

4.

揣摩题意

要求：

（1）为最优利用该机器设备获得最大利润①，公司每月应生产 A、B 产品各多少件？

（2）为满足正常市场需求，在充分利用现有机器设备产能基础上，甲公司追加一台机器设备，每月可增加机器工时 7 000 分钟。若追加设备的相关成本 120 000 元，剩余生产能力无法转移②，计算追加设备对公司税前经营利润的影响。

①考查约束资源最优利用决策。决策指标为单位约束资源边际贡献，单位约束资源边际贡献 = 单位产品边际贡献 / 该单位产品所需约束资源量。无须计算净利润，通过计算单位约束资源边际贡献即可做出决策。

②接受订单增加的相关损益 = 订单所提供的边际贡献 - 该订单所增加的相关成本。

（3）在甲公司追加产能的前提下，如果在正常市场需求外客户乙提出新增A产品订单400件，不可拆单（即若接受该订单，则必须全部接受，不可部分接受），1个月内交货，每件2 100元③。若机器设备剩余生产能力无法转移，原正常市场需求可以部分放弃④，计算接受该订单对公司税前经营利润的影响，并判断是否应接受该订单。

③考查特殊订单是否接受的决策，决策标准同②，在甲公司追加产能的前提下，考虑与要求（2）的结合。

④由于机器设备剩余生产能力无法转移，不产生相关机会成本，但放弃的原正常市场需求应考虑为相关机会成本。

（4）在甲公司追加产能的前提下⑤，如果在正常市场需求外甲公司拟参加客户丙的一项招标：丙订购A产品360件，1个月交货。甲公司使用成本加成定价法制定投标价格，在成本基础上的总加成额72 000元⑥。若机器设备剩余生产能力无法转移⑦，计算甲公司投标的最低单价。

⑤在甲公司追加产能的前提下，考虑与要求（2）的结合，与要求（3）无关。

⑥产品的目标价格 = 成本基数 + 成数 = 单位变动成本 + 单位加成额，其中单位加成额 =72 000÷360=200（元）。

⑦由于机器设备剩余生产能力无法转移，不产生相关机会成本。

题干：

甲公司目前生产A、B两种产品，需要使用同一台机器设备，该设备每月提供的最大加工时间10 000分钟⑧，固定制造费用总额140 000元⑨。相关资料如下：

项目	A产品	B产品
售价（元/件）	3 000	2 500
直接材料（元/件）	1 000	600
直接人工（元/件）	500	300
变动制造费用（元/件）	500	100
机器工时（分钟/件）⑩	10⑩	12⑩

⑧结合①，考查约束资源最优利用决策。

⑨在计算产品边际贡献时，不考虑固定成本。

⑩A产品单位工时边际贡献 =A产品单位边际贡献 /10。B产品单位工时边际贡献 =B产品单位边际贡献 /12

2021年8月末，甲公司预计未来每月正常市场需求可达A产品900件、B产品350件⑪。

⑪在约束资源最优利用决策下，可能A产品或B产品产量无法达到市场需求量，需要追加机器设备。

答案与采分点

（1）A 产品单位机器工时边际贡献 =（3 000−1 000−500−500）÷10=100（元）（0.25 分）。

B 产品单位机器工时边际贡献 =（2 500−600−300−100）÷12=125（元）（0.25 分）

B 产品单位机器工时边际贡献高，优先安排生产 B 产品 350 件（1 分）。

再安排生产 A 产品，产量 =（10 000−12×350）÷10=580（件）（1 分）。

（2）A 产品剩余市场需求的生产时间 =（900−580）×10=3 200（分钟）＜7 000（分钟）。

[或，追加设备可生产 A 产品数量 =7 000÷10=700（件）＞320（件）]

追加设备对公司税前经营利润的影响 =3 200×100−120 000=200 000（元）（2 分）

[或：追加设备对公司税前经营利润的影响 =（900−580）×（3 000−1 000−500−500）−120 000=200 000（元）]

（3）剩余机器工时 =7 000−3 200=3 800（分钟）。

接受客户乙新订单所需机器工时 =400×10=4 000（分钟）＞3 800（分钟）

[或，剩余生产数量 =7 000÷10−320=380（件），缺口数量 =400−380=20（件）]

追加的设备生产能力不够满足该订单。

接受该订单的机会成本 =（3 000−1 000−500−500）×20=20 000（元）

[或，接受该订单的机会成本 =（4 000−3 800）×100=20 000（元）]

对甲公司税前经营利润的影响 =400×（2 100−1 000−500−500）−20 000=20 000（元）（2 分）

因此应接受该订单（0.5 分）。

（4）投标丙所需机器工时 =360×10=3 600（分钟）＜3 800（分钟）。

甲公司投标最低单价 =1 000+500+500+72 000÷360=2 200（元 / 件）（2 分）

四、综合题

揣摩题意

要求：

（1）计算公司 2021 年每股收益①，用市盈率模型估算 2021 年末甲公司股权价值，并判断甲公司股价是否被低估②。

①每股收益 = 普通股股东净利润 ÷ 流通在外普通股加权平均股数。

②每股价值 = 可比企业每股市价 / 可比企业每股收益 × 目标企业（甲公司）每股收益；判断股权价值是否被低估，但无须说明理由。

（2）编制甲公司2021年管理用资产负债表和利润表[3]（结果填入下方表格中，不用列出计算过程[4]）。

（3）预测甲公司2022年、2023年和2024年的实体现金流量[5]和股权现金流量[6]（结果填入下方表格中，不用列出计算过程[4]）。

（4）用股权现金流量折现模型[7]估算2021年末甲公司每股股权价值，并判断甲公司股价是否被低估[8]。

（5）与现金流量折现模型相比，市盈率模型有哪些优点和局限性[9]？

③a. 编制管理用资产负债表时：

Ⅰ. 区分经营资产和金融资产（先“金融”，后“经营”）：金融资产，包括交易性金融资产、其他应收款（应收利息）、债权投资、其他债权投资、其他权益工具投资等。

Ⅱ. 区分金融负债和经营负债（先“金融”，后“经营”）：金融负债，包括短期/长期借款、交易性金融负债、其他应付款（应付利息）、其他应付款（应付股利）、应付债券、优先股等。

b. 编制管理用利润表时：收入、成本和利润均根据经营活动和金融活动进行划分。

④要求中明确不用列出计算过程，在表格中填入结果项目即可。

⑤实体现金流量

= 营业现金净流量 − 资本支出（公式1）

= 税后经营净利润 + 折旧与摊销 − 经营营运资本增加 −（净经营长期资产增加 + 折旧与摊销）（公式2）

= 税后经营净利润 − 净经营资产增加（公式3）

⑥股权现金流量 = 实体现金流量 − 债务现金流量。

⑦采用股权现金流量折现模型估计企业价值时，必须确定企业股权现金流量和股权资本成本。

⑧结合②，判断股价是否被低估，但无须说明理由。

⑨不可忽视主观题中常见的文字表述题，掌握市盈率模型的优点和局限性的要点，考试时往往根据关键点给分。

题干：

甲上市公司是一家电气设备制造企业，目前正处在高速增长期[10]。为判断公司股票是否被低估，正进行价值评估。相关资料如下：

（1）甲公司2021年末发行在外普通股5亿股[11]，每股市价100元，没有优先股[12]。未来不打算增发和回购股票[13]。2021年相关报表项目如下：

⑩目前高速增长，后续可能进入稳定增长状态。

⑪注意单位换算，资料（1）报表中单位为“百万元”，结合①在计算每股收益时，流通在外的普通股5亿股需要换算为500百万股。

⑫净利润皆归属于普通股，不用考虑优先股股息，股东权益归属问题同理：

a. 市盈率 = 每股市价 ÷ 每股收益；每股收益 = 普通股股东净利润 ÷ 流通在外普通股加权平均股数。

b. 市净率 = 每股市价 ÷ 每股净资产；每股净资产 = 普通股股东权益 ÷ 流通在外普通股股数。

c. 市销率 = 每股市价 ÷ 每股营业收入；每股营业收入 = 营业收入 ÷ 流通在外普通股加权平均股数。

⑬股东权益的增长只来源于留存收益增加额。

单位：百万元[11]

资产负债表项目	2021 年末
货币资金[14]	7 500
交易性金融资产[15]	600
应收账款[14]	7 500
预付款项[14]	400
其他应收款[14]	900
存货[14]	5 100
流动资产合计	22 000
固定资产[14]	3 200
无形资产[14]	1 600
非流动资产合计	4 800
短期借款[16]	400
应付账款[16]	13 400
其他应付款[16]	1 200
流动负债合计	15 000
长期借款[17]	2 000
负债合计	17 000
所有者权益[18]	9 800
利润表项目	**2021 年度**
营业收入[19]	20 000
营业成本[19]	14 000
税金及附加[19]	420
销售费用[19]	1 000
管理费用[19]	400
财务费用[20]	200
公允价值变动收益[20]	20
所得税费用[21]	1 000
净利润[18]	3 000

⑭“应收账款、预付账款、存货、固定资产、无形资产”属于经营资金；“货币资金、其他应收款”的划分需要根据其他条件确定。

⑮“交易性金融资产”属于金融资产。

⑯“短期借款”属于金融负债；“应付账款”属于经营负债；“其他应付款”的划分需要其他条件确定。

⑰“长期借款”属于金融负债。

⑱“所有者权益”和“净利润”作为“定海神针”，其数值在管理用报表编制中保持不变。

⑲“营业收入、营业成本、税金及附加、销售费用、管理费用”属于经营损益。

⑳“财务费用、公允价值变动收益”属于金融损益。管理用财务报表里面的财务费用是指广义的财务费用，（广义）利息费用 = 金融类费用之和 − 金融类收入之和，税后利息费用 =（广义）利息费用 ×（1− 平均所得税税率）。

㉑平均所得税税率 = 所得税费用 / 利润总额 =1 000/（20 000−14 000−420−1 000−400−200+20）=25%。

货币资金全部为经营活动所需，其他应收款、其他应付款均为经营活动产生[22]，财务费用均为利息费用，2021 年没有资本化利息支出[19]。企业所得税税率 25%[23]。

㉒结合⑬⑮可知，“货币资金、其他应收款”属于经营资产；“其他应付款”属于经营负债。

㉓计算管理用利润表相关数据时，不能直接使用传统财务报表下的企业所得税税率，应使用平均所得税税率，结合㉑本题中平均所得税税率与企业所得税税率相等。

（2）甲公司预测2022年、2023年营业收入增长率20%，2024年及以后保持6%的永续增长[24]；税后经营净利率、净经营资产周转次数、净财务杠杆和净负债利息率一直维持2021年水平不变[25]。

（3）甲公司普通股资本成本12%[26]。

（4）可比公司乙公司2021年每股收益1元，2021年末每股市价15元[27]。

为简化计算，财务指标涉及平均值的，均以年末余额替代全年平均水平[28]。

㉔结合⑩，注意两阶段不同的收入增长率。

㉕结合㉔，2022年、2023年税后经营净利润、净经营资产、净负债、税后利息费用与收入同比例增长，增长率均为20%；2024年及以后均保持6%的永续增长。

㉖普通股资本成本默认税后口径。

㉗结合②，相关数据在市盈率模型中运用。

㉘注意计算时取数口径（年末余额）。

答案与采分点

（1）2021年每股收益=3 000÷500=6（元/股）。

每股价值=15÷1×6=90（元/股）（1分）

甲公司股票价值未被低估（0.5分）。（或，甲公司股票价值被高估。）

（2）

单位：百万元

管理用报表项目	2021年末
净经营资产	11 600 （0.5分）
净负债	1 800 （0.5分）
股东权益	9 800
管理用报表项目	**2021年度**
税后经营净利润	3 135 （0.5分）
税后利息费用	135 （0.5分）
净利润	3 000

计算说明：

经营资产=22 000+4 800−600=26 200（百万元）

经营负债=15 000−400=14 600（百万元）

净经营资产=26 200−14 600=11 600（百万元）

净负债=400+2 000−600=1 800（百万元）

税后经营净利润=（20 000−14 000−420−1 000−400）×（1−25%）=3 135（百万元）

税后利息费用=（200−20）×（1−25%）=135（百万元）

（3）

单位：百万元

项目	2022年	2023年	2024年
税后经营净利润	3 762	4 514.40	4 785.26
净经营资产	13 920	16 704	17 706.24
净经营资产增加	2 320	2 784	1 002.24
实体现金流量	1 442 （1分）	1 730.40 （1分）	3 783.02 （1分）
减：税后利息费用	162	194.40	206.06
净负债	2 160	2 592	2 747.52
加：净负债增加	360	432	155.52
股权现金流量	1 640 （1分）	1 968 （1分）	3 732.48 （1分）

计算说明（以2022年为例）：

税后经营净利润=3 135×（1+20%）=3 762（百万元）

净经营资产=11 600×（1+20%）=13 920（百万元）

净经营资产增加=11 600×20%=2 320（百万元）

实体现金流量=税后经营净利润−净经营资产增加=3 762−2 320=1 442（百万元）

税后利息费用=135×（1+20%）=162（百万元）

净负债=1 800×（1+20%）=2 160（百万元）

净负债增加=1 800×20%=360（百万元）

股权现金流量=实体现金流量−债务现金流量=实体现金流量−（税后利息费用−净负债增加）=实体现金流量−税后利息费用+净负债增加=1 442−162+360=1 640（百万元）

（4）股权价值=1 640×（*P*/*F*，12%，1）+1 968×（*P*/*F*，12%，2）+3 732.48÷（12%−6%）×（*P*/*F*，12%，2）

=1 640×0.8929+1 968×0.7972+62 208×0.7972=52 625.46（百万元）

=526.25（亿元）

每股价值 =526.25÷5=105.25（元 / 股）（1.5 分）

甲公司股票价值被低估（0.5 分）。

（5）市盈率模型的优点：计算数据容易取得，计算简单（0.5 分）；价格和收益相联系，直观反映投入和产出的关系（0.5 分）；市盈率涵盖了风险、增长率、股利支付率的影响，具有综合性（0.5 分）。

市盈率法的局限性：如果收益是 0 或负值，市盈率就失去了意义（1 分）。

【斯考卡片】

扫码背重点

2022年·财务成本管理　真题试卷
答案与解析

一、单项选择题

1	D	2	B	3	C	4	D	5	D
6	C	7	B	8	B	9	C	10	C
11	D	12	B	13	B				

二、多项选择题

1	ABC	2	AD	3	ACD	4	ABD	5	CD
6	ACD	7	ABCD	8	BCD	9	ABD	10	ABD
11	CD	12	ABCD						

一、单项选择题

1. 斯尔解析 D　如果需要计算债务资本成本的公司，没有上市债券，就需要找一个拥有可上市交易债券的可比公司作为参照物。计算可比公司长期债券的到期收益率，作为本公司的长期债务资本成本。本题中乙公司为可比公司，所以乙公司长期债券的到期收益率可以作为甲公司的长期债务资本成本，选项D当选。

2. 斯尔解析 B　对于互斥项目的决策，通常不适合采用内含报酬率和动态回收期指标进行决策，而是采用共同年限法或者是等额年金法进行决策，选项CD不当选。如果是**投资额不同引起的（项目的寿命相同），对于互斥项目应当净现值法优先**，因为它可以给股东带来更多的财富。股东需要的是实实在在的报酬，而不是报酬的比率。**对于投资额、期限均不同的两个互斥项目，一般有两种解决办法，一个是共同年限法，另一个是等额年金法**；等额年金法要求计算出两个项目的永续净现值进行比较，如果M项目优于N项目，则要求M项目的永续净现值大于N项目的永续净现值，选项B当选。在两个项目的资本成本相同时，可以直接比较等额年金，本题没有说明资本成本相同，选项A不当选。

提示：等额年金法的最后一步即永续净现值的计算，并非总是必要的。在资本成本相同时，等额年金大的项目永续净现值肯定大，根据等额年金大小就可以直接判断项目的优劣。

3. 斯尔解析 C　除以下情况外，优先股股东不出席股东大会会议，所持股份没有表决权：（1）修改公司章程中与优先股相关的内容；（2）一次或累计减少公司注册资本超过 10%；（3）公司合并、分立、解散或变更公司形式；（4）发行优先股；（5）公司章程规定的其他情形，选项 A 不当选。公司破产清算时，优先股股东优于普通股股东求偿，选项 B 不当选。混合筹资兼具债权和股权筹资双重属性，主要包括优先股筹资、永续债筹资、附认股权证债券筹资和可转换债券筹资等，选项 C 当选。增发分为公开增发和非公开增发，公开增发与首次公开发行一样，没有特定的发行对象，股票市场上的投资者均可以认购；而非公开增发，有特定的发行对象，主要是机构投资者、大股东及关联方等，选项 D 不当选。

4. 斯尔解析 D　根据甲公司普通股等风险投资的年必要报酬率为 10.25%，可得出计息期折现率 =（1+10.25%）$^{1/2}$−1=5%，根据 $V=D_1/(r_s-g)$，可得出该公司股票目前每股价值 =1×（1+3%）/（5%−3%）=51.5（元），选项 D 当选。

提示：

选项A，错误使用题目数据直接代入公式进行计算，根据 $V=D_1/(r_s-g)$，可得出该公司股票目前每股价值=1/（10.25%−3%）=13.79（元），得出选项A最接近。

选项B，错误使用3%×2=6%作为年增长率进行计算，根据 $V=D_1/(r_s-g)$，可得出该公司股票目前每股价值=1×（1+3%）^{2}/（10.25%−6%）=24.96（元）。

选项C，错误使用10.25%÷2=5.125%作为半年期折现率进行计算，根据 $V=D_1/(r_s-g)$，可得出该公司股票目前每股价值=1×（1+3%）/（5.125%−3%）=48.47（元）。

5. 斯尔解析 D　欧式期权只能在到期日执行，所以应该在 2022 年 11 月 26 日行权，选项 AB 不当选。投资人持有多头看跌期权，只有当股价低于执行价格时，多头看跌期权的理性投资人会选择行权，执行价格为 18 元，所以股价低于 18 元时会行权，选项 C 不当选、选项 D 当选。

6. 斯尔解析 C　甲公司采用固定股利支付率政策，股利支付率为 60%。留存收益 =8 000×（1−60%）=3 200（万元），提取的盈余公积 =8 000×10%=800（万元），留存收益的金额中包含提取的盈余公积金额，不需要在分配股利时重复考虑，故甲公司 2022 年应分配现金股利 =8 000×60%=4 800（万元），选项 C 当选。

提示：

选项A，错误使用支付的股利减去提取的法定公积金计算应分配的现金股利，甲公司2022年应分配的现金股利=8 000×（60%−10%）=4 000（万元）。

选项B，错误使用提取法定公积金之后的金额进行计算，甲公司2022年应分配的现金股利=8 000×（1−10%）×60%=4 320（万元）。

选项D，错误使用提取公积金和股利支付合计比率计算应分配的现金股利，甲公司2022年应分配的现金股利=8 000×（60%+10%）=5 600（万元）。

7. 斯尔解析 B　现金余额的控制上限为 $3R-2L$=3×3 500−2×1 500=7 500（万元）。当现金余额为 8 500 万元时，高于现金余额控制上限 7 500 万元，因此应该买入证券，现金返回线为 3 500 万元，故应该买入证券的金额为 8 500−3 500=5 000（万元），选项 B 当选。

8. 斯尔解析 B **本月完工产品材料实际用量 = 月初已领未用量 + 本月领用量 − 月末已领未用量** =100+4 800−120=4 780（千克）。材料用量差异 = 实际用量 − 实际产量下标准用量 =4 780−900×5=280（千克），正数为不利差异，选项 B 当选。

提示：

选项A，错误使用本月实际领用4 800千克为本月实际用量，错误使用材料用量差异计算公式，材料用量差异=实际用量−计划产量下标准用量=4 800−1 000×5=4 800−5 000=−200（千克），负数为有利差异。

选项C，错误使用本月实际领用为本月实际用量，材料用量差异=实际用量−实际产量下标准用量=4 800−900×5=4 800−4 500=300（千克），正数为不利差异。

选项D，错误计算本月实际用量，本月实际用量=4 800−100+120=4 820（千克），材料用量差异=实际用量−实际产量下标准用量=4 820−900×5=4 820−4 500=320（千克），正数为不利差异。

9. 斯尔解析 C 机器调整作业成本的分配率 =1 400÷（15+13）=50（万元 / 次），机加工作业成本的分配率 =960÷（40 000+8 000）=0.02（万元 / 机器工时），X 产品的总间接成本 = 50×15+0.02×40 000=1 550（万元），X 产品的单位间接成本 =1 550÷4 000=0.3875（万元）= 3 875（元），选项 C 当选。

提示：

选项A，错误使用Y产品的总间接成本作为X产品的单位间接成本，X产品的单位间接成本=Y产品的总间接成本=50×13+0.02×8 000=810（万元），错误使用单位。

选项B，错误使用X产品的总间接成本作为X产品的单位间接成本，X产品的单位间接成本=X产品的总间接成本=50×15+0.02×40 000=1 550（万元），错误使用单位。

选项D，错误使用Y产品的单位间接成本作为X产品的单位间接成本，X产品的单位间接成本=Y产品的单位间接成本=（50×13+0.02×8 000）÷1 000=0.81（万元）=8 100（元）。

10. 斯尔解析 C 任选两点或使用高低点法，根据数据计算 a、b。例如，使用高低点法，选取机修工时最高点（12 月）和最低点（8 月）计算：b=（750−645）/（110−89）=5，a=750−5×110=200。所以，y=200+5x，预计年度机修总成本为 200×12+5×1 200=8 400（元），最接近预计机修总成本的是 8 500 元，选项 C 当选。

11. 斯尔解析 D 该项维修费用分为两部分，当维修次数不超过 5 次时，维修费用固定在 3 000 元，超过 5 次时，每次按 1 000 元收费，符合延期变动成本的特征。延期变动成本，是指在一定业务量范围内总额保持稳定，超出特定业务量则开始随业务量同比例增长的成本，选项 D 当选。

12. 斯尔解析 B 若停止生产 M 产品，相关设备可用于生产 N 产品，即生产 N 产品的固定成本等于生产 M 产品的固定成本，决策只需考虑两种产品产生的边际贡献大小即可。M 产品的边际贡献 =9 000−8 000=1 000（万元），N 产品边际贡献 =8 000−6 000=2 000（万元），N 产品的边际贡献大于 M 产品的边际贡献，所以应该停产 M 产品并生产 N 产品，选项 B 当选。

13. 斯尔解析 B 假设该企业 11 月份向银行借款的金额为 X 万元，11 月支付的利息 =（8 000+X）×1%，则 X−（6 000−1 000）−（8 000+X）×1% ≥ 1 000，得出 X ≥ 6 141.41（万元），因为银行借款金额要求是 100 万元的整数倍，故借款金额最低为 6 200 万元，选项 B 当选。

二、多项选择题

1. 斯尔解析 ABC　投资者利用内幕信息在市场上交易甲公司股票并获得了超额收益，说明市场价格没有反映内幕信息，故市场没有达到强式有效，选项 D 不当选。**无效市场、弱式有效市场和半强式有效市场都可以通过内幕信息获取额外收益**，选项 ABC 当选。

2. 斯尔解析 AD　内含增长率 = 预计营业净利率 × 净经营资产周转次数 × 预计利润留存率 /（1− 预计营业净利率 × 净经营资产周转次数 × 预计利润留存率），**预计营业净利率、净经营资产周转次数和预计利润留存率与内含增长率同向变动**，预计股利支付率 =1− 预计利润留存率，故**预计股利支付率和内含增长率反向变动**，选项 A 当选、选项 B 不当选。经营负债销售百分比 = 经营负债 / 销售收入，经营资产销售百分比 = 经营资产 / 销售收入，净经营资产周转率 = 销售收入 / 净经营资产 = 销售收入 /（经营资产 − 经营负债），故**经营负债销售百分比与净经营资产周转率同向变动，经营资产销售百分比与净经营资产周转率反向变动**，因为净经营资产周转率和内含增长率同向变动，故**经营负债销售百分比和内含增长率同向变动，经营资产销售百分比和内含增长率反向变动**，选项 C 不当选、选项 D 当选。

3. 斯尔解析 ACD　投资组合的期望报酬率 =10%×50%+18%×50%=14%，选项 A 当选。**投资组合的风险不是各证券标准差的简单加权平均数，只有当相关系数 =1 时，投资组合的风险才等于各证券标准差的加权平均数**，投资组合标准差 =（0.5^2×12%^{2}+2×0.5×12%×0.5×20%×0.2+0.5^2×20%^{2}）$^{1/2}$=12.65%，选项 B 不当选。投资组合的 β 系数 =0.8×50%+1.2×50%=1，选项 C 当选。投资组合的必要报酬率 = 无风险报酬率 +β × 市场风险溢价 =2%+1×8%=10%，选项 D 当选。

4. 斯尔解析 ABD　当存在无风险资产并可以自由借贷时，市场组合是唯一最有效的风险资产组合，选项 A 当选。资本市场线假设存在无风险资产，投资者可以在资本市场上借到钱，将其纳入自己的投资总额；或者可以将多余的钱贷出。无论借入还是贷出，利息都是固定的无风险资产的报酬率，选项 B 当选。分离定理说明由于个人的效用偏好与最佳风险资产组合相独立，所以投资者在决策时不必考虑其他投资者对风险的态度，选项 D 当选。最佳风险资产组合的确定独立于投资者的风险偏好，它取决于各种可能风险组合的期望报酬率和标准差，选项 C 不当选。

5. 斯尔解析 CD　折现率和现金流量要相互匹配。股权现金流量要用股权资本成本来折现，实体现金流量是用企业的加权平均资本成本来折现，选项 A 不当选。股权现金流量的现值（即股权价值）= 实体价值 − 净债务价值，**净债务价值是净债务的公平市场价值，而不是长期负债的公允价值**，选项 B 不当选。股权现金流量是一定期间企业可以提供给股权投资人的现金流量，如果把股权现金流量全部作为股利分配，则股权现金流量现值和股利现金流量现值相等，选项 C 当选。公司进入稳定状态后，股权现金流量、实体现金流量均与营业收入同比增长，股权现金流量增长率 = 实体现金流量增长率 = 营业收入增长率，选项 D 当选。

6. 斯尔解析 ACD　权衡理论，就是强调在平衡债务利息的抵税收益与财务困境成本的基础上，实现企业价值最大化时的最佳资本结构，选项 A 当选、选项 B 不当选。企业陷入财务困境后所引发的成本分为直接成本与间接成本。财务困境的直接成本是指企业因破产、进行清算或重组所发生的法律费用和管理费用等，选项 D 当选。间接成本是指因财务困境所引发企业资信状况恶化以及持续经营能力下降而导致的企业价值损失。具体表现为企业客户、供应商、员工的流失，投资者的警觉与谨慎导致的融资成本增加，被迫接受保全他人利益的交易条款等，选项 C 当选。

7. 斯尔解析 ABCD 长期借款的保护性条款分为一般性保护条款和特殊性保护条款。一般性保护条款主要包括：（1）对借款企业流动资金保持量的规定；（2）对支付现金股利和再购入股票的限制（选项B）；（3）对净经营性长期资产总投资规模的限制；（4）限制其他长期债务；（5）借款企业定期向银行提交财务报表；（6）不准在正常情况下出售较多资产；（7）如期缴纳税费和清偿其他到期债务；（8）不准以任何资产作为其他承诺的担保或抵押；（9）不准贴现应收票据或出售应收账款；（10）限制租赁固定资产的规模（选项A）。**特殊性保护条款包括：**（1）**贷款专款专用**；（2）**不准企业投资于短期内不能收回资金的项目**（选项D）；（3）**限制企业高级职员的薪金和奖金总额**（选项C）；（4）**要求企业主要领导人在合同有效期间担任领导职务等**。综上，选项ABCD当选。

8. 斯尔解析 BCD （1）实际成本=1 900（万元）。

（2）预算成本=生产能力×固定制造费用标准分配率=10 400×1.5×1 200=18 720 000（元）=1 872（万元）。

（3）实际工时×固定制造费用标准分配率=10 000×1 200=12 000 000（元）=1 200（万元）。

（4）标准成本=实际产量标准工时×固定制造费用标准分配率=8 000×1.5×1 200=14 400 000（元）=1 440（万元）。

因此，固定制造费用耗费差异=（1）-（2）=1 900-1 872=28（万元），正数为不利差异，选项A不当选。固定制造费用效率差异=（3）-（4）=1 200-1 440=-240（万元），负数为有利差异，选项B当选。固定制造费用能力差异=（2）-（4）=1 872-1 440=432（万元），正数为不利差异，选项C当选。固定制造费用成本差异=（1）-（4）=1 900-1 440=460（万元），正数为不利差异，选项D当选。

9. 斯尔解析 ABD 品种级作业是指服务于某种型号或样式产品的作业，例如，产品设计、产品生产工艺规程制定、工艺改造、产品更新等，选项ABD当选。单位级作业是指每一单位产品至少要执行一次的作业，例如，机器加工、组装，选项C属于单位级作业。

10. 斯尔解析 ABD 旧设备的已提折旧属于非相关成本，与决策无关，选项A当选。旧设备的账面价值属于非相关成本，与决策无关，旧设备的以旧换新作价属于机会成本，与决策相关，选项B当选、选项C不当选。改造旧设备涉及追加支出1 000万元和丧失变现收益1 200万元，合计2 200万元，新设备市价2 000万元，改造旧设备比购买新设备多支出200万元（2 200-2 000），选项D当选。

11. 斯尔解析 CD 剩余收益主要优点是与增加股东财富的目标一致。为了克服由于使用比率来衡量部门业绩带来的次优化问题，许多公司采用绝对数指标来实现利润与投资之间的联系，这就是剩余收益，选项C当选。还有一个好处，就是允许使用不同的风险调整资本成本（即要求的投资报酬率），选项D当选。剩余收益指标的不足在于不便于不同规模的公司和部门的业绩比较。剩余收益指标是一个绝对数指标，不便于不同规模的公司和部门的比较，由此使其有用性下降，选项A不当选。另一个不足在于它依赖于会计数据的质量。剩余收益的计算要使用会计数据，包括净利润、投资的账面价值等，选项B不当选。

12. 斯尔解析 ABCD 战略地图中的**内部业务流程维度由营运管理流程、顾客管理流程、创新管理流程和法规与社会流程四个流程组成**，选项ABCD当选。

三、计算分析题

1.

揣摩题意

要求：

（1）分别计算2021年、2022年X产品在完全成本法下和变动成本法[①]下的单位产品成本[②]。

（2）分别计算2021年、2022年X产品在完全成本法下和变动成本法下的税前经营利润[③]及其差异，并解释差异产生的原因[④]。

（3）简要说明财务经理建议采用变动成本法的理由[⑤]。

①两种方法的核心差别在于计算产品成本对固定制造费用处理不同：

a. 完全成本法：产品成本包含直接材料、直接人工、变动制造费用和固定制造费用。

b. 变动成本法：产品成本包含直接材料、直接人工和变动制造费用（固定制造费用计入期间费用）。

②单位产品成本：

a. 完全成本法：单位产品成本 = 单位直接材料 + 单位直接人工 + 单位变动制造费用 + 单位固定制造费用。

b. 变动成本法：单位产品成本 = 单位直接材料 + 单位直接人工 + 单位变动制造费用。

③税前经营利润 = 经营收入 − 经营成本费用。

a. 完全成本法：税前经营利润 = 销售收入 − 单位产品成本 × 销量 − 本期所有的销售和管理费用。

b. 变动成本法：税前经营利润 = 销售收入 − 单位产品成本 × 销量 − 本期所有固定制造费用 − 本期所有的销售和管理费用。

提示：完全成本法下，由于各年产量不同，导致分摊到单位产品上的固定制造费用不同，进而使每年的单位产品成本不同。而变动成本法下，固定制造费用无须按照产量分配到单位产品上，而是在发生当年直接在计算损益时扣除。

④完全成本法和变动成本法下产品成本对于税前经营利润影响的主要原因为固定制造费用。

⑤不可忽视主观题中的常见文字表述题，简要说明采用变动成本法的理由即为简述变动成本法的优点，考试时往往根据关键点给分。

题干：

甲公司是一家小家电制造企业，只产销X产品。公司采用完全成本法核算产品成本，每年按实际产量分配固定制造费用[⑥]，采用先进先出法进行存货计价[⑦]。

⑥结合⑧⑨，该公司采用完全成本法核算产品成本，每年按实际产量分配固定制造费用，故单位产品成本 = 单位直接材料 + 单位直接人工 + 单位变动制造费用 + 固定制造费用总额 ÷ 本年产量。

⑦先进先出法进行存货计价：先入库的存货先发出，对于发出存货的单价先以期初存货的单价计算，接着按照第一批、第二批入库的顺序依次计算发出存货的成本。

2022 年末，总经理收到会计部门转来的利润表后，比较了 2022 年和 2021 年的税前经营利润，发现了一个奇怪的现象：2022 年销量比 2021 年增加 24%，但税前经营利润却大幅下降。公司管理层就此问题进行了讨论，财务经理建议采用变动成本法重新核算产品成本⑧，然后再作分析。

⑧结合⑨数据，计算税前经营利润时使用。

相关资料如下表所示：

2021 年和 2022 年 X 产品实际数量⑧

单位：件

项目	2021 年	2022 年
年初存货数量	0	12 000
本年产量	62 000	50 000
本年销量	50 000	62 000
年末存货数量	12 000	0

2021 年和 2022 年 X 产品生产费用实际数据⑨

⑨结合⑧数据，计算税前经营利润时使用。

项目	金额
单价	58 元 / 件
单位直接材料	6 元 / 件
单位直接人工	7 元 / 件
单位变动制造费用	2 元 / 件
固定制造费用总额	1 860 000 元
单位变动销售和管理费用	1 元 / 件
固定销售和管理费用总额	220 000 元

答案与采分点

（1）2021 年：

完全成本法下单位产品成本 =6+7+2+1 860 000 ÷ 62 000=45（元 / 件）（0.5 分）

变动成本法下单位产品成本 =6+7+2=15（元 / 件）（0.5 分）

2022 年：

完全成本法下单位产品成本 =6+7+2+1 860 000÷50 000=52.2（元 / 件）（0.5 分）

变动成本法下单位产品成本 =6+7+2=15（元 / 件）（0.5 分）

（2）2021 年两种方法下的税前经营利润：

完全成本法下税前经营利润 =（58−45−1）×50 000−220 000=380 000（元）（0.5 分）

变动成本法下税前经营利润 =（58−15−1）×50 000−1 860 000−220 000=20 000（元）（0.5 分）

利润差异：380 000−20 000=360 000（元）（0.5 分）。

原因分析：完全成本法下的税前经营利润比变动成本法下的税前经营利润多 360 000 元，是因为没有年初存货，年末存货吸收了 36 万元的固定制造费用［12 000×（1 860 000÷62 000）−0=360 000（元）］（0.5 分）。

2022 年两种方法下的税前经营利润：

完全成本法下税前经营利润 =58×62 000−12 000×45−50 000×52.2−62 000×1−220 000=164 000（元）（0.5 分）

变动成本法下税前经营利润 =（58−15−1）×62 000−1 860 000−220 000=524 000（元）（0.5 分）

利润差异：164 000−524 000=−360 000（元）（0.5 分）。

原因分析：完全成本法下的税前经营利润比变动成本法下的税前经营利润少 36 万元，是因为年初存货释放了 36 万元的固定制造费用［0−12 000×（1 860 000÷62 000）=−360 000（元）］（0.5 分）。

（3）理由如下：①变动成本法消除了在完全成本法下可通过调节生产和库存来调节利润的问题（0.5 分）。②可以使企业内部管理者更加注重销售，重视市场（0.5 分）。③便于公司分清各部门经济责任，进行更为合理的内部业绩评价（0.5 分）。④能够揭示利润和业务量之间的正常关系，便于规划和决策（0.5 分）。⑤有利于进行成本控制（0.5 分）。⑥可以简化成本计算，便于加强日常管理（0.5 分）。

2.

揣摩题意

要求：

分别计算三个投资方案的有效年利率[①]，并从投资收益率角度指出应选择哪个投资方案[②]。

题干：

甲基金主要投资政府债券和货币性资产，目前正为 5 000 万元资金设计投资方案[③]。三个备选方案如下：

①要求计算的是有效年利率口径，当每年复利次数≠1 时，需要根据公式：有效年利率 =（1+ 计息期利率）^{每年复利次数}−1，转换为有效年利率口径。

②用投资收益率判断投资方案：投资收益率最高的投资方案最优。

③初始投资金额为 5 000 万元。

方案一：受让银行发行的大额存单A，存单面值4 000万元，期限10年，年利率为5%，单利计息，到期一次还本付息。该存单尚有3年到期，受让价格为5 000万元④。

④方案一：面值=4 000（万元），年利率为5%，单利计息，到期一次还本付息，还有3年到期，则3年后终值=4 000+4 000×5%×10=6 000（万元）。

方案二：以组合方式进行投资。其中，购入3万份政府债券B，剩余额度投资于政府债券C⑤。

⑤方案二为组合方式投资，投资B和C。

B为5年期债券，尚有1年到期，票面价值1 000元，票面利率为5%，每年付息一次，到期还本，刚支付上期利息，当前市价为980元⑥；该债券到期后，甲基金计划将到期还本付息金额全额购买2年期银行大额存单，预计有效年利率为4.5%，复利计息，到期一次还本付息⑦。

⑥结合⑤，债券B的票面价值为1 000元，票面利率为5%，每年付息一次，到期还本，尚有1年到期，购入3万份，则到期日的终值为（1 000+1 000×5%）×3=3 150（万元）。

⑦1年后全额购买2年期大额存单，预计有效年利率为4.5%，复利计息，到期一次还本付息，则2年到期后终值为3 150×（1+4.5%）^{2}=3 439.88（万元）。

C为新发行的4年期国债，票面价值1 000元，票面利率为5.5%，单利计息，到期一次还本付息，发行价格为1 030元⑧；计划持有三年后变现，预计三年后债券价格为1 183.36元⑨。

⑧结合⑤⑥，投资B债券使用资金980×3=2 940（万元），投资于C债券的金额为5 000−2 940=2 060（万元），发行价格为1 030元，故投资C债券份数为2 060÷1 030=2（万份）。

⑨结合⑧，计划三年后变现，预计三年后债券价格为1 183.36元，则三年后终值为1 183.36×2=2 366.72（万元）。

方案三：平价购买新发行的政府债券D，期限3年，票面价值1 000元，票面利率为5%，每半年付息一次，到期还本⑩。

⑩平价购买债券D，票面利率为5%，每半年付息一次，则有效年利率为（1+年报价利率/每年计息次数）^{每年计息次数}−1。

假设不考虑相关税费的影响。

答案与采分点

方案一：

$(4\ 000+4\ 000\times5\%\times10)\div(1+r)^3=5\ 000$ [或，$(4\ 000+4\ 000\times5\%\times10)\times(P/F, r, 3)=5\ 000$]

$(1+r)^3=(4\ 000+4\ 000\times5\%\times10)\div5\ 000=1.2$

计算得出 r=6.27%（2 分）。

方案二：

C 投资的初始金额 =5 000−3×980=2 060（万元）（1 分），份数 =2 060/1 030=2（万份）。

B 投资三年后终值 $=3\times1\ 000\times(1+5\%)\times(1+4.5\%)^2$=3 439.88（万元）（1 分）

C 投资三年后终值 =2×1 183.36=2 366.72（万元）（1 分）

$(2\ 366.72+3\ 439.88)\div(1+r)^3=5\ 000$ [或，$(2\ 366.72+3\ 439.88)\times(P/F, r, 3)=5\ 000$]

$(1+r)^3=(2\ 366.72+3\ 439.88)\div5\ 000=1.1613$

计算得出 r=5.11%（1 分）。

方案三：

$r=(1+5\%/2)^2-1$=5.06%（2 分）

方案一的投资收益率（有效年利率）最高，所以选择方案一（1 分）。

3.

揣摩题意

要求：

（1）假设 9 个月后股价有两种可能，上升 35% 或下降 20%，利用风险中性原理，分别计算 A、B、C 三种期权目前的期权价值①。

①风险中性原理：

解题思路：

a. 求到期日可能的股票价格。

上行股价 S_u= 当前股价 S_0×（1+ 股价上升百分比）

下行股价 S_d= 当前股价 S_0×（1− 股价下降百分比）

b. 求到期日期权价值。

股价上行时到期日期权价值 C_u=Max（0，S_u− 执行价格 X）

股价下行时到期日期权价值 C_d=Max（0，S_d− 执行价格 X）

c. 求上行概率、下行概率。

期望报酬率 = 无风险利率 r= 上行概率 P_u× 股价上升百分比 + 下行概率 P_d×（− 股价下降百分比）

d. 求期权价值。

期权价值 $C_0=(P_u\times C_u+P_d\times C_d)/(1+r)$

提示：本题求的是期权价值，即期权本身的价值，与投资策略（“多头”还是“空头”）无关。若是求投资策略的到期日价值（净收入）、净损益，则需要考虑是“多头”还是“空头”。

（2）假设9个月后股价有两种可能，上升35%或下降20%，分别计算股价上涨和下跌时，该期权组合的净损益②（不考虑货币时间价值的影响③）。

（3）假设9个月后股价处于（28，50）之间，计算该期权组合到期日价值的最大值④。

题干：

甲公司是一家上市公司，目前股票每股市价为40元⑤，未来9个月内不派发现金股利⑥。市场上有A、B、C三种以甲公司股票为标的资产的看涨期权，每份看涨期权可买入1股股票。

假设A、B、C三种期权目前市场价格均等于利用风险中性原理计算的期权价值⑦。乙投资者构建的期权组合相关资料如下⑧：

期权	类型	到期日	执行价格	策略	份数
A	欧式看涨期权	9个月后	28元	多头	5 000
B	欧式看涨期权	9个月后	50元	多头	5 000
C	欧式看涨期权	9个月后	39元	空头	10 000

9个月无风险报酬率为3%⑨。假设不考虑相关税费的影响⑩。

②期权净损益由到期日执行净收入和初始期权费共同决定：
买入（多头）看涨期权，净损益 = 多头到期日价值 − 期权费。
卖出（空头）看涨期权，净损益 = 空头到期日价值 + 期权费。
③根据题目给出的条件，不需要考虑货币时间价值的影响，可以直接计算。
④到期日价值：
买入（多头）看涨期权，到期日价值 =Max（股票市价 − 执行价格，0）。
卖出（空头）看涨期权，到期日价值 =−Max（股票市价 − 执行价格，0）。

⑤当前股价 S_0=40（元）。
⑥结合①可知，无风险利率 r= 上行概率 P_u× 股价上升百分比 + 下行概率 P_d×（− 股价下降百分比）。

⑦结合①可知，期权价值 $C_0=(P_u\times C_u+P_d\times C_d)\div(1+r)$。
⑧给出A、B、C三种看涨期权的相关数据。
A：X=28（元），多头，5 000份。
B：X=50（元），多头，5 000份。
C：X=39（元），空头，10 000份。
计算期权组合净损益和计算到期日价值的最大值时需要考虑期权的份数。

⑨ r=3%。
⑩计算时不需要考虑相关税费的影响，直接计算即可。

答案与采分点

（1）3%=上行概率 ×35%+（1- 上行概率）×（-20%）（0.5 分）。

0.55× 上行概率 =0.23

上行概率 =0.4182（0.5 分）

下行概率 =0.5818（0.5 分）

股价上升时：

C_{uA}=40×（1+35%）-28=26（元）（0.5 分）

C_{uB}=40×（1+35%）-50=4（元）（0.5 分）

C_{uC}=40×（1+35%）-39=15（元）（0.5 分）

股价下跌时：

C_{dA}=40×（1-20%）-28=4（元）（0.5 分）

C_{dB}=0（元）（0.5 分）

C_{dC}=0（元）（0.5 分）

因此：

A 的期权价值 =（26×0.4182+4×0.5818）÷（1+3%）=12.82（元）（0.5 分）

B 的期权价值 =（4×0.4182+0）÷（1+3%）=1.62（元）（0.5 分）

C 的期权价值 =（15×0.4182+0）÷（1+3%）=6.09（元）（0.5 分）

（2）投资组合的成本 =5 000×（12.82+1.62）-10 000×6.09=11 300（元）（0.5 分）。

股价上涨时：股票市价 =40×（1+35%）=54（元）。

组合净损益 =5 000×（54-28）+5 000×（54-50）-10 000×（54-39）-11 300=-11 300（元）（0.5 分）

股价下跌时：股票市价 =40×（1-20%）=32（元）。

组合净损益 =5 000×（32-28）+0-11 300=8 700（元）（0.5 分）

（3）当股价处于（28，39）之间，A 期权行权，B、C 期权均不行权。期权组合的到期日价值 =5 000×（股票市价 -28）+0+0，股价越高，期权组合的到期日价值越高，当股价为 39 元时，到期日价值最大。所以，股价处于（28，39）之间，到期日价值的最大值 =5 000×（39-28）=55 000（元）（0.5 分）。

当股价处于（39，50）之间，A、C 期权行权，B 期权不行权。期权组合的到期日价值 =5 000×（股票市价 -28）+0-10 000×（股票市价 -39）=250 000-5 000× 股票市价，股价越低，期权组合的到期日价值越高，当股价为 39 元时，到期日价值最大，所以，股价处于（39，50）之间，到期日价值的最大值 =250 000-5 000×39=55 000（元）（0.5 分）。

因此，该期权组合到期日价值的最大值为 55 000 元（0.5 分）。

4.

揣摩题意

要求：

（1）编制辅助生产费用分配表[①]（结果填入下方表格中，不用列出计算过程；分配率保留 3 位小数[②]）。

（2）编制第一车间产品成本计算单[③]（结果填入下方表格中，不用列出计算过程[②]）。

（3）编制第二车间产品成本计算单[③]（结果填入下方表格中，不用列出计算过程[②]）。

（4）编制产品成本汇总表[④]（结果填入下方表格中，不必列出计算过程[②]）。

①一次交互分配法，是对各辅助生产车间的成本费用进行两次分配的方法。首先，根据各辅助生产车间相互提供的产品或劳务的数量和交互分配前的单位成本（费用分配率），在各辅助生产车间之间进行交互分配；然后，将各辅助生产车间交互分配后的实际费用（交互分配前的成本费用加上交互分配转入的成本费用，减去交互分配转出的成本费用），再按对外提供产品或劳务的数量和交互分配后的单位成本（费用分配率），在辅助生产车间以外的各受益单位进行一次对外分配。

②要求中明确不用列出计算过程，在表格中填入结果即可。注意分配率计算保留三位小数。

③产品成本核算的过程实际上是通过多次的成本归集和分配，最终计算出产品总成本和单位成本的过程。

a. 归集：通过一定的方式，将一定期间内发生的成本数据进行收集或汇总。

b. 分配：将归集的成本分配给各受益对象，计算步骤：

Ⅰ. 计算待分配金额。

Ⅱ. 明确待分配对象。

Ⅲ. 确定待分配对象分配标准。

Ⅳ. 计算分配率：

分配率 = 待分配费用总额 ÷ 各种产品的分配标准之和

Ⅴ. 确定受益对象的成本：受益对象的成本 = 分配率 × 该对象分配标准。

④根据第一车间和第二车间的产品成本计算单填写产品成本汇总表。

题干：

甲公司产销一种产品，有两个基本生产车间，第一车间半成品直接转入第二车间，第二车间继续加工成产成品，每生产 1 件产成品耗用 2 件半成品⑤。第一车间原材料随加工进度陆续投入，投料程度与加工进度一致，加工费用陆续均匀发生⑥。第二车间耗用的半成品与其他材料均在生产开始时一次投入，加工费用陆续均匀发生⑦。第一车间和第二车间留存的月末在产品相对于本车间的完工程度均为 50%⑧。公司采用平行结转分步法计算产品成本⑨，采用约当产量法（加权平均法）在产成品与月末在产品之间分配生产费用⑩。

⑤计算约当产量时需要注意第二车间每件产成品耗用第一车间提供的 2 件半成品。

⑥结合⑧，第一车间月末在产品完工程度 50%。

⑦⑧第二车间半成品和其他材料在生产开始时一次投入，完工程度为 100%，加工费用完工程度为 50%。

⑨平行结转分步法下，完工产品是指企业最终完工的产成品，某步骤的在产品是指该步骤下尚未加工完成的在产品和该步骤已完工但尚未最终完工的产品，即广义在产品。

⑩加权平均法基本计算公式：

在产品约当产量 = 在产品数量 × 完工程度

单位成本（分配率）=（月初在产品成本 + 本月发生生产费用）/（完工产品产量 + 月末在产品约当产量）

完工产品成本 = 单位成本 × 完工产品产量

月末在产品成本 = 单位成本 × 月末在产品约当产量

甲公司设有机修、供电辅助生产车间，分别为第一、二基本生产车间提供机修和电力服务，辅助生产车间之间也相互提供服务。公司采用一次交互分配法分配辅助生产费用⑪。

⑪采用一次交互分配法。

甲公司 2022 年 7 月成本资料如下：

（1）本月产量⑫。

⑫结合⑩，进行约当产量的计算。

单位：件

生产车间	月初在产品	本月投入	本月完工	月末在产品
第一车间	10	190	180	20
第二车间	25	90	100	15

（2）月初在产品成本[13]。

单位：元

生产车间	直接材料	加工成本	合计
第一车间	10 000	50 000	60 000
第二车间	27 000	75 000	102 000

（3）基本生产车间本月生产费用[14]。

单位：元

生产车间	直接材料	加工成本	合计
第一车间	350 000	392 425	742 425
第二车间	88 000	335 575	423 575

（4）机修车间本月生产费用9 000元，提供维修服务100小时；供电车间本月生产费用48 000元，提供电力80 000度。各部门耗用辅助生产车间产品或服务的数据如下[15]：

耗用部门		机修车间（小时）	供电车间（度）
辅助生产车间	机修车间	—	5 000
	供电车间	20	—
基本生产车间	第一车间	50	50 000
	第二车间	30	25 000
合计		100	80 000

⑬⑭表内数据在做题过程中，可以直接填列。

⑮结合①，进行计算。

答案与采分点

（1）

辅助生产费用分配表

2022 年 7 月

项目		机修车间			供电车间		
		耗用量（小时）	单位成本	分配金额（元）	耗用量（度）	单位成本	分配金额（元）
待分配费用		100	90（0.25 分）	9 000	80 000	0.6（0.25 分）	48 000
交互分配	机修车间	—	—	3 000	−5 000		−3 000
	供电车间	−20		−1 800	—	—	1 800
对外分配费用		80（0.25 分）	127.5（0.25 分）	10 200（0.25 分）	75 000（0.25 分）	0.624（0.25 分）	46 800（0.25 分）
对外分配	第一车间	50		6 375（0.25 分）	50 000		31 200（0.25 分）
	第二车间	30		3 825（0.25 分）	25 000		15 600（0.25 分）
	合计	80		10 200（0.25 分）	75 000		46 800（0.25 分）

计算说明：

机修车间对外分配率 =（9 000+3 000−1 800）÷（100−20）=10 200÷80=127.5（元 / 小时）

供电车间对外分配率 =（48 000−3 000+1 800）÷（80 000−5 000）=46 800÷75 000=0.624（元 / 度）

（2）

第一车间产品成本计算单

2022 年 7 月　　　　单位：元

项目	产成品产量（件）	直接材料	加工成本	合计
月初在产品	—	10 000	50 000	60 000
本月生产费用	—	350 000	430 000	780 000
合计	—	360 000	480 000	840 000
产成品中本步骤份额	100（0.5 分）	300 000（0.25 分）	400 000（0.25 分）	700 000（0.25 分）
月末在产品	—	60 000（0.25 分）	80 000（0.25 分）	140 000（0.25 分）

计算说明：

第一车间直接材料分配率 =（10 000+350 000）÷［100×2+（20×50%+15×2）］=360 000÷240=1 500（元 / 每件半成品）

第一车间直接材料应计入产成品成本的份额 =100×2×1 500=300 000（元）

第一车间月末在产品直接材料成本 =（20×50%+15×2）×1 500=60 000（元）

第一车间本月加工成本 = 辅助生产分配前加工成本 + 辅助生产车间机修、供电转入成本 =392 425+6 375+31 200=430 000（元）

第一车间加工费用分配率 =（50 000+430 000）÷［100×2+（20×50%+15×2）］=480 000÷240=2 000（元 / 每件半成品）

第一车间加工费用应计入产成品成本的份额 =100×2×2 000=400 000（元）

第一车间月末在产品加工成本 =（20×50%+15×2）×2 000=80 000（元）

（3）

第二车间产品成本计算单

2022 年 7 月　　单位：元

项目	产成品产量（件）	直接材料	加工成本	合计
月初在产品	—	27 000	75 000	102 000
本月生产费用	—	88 000	355 000	443 000
合计	—	115 000	430 000	545 000
产成品中本步骤份额	100（0.25 分）	100 000（0.25 分）	400 000（0.25 分）	500 000（0.25 分）
月末在产品	—	15 000（0.25 分）	30 000（0.25 分）	45 000（0.25 分）

计算说明：

第二车间直接材料分配率 =（27 000+88 000）÷（100+15）=115 000÷115=1 000（元 / 件）

第二车间直接材料应计入产成品成本的份额 =100×1 000=100 000（元）

第二车间月末在产品直接材料成本 =15×1 000=15 000（元）

第二车间本月加工成本 = 辅助生产分配前加工成本 + 辅助生产车间机修、供电转入成本 =335 575+3 825+15 600=355 000（元）

第二车间加工费用分配率 =（75 000+355 000）÷（100+15×50%）=430 000÷107.5=4 000（元 / 件）

第二车间加工费用应计入产成品成本的份额 =100×4 000=400 000（元）

第二车间月末在产品加工成本 =15×50%×4 000=30 000（元）

（4）

产品成本汇总表

2022 年 7 月　　　　单位：元

生产车间	产成品产量（件）	直接材料	加工成本	合计
第一车间	—	300 000	400 000	700 000
第二车间	—	100 000	400 000	500 000
总成本	100（0.25 分）	400 000（0.25 分）	800 000（0.25 分）	1 200 000（0.25 分）
单位成本（元 / 件）	—	4 000（0.25 分）	8 000（0.25 分）	12 000（0.25 分）

四、综合题

揣摩题意

要求：

（1）计算甲公司 2022 年关键绩效指标①，并判断其是否完成考核目标②。

（2）计算甲公司新项目权益资本成本和加权平均资本成本③。

①结合⑨，可知有两个关键绩效指标，分别为税后经营净利润和净经营资产净利率。

②结合⑩，可知考核标准要求指标逐年递增，并实行“一票否决”，即任何一项未满足要求，该子公司考核结果为不合格。

③结合㉑㉒，可利用资本资产定价模型进行计算权益资本成本：

权益资本成本 $=R_f+\beta\times(R_m-R_f)$

R_f：无风险利率。

R_m-R_f：市场风险溢价。

加权平均资本成本 $WACC=r_d\times w_d\times(1-T)+r_e\times w_e$

r_d：税前债务资本成本。

w_d：债务权重。

r_e：权益资本成本。

w_e：权益权重。

（3）计算甲公司 2022—2027 年新项目的现金净流量和净现值④（计算过程和结果填入下方表格中⑤），并从乙集团角度判断该项目是否在财务方面具有可行性⑥。

④根据题目条件计算各年的现金净流量以及净现值，净现值 = 未来现金净流量现值 − 原始投资额现值。

⑤注意表格中要写出计算过程项目（营业收入、付现成本等），不能直接写要求结果项目（现金净流量和净现值）。

⑥用净现值判断项目是否可行的标准：

a. 净现值＞0，项目可行。

b. 净现值＜0，项目不可行。

（4）假设甲公司投资该项目，且2023年末甲公司进行利润分配后预计净经营资产为11 000万元，计算2023年甲公司关键绩效指标的预计值⑦，并指出甲公司反对投资该项目的主要原因⑧。

题干：

甲公司是乙集团的全资子公司，专门从事电子元器件生产制造和销售。乙集团根据战略安排，拟于2022年末在甲公司建设一条新产品生产线，但甲公司对此持有异议。为此，乙集团开展专项研究以厘清问题症结所在。相关资料如下：

资料一：甲公司考核指标及其目标值。

乙集团采用税后经营净利润和净经营资产净利率两个关键绩效指标，对子公司进行业绩考核⑨，实施指标逐年递增且“一票否决”的考评制度，即任何一项未满足要求，该子公司考核结果为不合格⑩。乙集团对甲公司2022年和2023年设定的考核目标如下：

考核指标⑨	考核目标值⑩	
	2022年	2023年
税后经营净利润（万元）	2 500	3 000
净经营资产净利率（%）	30	31

注：财务指标涉及平均值的，均以年末余额代替全年平均水平⑪。

⑦注意计算2023年关键绩效指标预期值的前提。

⑧反对的主要原因结合考核标准进行判定。

⑨⑩结合①②，其中，税后经营净利润＝税前经营净利润×（1－所得税税率）。

净经营资产净利率＝税后经营净利润÷净经营资产

⑪根据题目要求，年末余额代表全年平均水平，计算时涉及平均数的直接使用年末数据即可。

资料二：甲公司2022年相关财务数据。

⑫计算2022年关键绩效指标的相关数据。

甲公司管理用财务报表中列示，2022年末净经营资产8 000万元，净负债4 000万元，2022年税前经营利润3 400万元⑫。

资料三：项目投资相关信息。

新产品生产线可在2022年末投产，无建设期，经营期限5年⑬。初始投资额3 000万元，全部形成固定资产；根据税法相关规定，按直线法计提折旧，折旧年限5年，净残值率10%⑭；5年后变现价值预计200万元⑮。投产2年后须进行大修，2024年末支付大修费用200万元。大修支出可在所得税前列支。会计处理与税法一致⑯。

⑬2022年末开始投产，无建设期，即2022年末为“0”时点，经营期限5年为2023—2027年。

⑭固定资产成本为3 000万元，按照5年折旧，注意5年是按照税法规定年限折旧，不是经营年限；净残值率10%在计算时不要遗漏。

⑮5年后变现价值预计200万元，涉及固定资产变现收入和对所得税的影响：

资产变现价值与账面价值比较：

a. 变现价值>账面价值，产生的变现收益应当纳税。

b. 变现价值<账面价值，产生的变现损失可以抵税。

⑯投产2年后须进行大修，则2024年末涉及支付大修费用200万元，可以在税前列支，会计处理和税法一致，说明可以在发生时一次扣除。

新生产线年销售收入2 800万元，经营期付现成本前两年为每年1 600万元，后三年可降至每年1 400万元⑰。2022年末需一次性投入营运资本400万元，经营期满全部收回⑱。

⑰注意在计算现金净流量时，销售收入和付现成本应使用税后金额。

结合⑭可知，生产线年折旧额=3 000×（1−10%）÷5=540（万元）。所以，新项目产生的税后经营净利润=（2 800−1 600−540）×（1−25%）=495（万元）。

⑱2022年末一次性发生营运资本垫支，经营期满收回，说明营运资本垫支发生在“0”时点，收回在经营期结束。

假设各年营业现金流量均发生在当年年末⑲。

新项目投产不影响甲公司原项目的正常运营，原项目创造的税前经营利润在未来5年保持2022年水平不变⑳。

⑲每年现金流入和流出均发生在当年年末，计算现值时，如果符合年金特征，可以使用普通年金现值系数折现。

⑳原项目不受影响，所以，2023年的税后经营净利润=原项目的税后经营净利润（2022年税后经营净利润）+新项目产生的税后经营净利润。

资料四：项目融资相关信息。

甲公司目前资本结构为目标资本结构，乙集团继续按该资本结构进行项目融资（净经营资产/净负债=2/1），预计债务税后资本成本保持5.6%不变[21]。

为确定股权资本成本，乙集团将处于同行业的丙上市公司作为项目可比公司。2022年末，丙公司净经营资产50 000万元，股东权益30 000万元；股权资本成本为11%，β系数为2.1[22]。

市场风险溢价为4%[23]。企业所得税税率为25%[24]。

㉑根据项目资本结构（净经营资产/净负债）=2/1，可知净负债/净经营资产=股东权益/净经营资产=1/2，债务税后资本成本为5.6%，结合③㉒估计投资项目的资本成本。

㉒结合③㉑，运用可比公司法估计投资项目的资本成本：

a. 卸载可比公司财务杠杆：$\beta_{资产}=\beta_{权益}\div$［1+（1−税率）×（净负债/股东权益）］。

b. 加载目标企业财务杠杆：$\beta_{权益}=\beta_{资产}\times$［1+（1−税率）×（净负债/股东权益）］。

c. 根据得出的目标企业的$\beta_{权益}$计算股东要求的报酬率：股东要求的报酬率=股权资本成本=无风险利率+$\beta_{权益}\times$市场风险溢价$=R_f+\beta\times(R_m-R_f)$。

d. 计算目标企业的加权平均资本成本：加权平均资本成本=税前债务资本成本×（1−税率）×净负债/资本+股权资本成本×股东权益/资本$=r_d\times w_d\times(1-T)+r_e\times w_e$。

㉓市场风险溢价$=R_m-R_f=4\%$。

㉔计算时注意企业所得税的影响。

答案与采分点

（1）税后经营净利润=3 400×（1−25%）=2 550（万元）（0.5分）。

净经营资产净利率=2 550/8 000×100%=31.88%（0.5分）

甲公司两项指标均超过目标值（0.5分），完成年度考核目标（0.5分）。

（2）无风险报酬率=11%−2.1×4%=2.6%。

卸载丙公司财务杠杆，$\beta_{资产}$=2.1/［1+（1−25%）×（50 000−30 000）/30 000］=1.4。

加载甲公司财务杠杆，$\beta_{权益}$=1.4×［1+（1−25%）×4 000/（8 000−4 000）］=2.45。

甲公司新项目权益资本成本=2.6%+2.45×4%=12.4%（1分）

公司新项目加权平均资本成本=12.4%×1/2+5.6%×1/2=9%（1分）

（3）

单位：万元

现金流量项目	2022 年末	2023 年末	2024 年末	2025 年末	2026 年末	2027 年末
初始投资	−3 000					
营业收入		2 800	2 800	2 800	2 800	2 800
付现成本		1 600	1 600	1 400	1 400	1 400
设备折旧		540	540	540	540	540
变现损益						−100
设备大修			−200			
税前利润		660	460	860	860	760
所得税		165	115	215	215	190
净利润		495	345	645	645	570
设备变现现金流入						200
营运资本投入	−400					
营业资本回收						400
现金净流量	−3 400（0.5 分）	1 035（0.5 分）	885（0.5 分）	1 185（0.5 分）	1 185（0.5 分）	1 810（0.5 分）
折现系数	1	0.9174	0.8417	0.7722	0.7084	0.6499
现金净流量现值	−3 400（0.5 分）	949.51（0.5 分）	744.90（0.5 分）	915.06（0.5 分）	839.45（0.5 分）	1 176.32（0.5 分）
净现值	1 225.24（1 分）					

计算说明：

2022 年末现金流量 =−3 000−400=−3 400（万元）

2023 年末现金流量 =（2 800−1 600−540）×（1−25%）+540=1 035（万元）

2024 年末现金流量 =（2 800−1 600−540−200）×（1−25%）+540=885（万元）

2025 年末现金流量 =（2 800−1 400−540）×（1−25%）+540=1 185（万元）

2026 年末现金流量 =（2 800−1 400−540）×（1−25%）+540=1 185（万元）

2027 年末现金流量 =（2 800−1 400−540）×（1−25%）+200+（3 000×10%−200）×25%+540+400=1 810（万元）

净现值 =［1 035×（*P/F*，9%，1）+885×（*P/F*，9%，2）+1 185×（*P/F*，9%，3）+1 185×（*P/F*，9%，4）+1 810×（*P/F*，9%，5）］−3 400=1 225.24（万元）

净现值大于 0（0.5 分），所以该项目从乙集团角度看可行（0.5 分）。

（4）2023年预计甲公司税后经营净利润 =2 550+495=3 045（万元）（0.5分）。

2023年预计甲公司净经营资产净利率 =3 045÷11 000×100%=27.68% ＜ 31%（0.5分）

因甲公司预计净经营资产净利率不能达成目标要求，且该指标属“一票否决”指标（0.5分），所以反对投资该项目（0.5分）。

2023年·财务成本管理　真题试卷
答案与解析

一、单项选择题

题号	答案	题号	答案	题号	答案	题号	答案	题号	答案
1	C	2	C	3	B	4	A	5	C
6	C	7	B	8	C	9	B	10	A
11	D	12	B	13	B				

二、多项选择题

题号	答案	题号	答案	题号	答案	题号	答案	题号	答案
1	BC	2	AD	3	CD	4	ABD	5	BC
6	BC	7	BD	8	BD	9	ABCD	10	ABD
11	AC	12	BD						

一、单项选择题

1. 斯尔解析　C　速动比率＝速动资产÷流动负债，其中，**速动资产主要包括货币资金、交易性金融资产和各种应收款项，预付款项、存货以及其他流动资产均不属于速动资产**。因此，速动比率＝（800+500）÷2 000=0.65，选项C当选。

提示：

选项A，错误使用货币资金和预付款项来计算速动资产，即速动比率＝（货币资金＋预付款项）÷流动负债＝（800+200）÷2 000=0.5。

选项D，错误使用货币资金、应收账款和预付款项来计算速动资产，即速动比率＝（货币资金＋应收账款＋预付款项）÷流动负债＝（800+500+200）÷2 000=0.75。

2. 斯尔解析　C　由题干已知，增长率等于按几何平均计算的股利历史增长率，故增长率$g=\sqrt{2.42\div 2}-1=10\%$。因此，根据股利增长模型可得，股权资本成本＝2.42×（1+10%）÷55+10%=14.84%，选项C当选。

提示：

选项A，错将增长率当作股权资本成本，即股权资本成本＝10%。

选项B，错误使用D_0来计算股权资本成本，即股权资本成本$=D_0 \div P_0+g=2.42 \div 55+10\%=14.4\%$。

选项D，错误使用算数平均数计算股利历史增长率，即增长率$g=(\frac{2.3-2}{2}+\frac{2.42-2.3}{2.3}) \div 2=10.11\%$，进而得出股权资本成本$=D_1 \div P_0+g=2.42 \times (1+10.11\%) \div 55+10.11\%=14.95\%$。

3. 斯尔解析 B 用布莱克－斯克尔斯期权定价模型估计期权价值时，无风险利率应优先选择与期权到期日相同的政府债券利率，选项CD不当选。此外，票面利率受发行时间、付息期、付息方式的影响，差异较大，可比性较差，而到期收益率根据当前市价和未来现金流量计算求得，差异较小，可比性强，所以应当选择政府债券的到期收益率，而非票面利率，选项A不当选、选项B当选。

4. 斯尔解析 A 甲公司拟使用修正平均市净率模型（先平均后修正）评估公司股票价值，可比公司平均市净率=（3.45+3.40+3.35）÷3=3.4，可比公司平均权益净利率=（10.5%+9.5%+10.6%）÷3=10.2%，因此，甲公司每股价值=可比公司平均市净率÷可比公司平均权益净利率×甲公司权益净利率×甲公司每股净资产=3.4÷10.2%×10%×8=26.67（元），选项A当选。

提示：

选项B，错误使用股价平均法（先修正后平均）来计算甲公司每股价值。具体计算过程如下：

基于可比公司M的数据可得，甲公司每股价值$_1$=3.45÷10.5%×10%×8=26.29（元）。

基于可比公司N的数据可得，甲公司每股价值$_2$=3.40÷9.5%×10%×8=28.63（元）。

基于可比公司P的数据可得，甲公司每股价值$_3$=3.35÷10.6%×10%×8=25.28（元）。

综上，甲公司每股价值=（26.29+28.63+25.28）÷3=26.73（元）。

选项C，错将可比公司平均权益净利率当作甲公司权益净利率，即甲公司每股价值=3.4÷10.2%×10.2%×8=27.20（元）。

选项D，混淆了可比公司平均权益净利率和甲公司权益净利率，即甲公司每股价值=3.4÷10%×10.2%×8=27.74（元）。

5. 斯尔解析 C 1份N可以调换1份M，且M债券刚发放当期利息后的市价为980元，意味着当前1份N债券价值=1份M债券价值=980（元）。

设N债券计息期折现率为r，每半年付息一次，则每份债券每半年利息=1 000×6%÷2=30（元）。

$30 \times (P/A, r, 4)+1\,000 \times (P/F, r, 4)=980$（元）

当$r=3\%$时，$30 \times (P/A, 3\%, 4)+1\,000 \times (P/F, 3\%, 4)=1\,000.01$（元）。

当$r=4\%$时，$30 \times (P/A, 4\%, 4)+1\,000 \times (P/F, 4\%, 4)=963.70$（元）。

运用内插法求解，$r=\frac{980-1\,000.01}{963.70-1\,000.01} \times (4\%-3\%)+3\%=3.55\%$。

故税前债务资本成本$=(1+3.55\%)^2-1=7.23\%$，选项C当选。

6. 斯尔解析 C 剩余股利政策要求企业根据一定的目标资本结构，测算出投资所需的权益资本，先从盈余中留用，然后将剩余的盈余作为股利予以分配。因此，甲公司应首先根据其资本结构，测算应为长期资本预留的盈余=900×3÷（2+3）=540（万元），剩余的盈余可作为股利分配=580−540=40（万元），选项C当选。

提示：法定盈余公积金并不需要在满足长期资本需求后额外提取和预留，计算出的利润留存为540万元，大于需要提取的盈余公积金58万元（580×10%），净利润中超出540万元的剩余部分都可以作为股利进行分配。

7. 斯尔解析 B 保守型筹资策略下，临时性流动负债占企业全部资金来源的比例较小，且其金额<波动性流动资产。增加短期借款购买原材料，使临时性流动负债和流动资产同时增加，不转变营运资本筹资策略，选项 A 不当选。增发公司股票偿还短期借款，使企业资金来源中短期金融负债占比下降，符合激进型转为保守型的转型要求，选项 B 当选。增加长期借款购置固定资产，使长期资金来源和长期资产同时增加，不转变营运资本筹资策略，选项 C 不当选。发行长期债券回购公司股票，属于长期资金来源的一增一减，不转变营运资本筹资策略，选项 D 不当选。

提示：

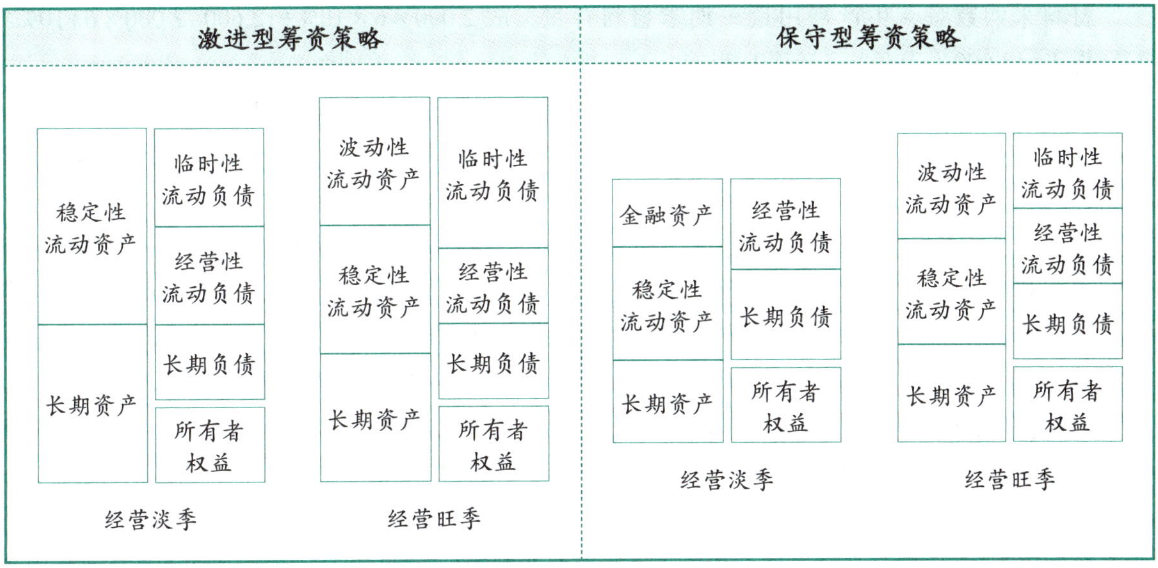

8. 斯尔解析 C 运输车按平均年限法计提折旧，不受业务量变动影响，属于固定成本，选项 AB 不当选。驾驶员工资每月底薪 0.4 万元，这部分是固定不变的；按运输里程每公里支付工资 0.2 元，这部分工资随着运输里程的增加而变化，属于变动成本部分，故驾驶员工资属于半变动成本（在初始成本的基础上随业务量正比例增长的成本），选项 C 当选、选项 D 不当选。

9. 斯尔解析 B 息税前利润对销量的敏感系数 = 息税前利润变动百分比 ÷ 销量变动百分比 =4。当甲公司处于盈亏临界点时，息税前利润 =0，息税前利润变动百分比 =−100%，因此销量变动百分比 =−100% ÷ 4=−25%，销量下降 25%，甲公司盈亏临界点的产销量 =200 ×（1−25%）=150（万件），选项 B 当选。

提示：

选项 A，错误地直接使用变动的销量作为盈亏临界点销售量，即甲公司盈亏临界点的产销量 =200 × 25%=50（万件）。

选项 C，错将息税前利润对销量的敏感系数当作销量变动百分比，即甲公司盈亏临界点的产销量 =200 ×（1−4%）=192（万件）。

10. 斯尔解析 A 剩余生产能力仅够生产 1 000 件（5 000−4 000），若接受追加订货 1 500 件，则原订单需减产 500 件，因此该 500 件正常销售所带来的边际贡献是接受订单的机会成本。剩余生产能力无法转移，固定制造费用为非相关成本，则接受订单对企业利润的影响 = 追加订货的边际贡献 − 接受订单的机会成本 =1 500 ×（55−36）−500 ×（60−36）=16 500（元），选项 A 当选。

提示：

选项 B，只考虑了利用剩余生产能力生产 1 000 件的边际贡献，即 1 000×（55−36）=19 000（元）。

选项 C，没有考虑原订单减产 500 件所带来的影响，只考虑了追加订货的边际贡献，即 1 500×（55−36）=28 500（元）。

选项 D，在计算追加订货的边际贡献的基础上，还错误地考虑了固定制造费用，即 1 500×（55−36−4）=22 500（元）。

11. 斯尔解析 D 设第三季度生产需要量为 X，则第二季度期末材料存量 =10%X。期初材料存量 + 材料采购数量 = 生产需用量 + 期末材料存量，故 2 000×6×10%+12 600=2 000×6+10%X，解得 X=18 000（千克），选项 D 当选。

提示：选项 A，错误地直接用"第二季度材料采购数量（12 600）− 第二季度生产需用量（2 000×6）"来计算第二季度期末材料存量，即第二季度期末材料存量 =12 600−2 000×6=10%X，解得 X=6 000（千克）。

12. 斯尔解析 B 关键绩效指标法中，结果类指标是反映企业绩效的价值指标（如，投资报酬率、息税前利润等），动因类指标是反映企业价值关键驱动因素的指标（如，客户满意度、员工满意度等），选项 A 不当选。关键绩效指标应含义明确、可度量、与战略目标高度相关，选项 B 当选。关键绩效指标法可以单独使用，也可以与经济增加值法、平衡计分卡等其他方法结合使用，选项 C 不当选。关键绩效指标法基于企业战略目标而设计，其应用对象可以是企业，也可以是企业所属的单位（部门）和员工，选项 D 不当选。

13. 斯尔解析 B 中央企业考核的是简化的经济增加值，简化的经济增加值 = 税后净营业利润 − 调整后资本 × 平均资本成本率，其中，税后净营业利润 = 净利润 +（费用化利息支出 + 费用化研发支出 + 资本化研发支出）×（1−25%）=55+（35−25+2+3）×（1−25%）=66.25（亿元），故经济增加值 =66.25−1 100×3.9%=23.35（亿元），选项 B 当选。

提示：

选项 A，在计算税后净营业利润时，没有考虑资本化研发支出调整项，即税后净营业利润 =55+（35−25+2）×（1−25%）=64（亿元），进而得出经济增加值 =64−1 100×3.9%=21.1（亿元）。

选项 C，错误使用资本化利息支出和资本化研发支出计算税后净营业利润，即税后净营业利润 =55+（25+3）×（1−25%）=76（亿元），进而得出经济增加值 =76−1 100×3.9%=33.1（亿元）。

选项 D，在计算税后净营业利润时，错误地考虑了资本化利息支出，即税后净营业利润 =55+（35+2+3）×（1−25%）=85（亿元），进而得出经济增加值 =85−1 100×3.9%=42.1（亿元）。

二、多项选择题

1. 斯尔解析 BC 场内交易市场是指由证券交易所组织的集中交易市场，有固定的交易场所、固定的交易时间和规范的交易规则，价格由竞价形成，交易所按拍卖市场的程序进行交易，无约定的交易对手，选项 BC 当选、选项 AD 不当选。

2. 斯尔解析 AD 如果债券收益率曲线呈水平状态，无偏预期理论的解释是市场预期未来短期利率保持稳定；市场分割理论的解释是各个期限市场的均衡利率水平持平，选项 A 当选、选项 B 不当选。**流动性溢价理论的解释是市场预期未来短期利率将会下降，下降幅度等于流动性溢价**，选项D当选、选项C不当选。

3. 斯尔解析 CD 甲期望报酬率=M的期望报酬率×50%+N的期望报酬率×50%，选项A不当选。N为无风险债券，所以N的标准差、方差、β系数均为0，因此，甲报酬率的标准差=M报酬率的标准差×50%，甲报酬率的方差=M报酬率的方差×$50\%^2$，甲的β系数=M的β系数×50%，选项B不当选、选项CD当选。

4. 斯尔解析 ABD 采用可比公司法时，**可比公司应当与甲公司处于同一行业，具有类似的商业模式，最好两者的规模、负债比率和财务状况也比较类似**，选项AB当选。如果找不到合适的可比公司，但有企业的信用评级资料，可以采用风险调整法，其中，用来估计信用风险补偿率的发债公司应与甲公司信用级别相同；**用来估计无风险利率的政府债券应与甲公司债券到期日相同或相近**，选项C不当选、选项D当选。

5. 斯尔解析 BC 按共同年限法，10和6的最小公倍数是30，故甲项目需要重置2次，重置净现值=2 000+2 000×（P/F，10%，10）+ 2 000×（P/F，10%，20）=3 068.2（万元），选项A不当选、选项B当选。根据等额年金法，甲项目的等额年金=2 000÷（P/A，10%，10）=325.489（万元），永续净现值=325.489÷10%=3 254.89（万元），选项C当选、选项D不当选。

6. 斯尔解析 BC 对于看涨期权价值的影响因素及其变动，总结如下：

影响因素	看涨期权价值	
缩短到期期限	美式看涨期权：下降	欧式看涨期权：不一定
无风险利率上升	上升	
执行价格降低	上升	
股价波动率下降	下降	

综上，选项AD不当选、选项BC当选。

7. 斯尔解析 BD 根据有税MM理论，提高财务杠杆，意味着负债权益比变大，负债资本成本不会随之变化，但权益资本成本上升，选项A不当选、选项B当选。降低财务杠杆，意味着负债权益比变小，有税有负债企业的加权平均资本成本随着债务筹资比例的降低而增加，选项C不当选。在考虑所得税的情况下，债务利息有抵税效应，因此降低财务杠杆会降低企业价值，选项D当选。

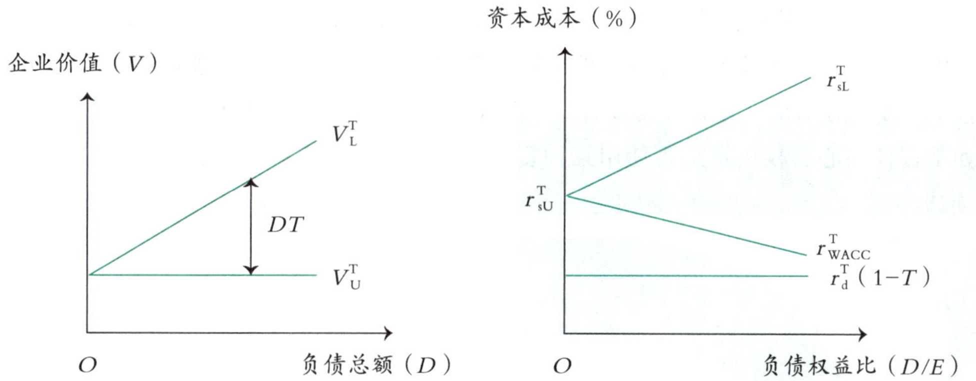

考虑企业所得税条件下MM理论的命题Ⅰ和命题Ⅱ

8. 斯尔解析 BD 直接材料的价格标准，是预计下一年度需要支付的进料单位成本，包括发票价格、运费、检验和正常损耗等成本，是取得材料的完全成本，不包括材料入库后的仓储成本，选项 A 不当选、选项 D 当选。制定直接材料的标准成本时，需要分别确定其用量标准和价格标准，两者相乘后得出单位产品标准成本，选项 B 当选。直接材料的标准消耗量，一般采用统计方法、工业工程法或其他技术分析方法确定。它是现有技术条件生产单位产品所需的材料数量，包括必不可少的消耗以及各种难以避免的损失，选项 C 不当选。

9. 斯尔解析 ABCD 作业成本管理的核心是分析哪些作业是增值作业，哪些作业是非增值作业。实行基于作业的成本管理，消除转化或降低非增值作业，提高增值作业效率，降低成本，增加价值，创建企业的竞争优势，选项 B 当选。**增值作业与非增值作业是站在顾客角度划分的**，最终增加顾客价值的作业是增值作业，否则就是非增值作业。产品设计作业是满足顾客需求的关键环节，可以为顾客提供价值，属于增值作业；而客户地址错误导致的二次投递并没有为顾客提供额外价值，反而增加了成本，属于非增值作业，因此，选项 ACD 当选。

10. 斯尔解析 ABD 安全边际额 =（月正常销售量 − 盈亏临界点销售量）× 单价 =（30 000−18 000）× 30=360 000（元），安全边际率 = 安全边际额 ÷ 销售收入 × 100%=360 000 ÷（30 000 × 30）× 100%= 40%，选项 A 当选、选项 C 不当选。盈亏临界点销售量 ×（单价 − 单位变动成本）= 固定成本，即 18 000×（30− 单位变动成本）=108 000（元），单位变动成本 =24（元），变动成本总额 =30 000× 24=720 000（元），因此，息税前利润率 = 息税前利润 ÷ 销售收入 =（30 000×30−720 000−108 000）÷（30 000×30）=8%，选项 BD 当选。

11. 斯尔解析 AC 经济增加值是指从税后净营业利润中扣除全部投入资本的资本成本后的剩余收益，它和剩余收益均可全面反映投入产出关系，且与增加股东财富的目标一致，可以使业绩评价与公司的目标协调一致，选项 AC 当选。将投资报酬率作为考核指标，可能导致部门经理产生“次优化”行为，选项 B 不当选。部门税前经营利润是利润中心的考核指标，不是投资中心的考核指标，选项 D 不当选。

12. 斯尔解析 BD 对于费用中心，若其支出没有超过预算，可能该中心的工作质量和服务水平低于计划的要求，并不能说明该中心业绩良好，选项 A 不当选。责任中心业绩报告应当传递出三种信息：（1）关于实际业绩的信息；（2）关于预期业绩的信息；（3）关于实际业绩与预期业绩之间差异的信息，选项 B 当选。部门经理至少可以控制某些固定成本，并在固定成本和变动成本的划分上有一定选择余地，而用部门边际贡献作为评价指标并不能反映这些能力，采用部门可控边际贡献考核利润中心部门经理业绩方可体现可控原则，选项 C 不当选。判断一项成本是否归属责任中心的原则包括三项，分别是“有效直接影响”“有权决定”“重要间接影响”，其中，“有权决定”是指假如某责任中心有权决定是否使用某种资产或劳务，它就应对这些资产或劳务的成本负责，选项 D 当选。

三、计算分析题

1.

揣摩题意

要求：

（1）如果不发行债券进行股票回购①，计算甲公司预计的2024年每股收益②、财务杠杆系数③和加权平均资本成本（按账面价值计算权重）④。

（2）如果发行债券并进行股票回购⑤，计算甲公司预计的2024年每股收益②、财务杠杆系数③和加权平均资本成本（按账面价值计算权重）④。

①注意问题的假设条件，此问为不发行债券且不回购股票的情况，即24年资本结构与23年末保持一致。

②每股收益＝归属于普通股股东的净利润÷流通在外的普通股加权平均数量。结合⑫计算归属于普通股股东的净利润＝（息税前利润－债务利息）×（1－所得税税率）－优先股股息。

③财务杠杆系数＝息税前利润÷归属于普通股股东的税前利润。

④加权平均资本成本WACC＝税后债务资本成本×债务权重＋权益资本成本×权益权重。

⑤结合①，此问需要考虑发行债券回购股票，注意关注资本结构的变化，计算数据选用回购后的数据。

（3）根据要求（1）和（2）的计算结果，如果将每股收益最大化作为财务管理目标，是否应该发债并回购？简要说明原因⑥。

⑥如果发债并回购后的每股收益＞不发债回购的每股收益，则应该发债并回购；反之，则不发债回购。

（4）根据要求（1）和（2）的计算结果，如果按照资本成本最小化进行财务管理决策，是否应该发债并回购？简要说明原因⑦。

⑦如果发债并回购后的加权平均资本成本＜不发债回购的加权平均资本成本，则应该发债并回购；反之，则不发债回购。

（5）简要回答每股收益最大化、资本成本最小化与股东财富最大化财务管理目标之间的关系⑧。

⑧不可忽视主观题中常见的文字表述题，掌握不同财务管理目标的要点，考试时往往根据关键点给分。

题干：

甲公司是一家上市公司，为优化资本结构、加强市值管理，拟发行债券融资200亿元用于回购普通股股票并注销[⑨]。相关资料如下：

⑨拟发行债券总额=200（亿元）。

（1）公司2023年末总资产2 000亿元，负债800亿元，优先股200亿元，普通股1 000亿元[⑩]。公司负债全部为长期银行贷款，利率8%；优先股票面价值100元/股，固定股息率7%，为平价发行，分类为权益工具；普通股200亿股[⑪]。预计2024年息税前利润360亿元[⑫]。

⑩ a. 回购前，各项资本权重比为负债：优先股：普通股=800 ∶ 200 ∶ 1 000。

b. 结合⑨可知，回购后，各项资本权重比为负债：新发行债券：优先股：普通股=800 ∶ 200 ∶ 200 ∶ 800。

⑪ a. 结合⑨，如果不进行股票回购，长期银行贷款利息（税前）=800×8%=64（亿元）；优先股股息（税后）=200×7%=14（亿元）。

b. 回购前，普通股股数=200（亿股）。

⑫ a. 结合②⑪⑯可知，如果不进行股票回购，归属于普通股股东的净利润=（360−64）×（1−25%）−14=208（亿元）。

b. 结合③⑪⑯可知，如果不进行股票回购，财务杠杆系数=息税前利润÷归属于普通股股东的税前利润=360÷［360−64−14÷（1−25%）］=1.30。

（2）拟平价发行普通债券，每份票面价值1 000元，票面利率8%[⑬]。如果回购普通股股票，预计平均回购价格（含交易相关费用）为12.5元/股[⑭]。

⑬新发行债券的资本成本（税前）=8%，结合⑨可知，新发行债券的利息（税前）=200×8%=16（亿元）。

⑭结合⑨可知，回购股票数量=拟发行债券总额÷回购价格=200÷12.5=16（亿股），回购后普通股股数=200−16=184（亿股）。

（3）公司普通股β系数为1.25，预计发债回购后β系数上升至1.52[⑮]。

（4）无风险利率为4%，平均风险股票报酬率为12%[⑮]。企业所得税税率25%[⑯]。

⑮利用资本资产定价模型计算普通股资本成本。

$r_s=r_f+\beta\times(r_m-r_f)$，其中$r_m$常表示为平均风险股票报酬率或市场组合平均报酬率。

⑯企业所得税税率=25%。

答案与采分点

（1）每股收益$=\frac{（360-800\times8\%）\times（1-25\%）-200\times7\%}{200}$=1.04（元/股）（1分）。

财务杠杆系数$=\frac{360}{360-800\times8\%-200\times7\%/（1-25\%）}$=1.30（1分）

普通股资本成本=4%+1.25×（12%−4%）=14%

加权平均资本成本$=8\%\times（1-25\%）\times\frac{800}{2\,000}+7\%\times\frac{200}{2\,000}+14\%\times\frac{1\,000}{2\,000}$=10.1%（1分）

（2）回购股票数量=200÷12.5=16（亿股）。

回购后股票数量=200−16=184（亿股）

每股收益$=\frac{（360-800\times8\%-200\times8\%）\times（1-25\%）-200\times7\%}{184}$=1.07（元/股）（1分）

财务杠杆系数$=\frac{360}{360-800\times8\%-200\times8\%-200\times7\%/（1-25\%）}$=1.38（1分）

普通股资本成本=4%+1.52×（12%−4%）=16.16%

加权平均资本成本$=8\%\times（1-25\%）\times\frac{800+200}{2\,000}+7\%\times\frac{200}{2\,000}+16.16\%\times\frac{800}{2\,000}$=10.16%（1分）

（3）应该（0.25分），因为每股收益提高了（0.25分）。

（4）不应该（0.25分），因为加权平均资本成本升高了（0.25分）。

（5）每股收益最大化认为：应该把公司的利润与股东投入的资本联系起来，用每股收益最大化来衡量对股东财富的影响。但每股收益最大化有其局限性：没有考虑每股收益取得的时间（即没有考虑货币的时间价值）；没有考虑每股收益的风险；现实中每股股票投入资本差别很大，不同公司的每股收益不可比。在取得时间、承担风险和投入资本相同的情况下，更多的每股收益可以为股东带来更多的财富（1分）。

根据财务杠杆原理，当企业选择具有固定融资成本的融资方式时会显现出杠杆效应，且财务杠杆系数越大，财务风险也越大，所以息税前利润不变的情况下，通过增加固定利息率（或股息率）的融资在所有融资中的占比也可以增加每股收益，但同时也加大了财务风险。每股收益增加是否能增加股东财富，还要看收益与风险的衡量。而且，根据资本结构权衡理论，随着财务杠杆增加，加权平均资本成本先降后升，企业价值先升后降，加权平均资本成本最小化时，企业价值最大化。

公司价值等于公司经营活动创造的现金流量用资本成本进行折现的现值，所以在既定的现金流量情况下，资本成本越小，公司价值就越大，资本成本最小化即实现了企业价值最大化（0.5分）。股东财富是公司价值的一部分，股东权益价值等于公司价值减去债务价值，股东价值是否最大化取决于二者之间的差额是否最大化（0.5分）。

2.

揣摩题意

要求：

（1）计算前 5 年每年年末的公积金还款金额和商业贷款还款金额①。

（2）计算第 6 年年初的公积金贷款余额和商业贷款余额②。

（3）计算后 5 年每年年末的公积金还款金额和商业贷款还款金额③。

（4）计算整个购房方案的净现值，并判断该方案在经济上是否可行④。

①等额本息还款方式下，还款期内每期偿还同等金额的贷款（本金 + 利息），因此，每期还款金额 = 贷款总金额 ÷（P/A，i，n）。

②结合①，第 6 年年初公积金（或商业贷款）余额 = 每期还款金额 ×（P/A，i，$n-5$）－ 当期提前还款金额（若有），其中，$n-5$ 表示尚未偿还的期数。

③后 5 年每年年末的公积金（或商业贷款）还款金额 = 尚未偿还的公积金（或商业贷款）余额 ÷（P/A，i，5），其中，i 若有变化，需用变化后的贷款利率。

④净现值 = 未来现金净流量现值 － 原始投资额现值。若净现值＞0，则方案可行；反之，方案不可行。

题干：

肖先生拟在 2023 年末购置一套价格为 360 万元的精装修商品房，使用自有资金 140 万元，公积金贷款 60 万元，余款通过商业贷款获得⑤。公积金贷款和商业贷款期限均为 10 年，均为浮动利率，2023 年末公积金贷款利率为 4%，商业贷款利率为 6%，均采用等额本息方式在每年年末还款⑥。

⑤商业贷款还款总额 =360−140−60=160（万元）。

⑥结合①⑤，基于贷款期限 10 年和 2023 年末贷款利率，可得：

a. 公积金每期还款金额 =60÷（P/A，4%，10）=7.40（万元）。

b. 商业贷款每期还款金额 =160÷（P/A，6%，10）= 21.74（万元）。

该商品房两年后交付，可直接拎包入住。肖先生计划收房后即搬入，居住满 8 年后（2033 年末）退休返乡并将该商品房出售，预计扣除各项税费后变现净收入 450 万元。若该商品房用于出租，每年年末可获得税后租金 6 万元⑦。

⑦在房屋交付后，肖先生有两种选择：

a. 自己入住，住满 8 年后（2033 年末）出售，取得变现净收入 450 万元。

b. 直接出租，每年获得税后租金 6 万元，同样在 2033 年末出售，取得变现净收入 450 万元。

第 3 ~ 10 年的租金会产生现金流入，在计算购房方案净现值时需要加以考虑。

肖先生拟在第5年年末（2028年末）提前偿还10万元的商业贷款本金⑧。预计第5年年末公积金贷款利率下降至3%，商业贷款利率下降至5%⑨。

⑧结合⑥可知，第5年年末商业贷款的待还款金额=后5年现金流折现至第5年年末－提前还款金额=21.74×（P/A，6%，5）−10=81.58（万元）。

⑨由于贷款利率发生变化，所以要先求出第5年年末的待还款金额（贷款余额），再按照变化后的贷款利率计算每年需还款的金额。

a. 公积金贷款部分：

Ⅰ. 结合⑥可知，第5年年末公积金贷款的待还款金额=后5年现金流折现至第5年年末=7.40×（P/A，4%，5）=32.94（万元）。

Ⅱ. 按照变化后的贷款利率计算每年需还款金额=32.94÷（P/A，3%，5）=7.19（万元）。

b. 商业贷款部分：结合⑧可知，按照变化后的贷款利率计算每年需还款金额=81.58÷（P/A，5%，5）=18.84（万元）。

整个购房方案的等风险投资必要报酬率为9%⑩。

⑩需要特别注意的是，在计算整个购房方案的净现值时，应按9%将每期的现金流折现。

答案与采分点

（1）商业贷款的金额=360−140−60=160（万元）。

公积金还款金额=60÷（P/A，4%，10）=7.40（万元）（1分）

商业贷款还款金额=160÷（P/A，6%，10）=21.74（万元）（1分）

（2）公积金贷款余额=7.40×（P/A，4%，5）=32.94（万元）（1分）。

商业贷款余额=21.74×（P/A，6%，5）−10=81.58（万元）（1分）

（3）公积金还款金额=32.94÷（P/A，3%，5）=7.19（万元）（1分）。

商业贷款还款金额=81.58÷（P/A，5%，5）=18.84（万元）（1分）

（4）公积金还款的净现值=7.40×（P/A，9%，5）+7.19×（P/A，9%，5）×（P/F，9%，5）=46.96（万元）。

商业贷款还款的净现值=21.74×（P/A，9%，5）+［18.84×（P/A，9%，5）+10］×（P/F，9%，5）=138.69（万元）

每年租金的净现值=6×（P/A，9%，8）×（P/F，9%，2）=27.95（万元）

购房方案的净现值=450×（P/F，9%，10）−140−46.96−138.69+27.95=−107.62（万元）（2分）

由于该购房方案的净现值小于零，因此购房方案在经济价值上是不可行的（1分）。

3.

揣摩题意

要求：

（1）计算乙公司投资项目2023—2030年末的现金净流量①，并计算净现值②和现值指数③。

（2）计算丙公司投资项目的净现值②和现值指数③。

（3）甲公司应审批通过哪些项目？计算并说明理由④。

①投资项目的现金净流量由建设期现金流量、经营期现金流量和终结期现金流量构成。其中，经营期现金流量的计算公式有三个，每一个都要完全掌握，根据题干具体信息，选择最容易计算的一个（或者自己最擅长、正确率最高的一个）：

a. 直接法：营业现金毛流量＝营业收入－付现营业费用－所得税。

b. 间接法：营业现金毛流量＝税后经营净利润＋折旧与摊销。

c. 分算法：营业现金毛流量＝税后营业收入－税后付现营业费用＋折旧与摊销抵税额。

②净现值＝未来现金净流量现值－原始投资额现值。

③现值指数＝未来现金净流量现值÷原始投资额现值＝净现值÷原始投资额现值+1。

④当存在多个项目，但由于可用于投资的资本总量有限，必须进行取舍时，应在满足资本限量要求的情况下，优先选择净现值最大的组合。

题干：

甲公司是一家集团公司，对子公司的投资项目实行审批制。2023年末，集团投资限额尚余20 000万元，其中，债务资金限额12 000万元，股权资金限额8 000万元⑤。甲公司共收到三家全资子公司（乙、丙、丁）分别上报的投资项目方案。相关资料如下：

（1）乙公司投资项目。

2023年末投资9 000万元购置设备，建设期1年，2024年末建成投产，经营期6年。根据税法相关规定，该设备按直线法计提折旧，折旧年限6年，净残值率10%；该设备经营期满可变现400万元⑥。经营期内预计年营业收入4 200万元，年付现成本800万元⑦。投资该项目预计将在经营期内使甲公司原运营项目减少年营业收入600万元、年付现成本200万元⑧。

⑤投资资本总量受到限制，债务资金限额12 000万元，股权资金限额8 000万元。

⑥设备购置成本为9 000万元，建设期1年，按照6年折旧，注意此处是按照税法规定年限折旧，不是预计使用年限；净残值率10%在计算时不要遗漏。

设备经营期满变现价值400万元，涉及到固定资产变现收入和对所得税的影响，资产变现价值与账面价值比较：

a. 变现价值＞账面价值，产生的变现收益应当纳税。

b. 变现价值＜账面价值，产生的变现损失可以抵税。

⑦注意在计算现金净流量时，销售收入和付现成本应使用税后金额。

⑧新项目会影响原项目正常运行，所减少的年营业收入与年付现成本之差，需作为机会成本予以考虑；同时，也需注意使用其税后金额。

乙公司按目标资本结构（净负债/股东权益=2）进行项目融资。债务税前资本成本为6%⑨。该项目可比公司的资本结构（净负债/股东权益）为4/3、普通股β系数为2.6⑩。

⑨a. 结合⑥可知，乙公司投资项目所需权益资本=9 000×1/3=3 000（万元），所需债务资本=9 000×2/3=6 000（万元）。
b. 债务税前资本成本=6%。
⑩结合⑨，应使用可比公司法估计乙项目的资本成本。
第一步：卸载可比公司财务杠杆。
$\beta_{资产}=\beta_{权益}\div[1+(1-T)\times(净负债/股东权益)]$
第二步：加载目标公司财务杠杆。
$\beta_{权益}=\beta_{资产}\times[1+(1-T)\times(净负债/股东权益)]$
第三步：根据目标企业$\beta_{权益}$计算权益资本成本。
权益资本成本=无风险利率+$\beta_{权益}$×市场风险溢价
第四步：计算目标企业加权平均资本成本。
加权平均资本成本WACC=税后债务资本成本×债务权重+权益资本成本×权益权重

（2）丙公司投资项目。

2023年末购入固定收益证券，投资额8 000万元，尚有4年到期，票面价值9 000万元，票面利率为7%，每两年收取利息一次，按年复利计息，到期收回本金⑪。根据税法相关规定，利息在收取时缴纳企业所得税，票面价值与购买价格之间的价差在到期收回本金时缴纳企业所得税⑫。项目资本成本为5%⑬。

⑪a. 原始投资额现值=8 000（万元）。
b. 利息按照票面价值9 000万元和票面利率7%计算，每两年收取利息一次，则可分别在2025年末和2027年末收到利息1 304.10万元[9 000×（1+7%）^{2}−9 000]。
⑫2025年末，收到利息时需缴纳企业所得税；2027年末，既要就收到的利息缴纳企业所得税，还要就票面价值与购买价格之间的价差1 000万元（9 000−8 000）缴纳企业所得税。
⑬计算丙公司投资项目净现值时的折现率为5%。

丙公司按目标资本结构（净负债/股东权益=3）进行项目融资⑭。

⑭结合⑪可知，丙公司投资项目所需股权资金=8 000×1/4=2 000（万元），所需债务资金=8 000−2 000=6 000（万元）。

（3）丁公司投资项目。

2023年末投资9 600万元，项目净现值1 632万元。丁公司按目标资本结构（净负债/股东权益=2）进行项目融资⑮。

⑮a. 丁公司投资项目净现值=1 632（万元）。
b. 丁公司投资项目所需股权资金=9 600×1/3=3 200（万元），所需债务资金=9 600−3 200=6 400（万元）。

（4）无风险利率为2%，市场风险溢价为4%；企业所得税税率25%[16]。

假设投资项目相互独立，均不可重置，且仅能在2023年末投资，所有现金流量均在当年年末发生[17]。

⑯结合⑨⑩，可计算出乙公司投资项目的加权平均资本成本。

$\beta_{资产}$=2.6÷［1+4/3×（1−25%）］=1.3

$\beta_{权益}$=1.3×［1+2×（1−25%）］=3.25

权益资本成本=2%+3.25×4%=15%

加权平均资本成本=15%×1/3+6%×（1−25%）×2/3=8%

此外，结合⑦⑫，在计算时不要忘记企业所得税对现金净流量的影响。

⑰ a. 投资资本总量有限时，优先在有限的资本中选择净现值最大的组合，这种方法仅适用于单一期间的资本分配，即本题中仅能在2023年末投资，之后不再进行投资。

b. 所有现金流量均在当年年末发生，所以在计算现值时，如果符合年金特征，可以使用普通年金现值系数折现。

答案与采分点

（1）2023年末现金净流量=−9 000（万元）（0.5分）。

2024年末现金净流量=0（万元）（0.5分）

年折旧额=9 000×（1−10%）÷6=1 350（万元）

2025—2029年末现金净流量=（4 200−800）×（1−25%）+1 350×25%−（600−200）×（1−25%）=2 587.5（万元）（1分）

2030年末现金净流量=2 587.5+400+（9 000×10%−400）×25%=3 112.5（万元）（1分）

卸载可比公司财务杠杆，$\beta_{资产}$=2.6÷［1+4/3×（1−25%）］=1.3。

加载项目财务杠杆，$\beta_{权益}$=1.3×［1+2×（1−25%）］=3.25。

乙公司权益资本成本=2%+3.25×4%=15%

乙公司项目加权平均资本成本=15%×1/3+6%×（1−25%）×2/3=8%

净现值=2 587.5×（*P*/*A*，8%，5）×（*P*/*F*，8%，1）+3 112.5×（*P*/*F*，8%，7）−9 000=2 381.72（万元）（1分）

现值指数=1+2 381.72÷9 000=1.26（1分）

（2）2025年末现金流量=［9 000×（1+7%）^{2}−9 000］×（1−25%）=978.075（万元）。

2027年末现金流量=［9 000×（1+7%）^{2}−9 000］×（1−25%）+9 000−（9 000−8 000）×25%=9 728.075（万元）

净现值=978.075×（*P*/*F*，5%，2）+9 728.075×（*P*/*F*，5%，4）−8 000=890.40（万元）（1分）

［或，净现值=978.08×（*P*/*F*，5%，2）+9 728.08×（*P*/*F*，5%，4）−8 000=890.41（万元）］

现值指数=1+890.40÷8 000=1.11（1分）

（3）乙公司项目权益资本=9 000×1/3=3 000（万元），债务资本=9 000×2/3=6 000（万元）。

丙公司项目权益资本=8 000×1/4=2 000（万元），债务资本=8 000×3/4=6 000（万元）。

丁公司项目权益资本=9 600×1/3=3 200（万元），债务资本=9 600×2/3=6 400（万元）。

应审批通过乙公司和丙公司项目（1分）。

理由：在满足资本限量要求的情况下，应选择净现值最大的投资组合（1分）。

4.

揣摩题意

要求：

（1）编制甲艺术中心2023年7月弹性预算业绩报告①（结果填入下方表格中，不用列出计算过程②）。

①弹性预算业绩报告包括以下几部分内容：

a. 实际结果：实际发生的收入和支出。

b. 弹性预算：反映的是在实际业务量水平下应发生的金额。

c. 固定预算：反映的是在预算业务量水平下应发生的金额。

d. 收入和支出差异＝实际结果－弹性预算。

e. 作业量差异＝弹性预算－固定预算。

②要求中明确不用列出计算过程，在表格中填入结果即可，不要忘记标注有利差异或不利差异。

收入类项目，正数为有利差异，负数为不利差异；成本费用类项目，正数为不利差异，负数为有利差异。

（2）计算教师薪酬成本的工资率差异和效率差异，并说明差异产生的可能原因③。

③ a. 教师薪酬成本的工资率差异＝实际课时×（实际工资率－标准工资率）。

b. 教师薪酬成本的效率差异＝（实际课时－标准课时）×标准工资率。其中，标准课时＝实际学习人次×单位人次标准课时。

（3）计算材料成本的价格差异和数量差异，并说明差异产生的可能原因④。

④ a. 材料成本的价格差异＝实际数量×（实际价格－标准价格）。

b. 材料成本的数量差异＝（实际数量－标准数量）×标准价格。

（4）用会计部门提供的业绩报告中的差异评价招生部门和教务部门业绩，是否合理？说明理由⑤。

⑤结合①，业绩报告涵盖了收入、教师薪酬、材料成本等财务数据，这些数据是评价业绩的重要依据。

（5）简要说明弹性预算业绩报告的优点⑥。

⑥不可忽视主观题中常见的文字表述题，掌握弹性预算业绩报告的优点，考试时往往根据关键点给分。

题干：

甲艺术中心提供美术艺考一对一授课服务，2023年收费标准为每次课1 000元，每次课2小时。艺术中心按照授课教师资历和授课水平发放薪酬，每小时薪酬100～200元，平均薪酬标准每小时150元。艺术中心免费提供画纸、颜料等材料，平均耗材标准每小时15元⑦。艺术中心月固定成本90 000元⑧。2023年7月预计有800学习人次，实际有840学习人次⑨。

⑦各项收入、成本的标准单价如下：

项目	标准单价
收入	每次课1 000元（每次课2小时）
教师薪酬	平均薪酬为150元/小时
材料成本	15元/小时

其中，艺术中心根据每位教师的资历和教学水平，设置不同的薪酬，其范围是每小时100～200元。结合③可知，教师薪酬成本的工资率差异的产生可能是由于安排的授课老师资质水平与平均水平有差异导致的。

⑧月固定成本=90 000（元）。

⑨该月预计学习人次=800（人次），实际学习人次=840（人次）。

艺术中心使用标准成本进行预算管理。会计部门每月将实际利润和预算利润进行比较，编制业绩报告，并将此报告发给招生、教务等责任部门，据此进行差异分析和业绩评价。据现行内部管理制度规定，招生部门负责招生，根据艺术中心确定的优惠政策对团体客户提供优惠，对收入负责；教务部门负责授课教师及上课时间安排、美术耗材的采购和使用，对成本负责；收费优惠政策和教师课酬标准由艺术中心确定⑩。

⑩招生部门负责招生，对收入负责，体现在业绩报告中收入的作业量差异上；而教务部门负责安排授课教师、采购美术耗材，对成本负责，体现在业绩报告中的教师薪酬的支出差异（安排的授课老师资质水平不同导致的差异）和材料成本的支出差异（材料采购过程中产生的差异）上。需要注意的是，教师薪酬的作业量差异和材料成本的作业量差异是在教师实际授课过程中形成的，不受教务部门所控，因此教务部门不应对二者负责。

2023年7月会计部门提供的业绩报告如下⑪：

项目	预算	实际	差异
学习人次（人次）	800	840	40
学习小时（小时）	1 600	1 680	80
收入（元）	800 000	823 200	23 200
教师薪酬（元）	240 000	257 040	17 040
材料成本（元）	24 000	21 840	−2 160
固定成本（元）	90 000	90 000	0
总成本（元）	354 000	368 880	14 880
经营利润（元）	446 000	454 320	8 320

⑪结合①⑦，该表是编制弹性预算业绩报告的重要数据来源。

答案与采分点

（1）

项目	实际结果	收入和支出差异	弹性预算	作业量差异	固定预算
学习人次（人次）	840	0	840	40	800
学习小时（小时）	1 680	0	1 680	80	1 600
收入（元）	823 200	−16 800（不利差异）（0.5分）	840 000	40 000（有利差异）（0.5分）	800 000
教师薪酬（元）	257 040	5 040（不利差异）（0.5分）	252 000	12 000（不利差异）（0.5分）	240 000
材料成本（元）	21 840	−3 360（有利差异）（0.5分）	25 200	1 200（不利差异）（0.5分）	24 000
固定成本（元）	90 000	0	90 000	0	90 000
总成本（元）	368 880	1 680（不利差异）	367 200	13 200（不利差异）	354 000
经营利润（元）	454 320	−18 480（不利差异）（0.5分）	472 800	26 800（有利差异）（0.5分）	446 000

计算说明：

弹性预算学习人次 =840（人次）

弹性预算学习小时 =840×2=1 680（小时）

弹性预算收入 =840×1 000=840 000（元）

弹性预算教师薪酬 =1 680 × 150=252 000（元）

弹性预算材料成本 =1 680 × 15=25 200（元）

弹性预算总成本 =252 000+25 200+90 000=367 200（元）

弹性预算经营净利润 =840 000−367 200=472 800（元）

收入差异 =823 200−840 000=−16 800（元）（不利差异）

教师薪酬支出差异 =257 040−252 000=5 040（元）（不利差异）

材料成本支出差异 =21 840−25 200=−3 360（元）（有利差异）

经营利润的收入和支出差异 =454 320−472 800=−18 480（元）（不利差异）

收入作业量差异 =840 000−800 000=40 000（元）（有利差异）

教师薪酬作业量差异 =252 000−240 000=12 000（元）（不利差异）

材料成本作业量差异 =25 200−24 000=1 200（元）（不利差异）

经营利润的作业量总差异 =472 800−446 000=26 800（元）（有利差异）

（2）工资率差异=1 680 ×（257 040 ÷ 1 680−150）=5 040（元）（不利差异）（0.5分）。

效率差异=（1 680−840 × 2）× 150=0（元）（0.5分）

工资率差异产生的可能原因：安排的授课老师资质水平较原计划高，支付了高于标准的单位小时工资（0.5分）。

（3）价格差异=1 680 ×（21 840 ÷ 1 680−15）=−3 360（元）（有利差异）（0.5分）。

数量差异=（1 680−840 × 2）× 15=0（元）（0.5分）

价格差异产生的可能原因：采购单价较原标准低，可能由于批量采购取得了优惠价格（0.5分）。

（4）不合理（0.25分）。根据可控原则，招生部门只对由于招生人数变化带来的作业量差异（40 000元）负责，不对收费单价带来的收入差异（−16 800元）负责（0.25分）。教务部只对教师薪酬支出差异（5 040元）负责，不对作业量差异（12 000元）负责（0.25分）。教务部只对材料成本的支出差异（−3 360元）负责，不对作业量差异（1 200元）负责（0.25分）。

（5）**弹性预算业绩报告能为管理者提供更多的信息**（0.5分）。**它区分了业务量变动产生的影响与价格控制、经营管理所产生的影响，使得管理者能够采取更加有针对性的方法来评估经营活动**（0.5分）。

四、综合题

揣摩题意

要求：

（1）编制第一分部A产品的成本计算单①（结果填入下方表格中，不用列出计算过程②）。

①产品成本核算的过程实际上是通过多次的成本归集和分配，最终计算出产品总成本和单位成本的过程。

a. 归集：通过一定的方式，将一定期间内发生的成本数据进行收集或汇总。

b. 分配：将归集的成本分配给各受益对象，计算步骤如下。

Ⅰ. 计算待分配金额。

Ⅱ. 明确待分配对象。

Ⅲ. 确定待分配对象分配标准。

Ⅳ. 计算分配率。

分配率＝待分配费用总额 ÷ 各种产品的分配标准之和

Ⅴ. 确定受益对象的成本：受益对象的成本＝分配率 × 该对象分配标准。

②要求中明确不用列出计算过程，在表格中填入结果即可。

（2）分别计算第二分部B产品订单#601和订单#701的总成本和单位成本③（提示：领用的A产品按内部转移价格200元/件计价④）。

（3）假设无其他费用，分别计算7月第一、二分部部门营业利润⑤。

③总成本＝期初成本＋本期成本＝期初成本＋本期耗用A产品成本＋本期耗用其他直接材料成本＋本期直接人工成本＋本期变动制造费用＋本期固定制造费用。

单位成本＝总成本 ÷ 产品数量

④结合③，若本期成本中涉及领用A产品，则所领用的A产品按200元/件计价。

⑤营业利润＝营业收入－营业成本。

（4）假设市场属于完全竞争市场，第一分部A产品无剩余产能，两个分部都可以接受的A产品内部转移定价金额的合理区间是多少？目前200元/件的定价是否合理⑥？

⑥在完全竞争市场的假设下，市场上有无数的买家和卖家，所有参与者都拥有完全的市场信息，产品是同质的，且没有市场进入或退出壁垒。在这种情境下，第一分部A产品无剩余产能意味着该分部的A产品完全可以全部面向外部市场销售。此时，宜采用市场型内部转移价格，可以基于外销价格或活跃市场报价确定内部转移价格。

关于目前200元/件的定价是否合理，需要具体分析A产品在外部市场的价格以及第一分部的成本结构。如果200元/件与外部市场价格相近，且考虑了必要的成本加成和双方分部的利益，那么这个定价可能是合理的。如果这个价格远低于或远高于外部市场价格，或者没有充分考虑到成本加成和分部间的利益平衡，那么这个定价就可能存在问题。

题干：

甲公司是一家制造业企业，主要生产和销售A产品。根据客户要求，公司也承接将A产品继续加工成B产品的订单。A产品市场售价210元/件，B产品市场售价350元/件⑦。

公司设有两个分部，第一分部生产A产品，按品种法计算成本⑧。直接材料在开工时一次投入，直接人工成本、制造费用随加工进度陆续发生⑨。月末采用约当产量法（先进先出法）分配完工产品和在产品成本⑩。A产品完工后，转入产成品库，采用先进先出法计算销货成本⑪。

第二分部根据客户订单将A产品继续加工成B产品，一件B产品消耗一件A产品，按订单法计算成本⑫。第二分部可从产成品库领用A产品，也可以外购⑬。A产品在开工时一次投入，其他直接材料于本车间加工程度达50%时一次性投入⑭。A产品和其他直接材料按订单分别领用，可直接计入订单成本⑮；直接人工成本、变动制造费用按直接人工工时分配，固定制造费用按机器工时分配，计入订单成本⑯。

⑦结合⑤⑥，计算部门营业利润和内部转移价格定价时，需用到产品售价。

⑧第一分部生产的A产品采用品种法核算，品种法是以产品品种为产品成本对象，如果月末有在产品，要将生产费用在完工产品和在产品之间进行分配。

⑨“直接材料在开工时一次投入”，所以在产品的直接材料完工百分比为100%；“直接人工成本、制造费用随加工进度陆续发生”，所以在分配完工产品和在产品成本时需要考虑完工程度。

⑩约当产量法（先进先出法）基本计算公式：

a. 月初在产品本月加工约当产量（A）= 月初在产品数量 ×（1− 月初在产品完工程度）。

b. 本月投入本月完工产品数量（B）= 本月全部完工产品数量 − 月初在产品数量。

c. 月末在产品约当产量（C）= 月末在产品数量 × 月末在产品完工程度。

d. 单位成本（分配率）= 本月发生生产费用 ÷（A+B+C）。

e. 完工产品成本 = 月初在产品成本 +（A+B）× 单位成本。

f. 月末在产品成本 =C× 单位成本。

⑪A产品完工后，并非直接转入下一分部或直接对外销售，而是转入产成品库。

采用先进先出法核算销货成本，在这种方法下，假设最先进入产成品库的产品最先被销售出去。因此，在计算销货成本时，会首先使用最早入库的产品成本。

⑫每一件B产品都需要消耗一件A产品作为原材料。同时，成本核算采用的是订单法，即根据客户订单的具体需求，将A产品进一步加工转化为B产品，针对每一个订单单独计算其成本。

⑬若第二分部从产成品库领用A产品，则适用内部转移价格；若外购，则适用A产品的对外售价。

⑭第二分部在开工时，A产品便被一次性地完全投入到生产过程中。而其他直接材料则要分情况讨论，当加工程度＜50%时，在产品成本中不包含其他直接材料；当加工程度≥50%时，在产品成本则包含了全部的其他直接材料。

⑮A产品和其他直接材料的成本可以直接与特定的订单相关联，从而更准确地计算每个订单的材料成本。

⑯直接人工成本分配率 = 直接人工成本 ÷ 第二分部人工工时。

变动制造费用分配率 = 变动制造费用 ÷ 第二分部人工工时

固定制造费用分配率 = 固定制造费用 ÷ 第二分部机器工时

甲公司为了激励第一、二分部对企业利润作出贡献，将其分别设定为“利润中心”。为评价各利润中心的经营业绩，第二分部领用A产品按内部转移价格200元/件计价⑰。

⑰利润中心指对利润负责的责任中心，各利润中心的管理人员有权对其供货来源和市场选择进行决策。
内部转移价格的类型之一，是“市场型内部转移价格”，它是以市场价格为基础、由成本和毛利构成的内部转移价格，一般适用于利润中心。本题中第二分部领用A产品按内部转移价格200元/件计价。

2023年7月相关资料如下。

（1）月初在产品成本数据⑱。

单位：元

项目	A产品成本	直接材料成本	其他直接材料成本	直接人工成本	变动制造费用	固定制造费用	成本合计
A产品	—	1 207 500	—	252 000	61 200	156 000	1 676 700
订单#601B	2 000 000	—	245 000	85 200	90 770	115 500	2 536 470

⑱结合①③，该表是A产品和B产品订单#601月初在产品成本的数据来源之一。

（2）A产品月初在产品15 000件，平均加工程度40%；本月投产81 000件，完工80 000件；月末在产品16 000件，平均加工程度50%。订单#601B月初在产品10 000件，平均加工程度55%，月末全部完工；订单#701B本月投产8 000件，领用A产品8 000件，本月全部完工；订单#702B本月投产12 000件，领用A产品12 000件，月末均未完工，平均加工程度30%⑲。

⑲本月各产品及订单投产情况汇总如下（单位：件）：

项目	月初在产品	本月投产	本月完工	月末在产
A产品	15 000（加工程度40%）	81 000	80 000	16 000（加工程度50%）
订单#601B	10 000（加工程度55%）	—	10 000	—
订单#701B	—	8 000	8 000	—
订单#702B	—	12 000	—	12 000（加工程度30%）

结合①③，该信息是A产品、B产品订单#601和订单#701产品成本的数据来源之一。

（3）本月生产费用[20]。

单位：元

项目	直接材料成本	其他直接材料成本	直接人工成本	变动制造费用	固定制造费用
A 产品	6 520 500	—	3 444 000	836 400	1 804 000
订单 #601B	—				
订单 #701B	—	196 000			
订单 #702B	—				

[20]结合①③，该表是 A 产品和 B 产品订单 #701 本期成本的数据来源。

（4）本月第二分部工时与间接生产费用[21]。

项目	人工工时（小时）	机器工时（小时）	直接人工成本（元）	变动制造费用（元）	固定制造费用（元）
第二分部	17 600	9 000	246 400	258 720	346 500
其中：					
订单 #601B	4 900	2 600			
订单 #701B	8 800	4 400			
订单 #702B	3 900	2 000			

[21]结合⑯，可计算出第二分部直接人工和制造费用的分配情况。

（5）本月第一分部对外销售 A 产品 62 000 件，转入下一车间继续加工 20 000 件。A 产品完工产品月初库存 10 000 件，成本 1 500 000 元[22]。第一分部对外销售 A 产品，每件销售佣金提成 17.3 元[23]。

[22]结合⑪，由于采用先进先出法计算销货成本，因此本月实际销售 A 产品 82 000 件（62 000+20 000）中，有 10 000 件的成本为 1 500 000 元。

[23] a. 结合⑦㉒，第一分部生产的 A 产品中，对外销售的 62 000 件，其售价 =210−17.3=192.7（元 / 件），实际销售收入 = 62 000×（210−17.3）=11 947 400（元）。

b. 结合⑥，第一分部可接受的内部转移定价≥扣除销售佣金提成的对外售价 192.7 元 / 件，否则不如将 A 产品对外出售产生的利润多。

第二分部可接受的内部转移定价≤ A 产品的市场售价 210 元 / 件，否则不如直接外购 A 产品更节省成本。

因此，内部定价的合理区间为 192.7 ~ 210 元 / 件。

答案与采分点

（1）

项目	数量（件）	直接材料成本（元）	直接人工成本（元）	变动制造费用（元）	固定制造费用（元）	合计（元）
月初在产品	15 000	1 207 500	252 000	61 200	156 000	1 676 700
本月生产费用	81 000	6 520 500	3 444 000	836 400	1 804 000	12 604 900
总约当产量（件）	—	81 000（0.25分）	82 000（0.25分）	82 000（0.25分）	82 000（0.25分）	—
分配率	—	80.5（0.5分）	42（0.5分）	10.2（0.5分）	22（0.5分）	—
本月完工产品	80 000	6 440 000（0.5分）	3 360 000（0.5分）	816 000（0.5分）	1 784 000（0.5分）	12 400 000（0.5分）
单位成本	—	80.5（0.5分）	42（0.5分）	10.2（0.5分）	22.3（0.5分）	155（0.5分）
月末在产品	16 000	1 288 000	336 000	81 600	176 000	1 881 600（0.5分）

计算说明：

本月产出的总约当产量：

直接材料成本约当产量

= 月初在产品本月约当产量 + 本月投入本月完工产品数量 + 月末在产品约当产量

=0+（80 000−15 000）+16 000=81 000（件）

直接人工成本约当产量

= 月初在产品本月加工约当产量 + 本月投入本月完工产品数量 + 月末在产品约当产量

=15 000×（1−40%）+（80 000−15 000）+16 000×50%=82 000（件）

变动制造费用约当产量、固定制造费用约当产量同直接人工成本约当产量。

分配率计算：

直接材料分配率（单位约当产量成本）=6 520 500÷81 000=80.5（元/件）

直接人工分配率（单位约当产量成本）=3 444 000÷82 000=42（元/件）

变动制造费用分配率（单位约当产量成本）=836 400÷82 000=10.2（元/件）

固定制造费用分配率（单位约当产量成本）=1 804 000÷82 000=22（元/件）

本月完工产品成本计算：

直接材料成本 =1 207 500+80.5×65 000=6 440 000（元）

[或，=1 207 500+6 520 500−80.5×16 000=6 440 000（元）]

直接人工成本 =252 000+42×74 000=3 360 000（元）

［或，=252 000+3 444 000−42×8 000=3 360 000（元）］

变动制造费用 =61 200+10.2×74 000=816 000（元）

［或，=61 200+836 400−10.2×8 000=816 000（元）］

固定制造费用 =156 000+22×74 000=1 784 000（元）

［或，=156 000+1 804 000−22×8 000=1 784 000（元）］

本月完工产品合计 =6 440 000+3 360 000+816 000+1 784 000=12 400 000（元）

单位成本计算：

单位直接材料成本 =6 440 000÷80 000=80.5（元／件）

单位直接人工成本 =3 360 000÷80 000=42（元／件）

单位变动制造费用 =816 000÷80 000=10.2（元／件）

单位固定制造费用 =1 784 000÷80 000=22.3（元／件）

单位成本 =80.5+42+10.2+22.3=155（元／件）

［或，=12 400 000÷80 000=155（元／件）］

月末在产品成本计算：

直接材料成本 =80.5×16 000=1 288 000（元）

直接人工成本 =42×8 000=336 000（元）

变动制造费用 =10.2×8 000=81 600（元）

固定制造费用 =22×8 000=176 000（元）

月末在产品合计 =1 288 000+336 000+81 600+176 000=1 881 600（元）

（2）第二分部加工费用分配：

直接人工成本分配率=246 400÷17 600=14（元/工时）

变动制造费用分配率=258 720÷17 600=14.7（元/工时）

固定制造费用分配率=346 500÷9 000=38.5（元/机时）

B产品订单#601总成本=期初成本+本期成本

=2 536 470+4 900×（14+14.7）+2 600×38.5=2 777 200（元）（1分）

B产品订单#601单位成本=2 777 200÷10 000=277.72（元/件）（0.25分）

B产品订单#701总成本=本期成本

=本期耗用A产品成本+本期耗用其他直接材料成本+本期直接人工成本+本期变动制造费用+本期固定制造费用

=8 000×200+196 000+8 800×（14+14.7）+4 400×38.5

=2 217 960（元）（1分）

B产品订单#701单位成本=2 217 960÷8 000=277.25（元/件）（0.25分）

（3）第一分部营业利润=62 000×（210−17.3）+20 000×200−1 500 000−72 000×155

=11 947 400+4 000 000−1 500 000−11 160 000

=3 287 400（元）（1分）

第二分部营业利润=（10 000+8 000）×350−2 777 200−2 217 960=1 304 840（元）（1分）

（4）第一分部可接受最低内部转移定价=210−17.3=192.7（元/件）。

第二分部可接受最高价即市场价格：210（元/件）。

内部定价的合理区间：192.7～210元（0.5分）。

目前内部转移定价200元/件合理（0.5分）。

【斯考卡片】

扫码背重点

361

2024 年 · 财务成本管理　真题试卷
答案与解析

一、单项选择题

1	D	2	B	3	D	4	C	5	C
6	B	7	C	8	C	9	D	10	A
11	D	12	B	13	A				

二、多项选择题

1	AC	2	AC	3	AD	4	ABC	5	BCD
6	ABC	7	AD	8	AB	9	ABC	10	BC
11	CD	12	BD						

一、单项选择题

1. 斯尔解析　D　第一步，找信息：投资基金经理利用的是内幕信息。第二步，看收益：平均业绩与市场整体收益率相比获得了超额收益。第三步，得结论：股价不包括内幕信息，则资本市场不可能达到强式有效，因此选项 D 当选。

2. 斯尔解析　B　**利息保障倍数 = 息税前利润 / 利息支出** =1 000/（20+5）=40，选项 B 当选。

提示：

选项 A，仅将财务费用的利息支出作为全部利息支出，即利息保障倍数 =1 000/20=50。

选项 C，既错误计算了息税前利润，又错误计算了利息支出，即利息保障倍数 =（1 000−245）/20=37.75。

选项 D，既错误计算了息税前利润，又错误计算了利息支出，即利息保障倍数 =（1 000−245−20）/20=36.75。

3. 斯尔解析　D　2023 年权益净利率 = 营业净利率 × 总资产周转次数 × 权益乘数 =800/5 000×100%×0.5× 权益乘数 =20%，2023 年权益乘数 =2.5，因为资本结构不变，所以 2024 年权益乘数 =2023 年权益乘数 =2.5，则 2024 年权益净利率 = 营业净利率 × 总资产周转次数 × 权益乘

数 =1 000/8 000×100%×0.8×2.5=25%，选项 D 当选。

提示：

选项 A，错误地使用 2023 年的营业净利率计算 2024 年的权益净利率，即 2024 年权益净利率 = 800/5 000×100%×0.8×2.5=32%。

选项 B，错误地使用 2023 年总资产周转次数计算 2024 年权益净利率，即 2024 年权益净利率 = 1 000/8 000×100%×0.5×2.5=15.63%。

4. 斯尔解析　C　修正市净率 = 可比公司市净率 /（可比公司预期权益净利率 ×100）=1.2/（12%×100）=0.1，则甲公司每股价值 = 甲公司每股净资产 × 甲公司预期权益净利率 ×100× 可比公司修正市净率 =15×11%×100×0.1=16.5（元），选项 C 当选。

提示：

选项 B，混淆甲公司市净率和可比公司市净率，即甲公司每股价值 =15×1.2/（11%×100）×12%×100=19.64（元）。

选项 D，错误地认为修正市净率法下销售净利率是关键因素，即甲公司每股价值 =15×15%×100×1.2/（11.25%×100）=24（元）。

5. 斯尔解析　C　长期借款的保护性条款分为一般性保护条款和特殊性保护条款。一般性保护条款主要包括：（1）对借款企业流动资金保持量的规定；（2）对支付现金股利和再购入股票的限制；（3）对净经营性长期资产总投资规模的限制；（4）限制其他长期债务；（5）借款企业定期向银行提交财务报表；（6）不准在正常情况下出售较多资产；（7）如期缴纳税费和清偿其他到期债务；（8）不准以任何资产作为其他承诺的担保或抵押；（9）不准贴现应收票据或出售应收账款；（10）限制租赁固定资产的规模，综上，选项 C 当选。

需要注意的是，保护性条款易与特殊性保护条款结合考查，同学们要做好区别、辨析。**特殊性保护条款主要包括：（1）贷款专款专用；（2）不准企业投资于短期内不能收回资金的项目；（3）限制企业高级职员的薪金和奖金总额；（4）要求企业主要领导人在合同有效期间担任领导职务等。**

6. 斯尔解析　B　**股票的除权参考价 =（股权登记日收盘价 − 每股现金股利）/（1+ 送股率 + 转增率）**=（109−6/10）/（1+2/10+4/10）=67.75（元 / 股），选项 B 当选。

提示：**选项 C，错将发布公告日普通股收盘价当做股权登记日收盘价，即股票的除权参考价 =（111−6/10）/（1+2/10+4/10）=69（元 / 股）。**

7. 斯尔解析　C　**股票分割是将面额较高的股票交换成面额较低的股票的行为，该行为会使每股面额下降**，选项 C 当选。股票分割会使普通股股数增加，每股收益下降，选项 A 不当选。实施股票分割，企业的股本、资本公积、留存收益等股东权益内部各项目的金额都不会发生变化，股东权益结构不变，故不改变资本结构，资产负债率不变，选项 B 不当选。股票分割不会影响实体现金流量，选项 D 不当选。

8. 斯尔解析　C　应收账款平均余额 = 日销售额 × 平均收现期 =（3.6×10 000/360）×［40%×20+（1−40%）×30］=2 600（万元），选项 C 当选。

提示：

选项 A，错将折扣期当作平均收现期，即应收账款平均余额 =（3.6×10 000/360）×20=2 000（万元）。

选项 D，错将信用期当作平均收现期，即应收账款平均余额 =（3.6×10 000/360）×30=3 000（万元）。

9. 斯尔解析 D 弹性预算法又称动态预算法，是在成本性态分析的基础上，依据业务量、成本和利润之间的联动关系，按照预算期内相关的业务量（如生产量、销售量、工时等）水平计量其相应预算项目所消耗资源的预算编制方法，选项 AB 不当选。**实际成本与当期实际业务量水平下应发生成本的差额是支出差异**，选项 C 不当选。**实际收入与当期实际业务量水平下应实现收入的差额是收入差异**，选项 D 当选。

10. 斯尔解析 A **接受订单增加的相关损益 = 该订单所提供的边际贡献 − 该订单所引起的相关成本**，该订单所提供的边际贡献 =（70−30）×8=320（万元），该订单所引起的相关成本 = 专属成本 + 机会成本 =30+70+（45+8−50）×（90−30）=280（万元），接受订单增加的相关损益 =320−280=40（万元），接受订单增加的相关损益＞0，可接受订单，选项 A 当选。

提示：

选项 B，既错在将单位产品成本当作单位变动成本，又错在仅考虑了剩余生产能力可获得的租金，即接受订单增加的相关损益 =（70−60）×8−70=10（万元），接受订单增加的相关损益＞0，可接受订单。

选项 D，未考虑剩余生产能力可获得的租金，即接受订单增加的相关损益 =320−［30+（45+8−50）×（90−30）］=110（万元），接受订单增加的相关损益＞0，可接受订单。

11. 斯尔解析 D 设预计物流费用为 X 万元，使用基准量 100% 和 110% 的资料，应用内插法可列式：（110%−107%）/（110%−100%）=（932−X）/（932−920），解得，X=928.4（万元），选项 D 当选。

提示：选项 C，错以基准量的 100% 作为标准值，基准量的 107% 相比于基准值上升了 7%，则对应的物流费用也会上升 7%，即预计物流费用 =920×（1+7%）=984.4（万元）。

12. 斯尔解析 B 剩余收益 = 部门税前经营利润 − 部门平均净经营资产应计报酬 = 部门税前经营利润 − 部门平均净经营资产 × 要求的税前投资报酬率 =1 000−［（9 000−2 500）−2 000］×6%=730（万元），选项 B 当选。

提示：

选项 A，错误地计算部门平均净经营资产，即剩余收益 =1 000−（9 000−2 000）×6%=580（万元）。

选项 C，混淆部门平均资产和部门平均净经营资产，即剩余收益 =1 000−9 000×6%=460（万元）。

13. 斯尔解析 A 处置该经营资产后，部门投资报酬率 = 部门税前经营利润 / 部门平均净经营资产 ×100%=（1 600−310）/（8 000−2 000）×100%=21.5%，如果不处置该经营资产，则部门投资报酬率 =1 600/8 000×100%=20%。该经营资产本身的投资报酬率 =310/2 000×100%=15.5%，处置该资产会使部门投资报酬率提高，站在投资中心角度应该实施该方案。该经营资产本身的税前投资报酬率是高于公司要求的税前投资报酬率的，站在公司角度不应该实施该方案。综上，选项 A 当选。

二、多项选择题

1. 斯尔解析 AC 固定收益证券是指能够提供固定或根据固定公式计算出来的现金流的证券，既包括固定利率债券，也包括有明确计算方法的浮动利率债券和固定股息率的优先股，因此，选项 AC 当选。可转换债券和认股权证的价值和收益依赖于其他证券（可转换或认购的标的股权），属于衍生证券，因此，选项 BD 不当选。

2. 斯尔解析 AC 期权内在价值是指期权立即执行产生的经济价值，当股价大于执行价格，看涨期权内在价值 = 当前市价 − 执行价格 =18−15=3（元），看跌期权的内在价值 =0，选项 A 当选、选项 B 不当选。期权的时间溢价是一种等待的价值，在到期日之前，期权的时间溢价大于 0，时间溢价不可能小于 0，选项 C 当选、选项 D 不当选。

3. 斯尔解析 AD 空头对敲是指同时卖出 1 只股票的看涨期权和看跌期权，它们的执行价格、到期日都相同。空头对敲策略对于预计市场价格相对比较稳定的投资者非常有用，选项 AD 当选。

4. 斯尔解析 ABC MM 资本结构理论所依据的假设条件有：

（1）经营风险可以用息税前利润的方差来衡量，经营风险相同的企业处于同一风险等级。

（2）投资者等市场参与者对公司未来的收益与风险的预期是相同的。（选项A当选）

（3）资本市场是完善的，没有交易成本。

（4）投资者可同企业一样以同等利率获得借款。

（5）无论借债多少，企业及个人的负债均无风险，故负债利率为无风险利率。（选项B当选）

（6）投资者预期的EBIT不变，即假设企业的增长率为零，从而所有现金流量都是年金。（选项C当选）

5. 斯尔解析 BCD 在考虑企业所得税的情况下，由于债务利息可以在税前扣除，形成了债务利息的抵税收益，相当于增加了企业的现金流量，增加了企业的价值。随着企业负债比例的提高，企业价值也随之提高，在理论上全部融资来源于负债时，企业价值达到最大，选项 BD 当选。在考虑企业所得税的情况下，有负债企业的加权平均资本成本随着债务筹资比例的增加而降低，选项 A 不当选。有税有负债企业的权益资本成本等于相同经营风险等级的有税无负债企业的权益资本成本加上与以市值计算的债务与权益比例成比例的风险溢价，所以权益资本成本会上升，选项 C 当选。

6. 斯尔解析 ABC 整理题干数据，详见下方表格。

项目	1 月销售情况		2 月销售情况		3 月销售情况	
	销售量（万件）	销售现金额（万元）	销售量（万件）	销售现金额（万元）	销售量（万件）	销售现金额（万元）
1 月生产产品（5 万件）	5×70%=3.5	3.5×10×60%=21	5×20%=1	3.5×10×40%+1×10×60%=20	5×10%=0.5	1×10×40%+0.5×10×60%=7
2 月生产产品（6 万件）			6×70%=4.2	4.2×10×60%=25.2	6×20%=1.2	4.2×10×40%+1.2×10×60%=24
3 月生产产品（7 万件）					7×70%=4.9	4.9×10×60%=29.4

由上表可知，3月末的应收账款现金余额=3月份实现的销售量×单价×40%=（0.5+1.2+4.9）×10×40%=26.4（万元），选项A当选。3月份预计销售现金额=7+24+29.4=60.4（万元），选项B当选。3月份预计实现的销售额=3月份实现的销售量×单价=（0.5+1.2+4.9）×10=66（万元），选项C当选。由上表可知，1月份生产的5万件产成品于3月份全部出售，3月末产成品库存数量包括2月份生产量的10%和3月份生产量的30%，即3月末产成品库存数量=6×10%+7×30%=2.7（万件），选项D不当选。

7. 斯尔解析 AD **收入差异是实际收入与当期实际业务量水平下应实现收入的差额**，收入差异 =100×80−100×90=−1 000（万元），选项 A 当选。**作业量差异是实际业务量水平和预算业务量水平不同而导致的**，税前经营利润的作业量差异 = 弹性预算的税前经营利润 − 固定预算的税前经营利润 =100×（90−60）−90×（90−60）=300（万元），成本费用的作业量差异 =100×60−90×60=600（万元），选项 B 不当选、选项 D 当选。**支出差异是实际成本与当期实际业务量水平下应发生成本的差额**，税前经营利润收入支出差异 =100×（80−50）−100×（90−60）=0（万元），选项 C 不当选。

8. 斯尔解析 AB 所谓成本还原，就是从最后一个步骤起，把所耗上一步骤半成品的综合成本还原成直接材料、直接人工、制造费用等原始成本项目，从而求得按原始成本项目反映的产成品成本资料，选项 AB 当选。**还原后的各成本要素汇总金额与还原前的成本汇总金额相同**，选项 C 不当选。**通过成本还原，能全面地反映最后步骤产品的生产耗费水平**，选项 D 不当选。

9. 斯尔解析 ABC 债券偿还时间按其实际发生与规定的到期日之间的关系，分为到期偿还、提前偿还与滞后偿还三类。债券在到期日之后偿还叫滞后偿还。**滞后偿还有转期和转换两种形式**。转期指将较早到期的债券换成到期日较晚的债券，实际上是将债务的期限延长。**常用的办法有两种：一是直接以新债券兑换旧债券；二是用发行新债券得到的资金来赎回旧债券**。转换通常指股份有限公司发行的债券可以按一定的条件转换成发行公司的股票。综上，选项 ABC 当选。

10. 斯尔解析 BC 生产维持级作业，是指服务于整个工厂的作业，例如工厂保安、维修、行政管理、保险、财产税等。它们是为了维护生产能力而进行的作业，不依赖于产品的数量、批次和种类，选项 BC 当选。机器组装属于单位级作业，成批采购一般属于批次级作业，选项 AD 不当选。

11. 斯尔解析 CD 内部业务流程维度着眼于企业的核心竞争力，解决“我们的优势是什么”的问题。**反映内部业务流程维度的常用指标有交货及时率、生产负荷率、产品合格率等**，选项 CD 当选。**权益净利率和自由现金流量属于财务维度的常用指标**，选项 AB 不当选。

12. 斯尔解析 BD 社会贡献率属于利益相关者满意评价指标，选项 A 不当选。员工培训有效性属于业务流程评价指标，选项 B 当选。客户忠诚度属于利益相关者贡献评价指标，选项 C 不当选。**总资产周转率属于组织能力评价指标**，选项 D 当选。

三、计算分析题

1.

揣摩题意

要求：

（1）计算发行日不含可转换权的每份纯债券的价值①。

①纯债券价值，是不考虑转股权的可转换债券价值，纯债券价值＝未来利息现值＋本金现值。

（2）计算第3年年末付息后每份可转换债券的底线价值②，判断投资者是否应在第3年年末将可转换债券转为普通股③。

②底线价值为转换价值和纯债券价值的较高者。
转换价值=股票价格×转换比率
③结合⑩，将转换价值和赎回价格相对比，确认转换时点。

（3）计算可转换债券的税前资本成本④，判断筹资方案是否可行，说明理由⑤。

④计算可转换债券的税前资本成本时，需要构建等式，令"可转换债券的发行价格＝利息现值＋底线价值（或赎回价格）的现值"，进行求解。
⑤结合⑫，可转换债券的税前资本成本应当在普通债券利率和普通股税前资本成本之间。

（4）如果预期下一年每股股利1.2元，假设其他条件不变，甲公司拟采取修改票面利率的方式修改筹资方案，计算使筹资方案可行的票面利率区间⑥（票面利率须为整百分数，例如：5%）⑦。

⑥若仅改变预期股利D_1，则会影响第3年年末的股价，但并不会影响转股时点，建立等式"可转债券的发行价格＝利息现值＋转换价值的现值"，求解票面利率。
⑦计算出的票面利率可能是小数，此时需要将计算出的票面利率向上或向下取整。

题干：

甲公司是一家处于成长期的上市公司，拟发行可转换债券筹资1亿元建设新生产线。筹资方案如下：

平价发行5年期可转换债券，每份面值1 000元[⑧]；票面利率5%，每年付息一次，到期还本；发行一年后可转换为普通股，转换价格25元[⑨]；不可赎回期3年，第3年年末赎回价格1 020元，第4年年末赎回价格1 010元。转股和赎回必须在年末付息后进行[⑩]。公司已进入稳定增长状态，增长率4%。预期下年每股股利1.14元[⑪]。公司股权资本成本9%，等风险普通债券市场利率6%[⑫]，企业所得税税率25%[⑬]。

⑧可转换债券的发行价格＝面值=1 000（元），且发行期限为5年。

⑨结合⑧，可计算转换比率，转换比率=面值/转换价格=1 000/25=40。

⑩可转换债券设置有赎回保护期，在此以前发行者不可以赎回。该可转换债券的保护期为3年，第3年年末的赎回价格是1 020元，第4年年末的赎回价格是1 010元。

⑪由于公司已进入稳定增长状态，可计算股票价值。

$V=D_1/(R_S-g)$

⑫结合⑤⑬，税前普通股资本成本=9%/（1−25%）=12%。

⑬企业所得税税率=25%。

答案与采分点

（1）发行日不含可转换权的每份纯债券的价值=1 000×5%×（*P*/*A*，6%，5）+1 000×（*P*/*F*，6%，5）=50×4.2124+1 000×0.7473=957.92（元）（1分）。

（2）第3年年末付息后的每份纯债券价值=1 000×5%×（*P*/*A*，6%，2）+1 000×（*P*/*F*，6%，2）=50×1.8334+1 000×0.8900=981.67（元）（0.5分）。

第3年年末的股票价格=$D_4/(R_s-g)$=1.14×（1+4%）^{3}/（9%−4%）=25.65（元/股）

第3年年末的转换价值＝第3年年末的股票价格×转换比率=25.65×（1 000/25）=1 026（元）（0.5分）

可转换债券的底线价值是纯债券价值（981.67元）和转换价值（1 026元）两者中的较高者。故可转换债券的底线价值为1 026元（1分）。

第3年年末的赎回价格（1 020元）小于第3年年末的转股价值（1 026元）（0.5分），应该在第3年年末将可转换债券转为普通股（0.5分）。

（3）设可转换债券的税前资本成本为*R*。

1 000=1 000×5%×（*P*/*A*，*R*，3）+1 026×（*P*/*F*，*R*，3）

当*R*=5%时，1 000×5%×（*P*/*A*，5%，3）+1 026×（*P*/*F*，5%，3）=50×2.7232+1 026×0.8638=1 022.42（元）。

当*R*=6%时，1 000×5%×（*P*/*A*，6%，3）+1 026×（*P*/*F*，6%，3）=50×2.6730+1 026×0.8396=995.08（元）。

（*R*−5%）/（6%−5%）=（1 000−1 022.42）/（995.08−1 022.42）

解得，*R*=5.82%。（2分）

税前资本成本（5.82%）<等风险普通债券市场利率（6%）（0.5分），筹资方案不可行（0.5分）。

（4）第 3 年年末的股票价格 $=D_4/(R_s-g)=1.2\times(1+4\%)^3/(9\%-4\%)=27$（元/股）。

第 3 年年末的转换价值 = 第 3 年年末的股票价格 × 转换比例 =27×（1 000/25）=1 080（元）

设票面利率为 i。

当可转换债券的税前资本成本 = 等风险普通债券市场利率 =6% 时，则：

$1\ 000\times i\times(P/A,\ 6\%,\ 3)+1\ 080\times(P/F,\ 6\%,\ 3)=1\ 000$

解得，i=3.49%。

当可转换债券的税前资本成本 = 税前股权资本成本 =12%［9%/（1−25%）］时，则：

$1\ 000\times i\times(P/A,\ 12\%,\ 3)+1\ 080\times(P/F,\ 12\%,\ 3)=1\ 000$

解得，i=9.63%。

由于票面利率须为整百分数，因此票面利率的区间为 4% ~ 9%（2 分）。

需要注意的是，关于票面利率是向上取整还是向下取整，可以画数轴来理解。

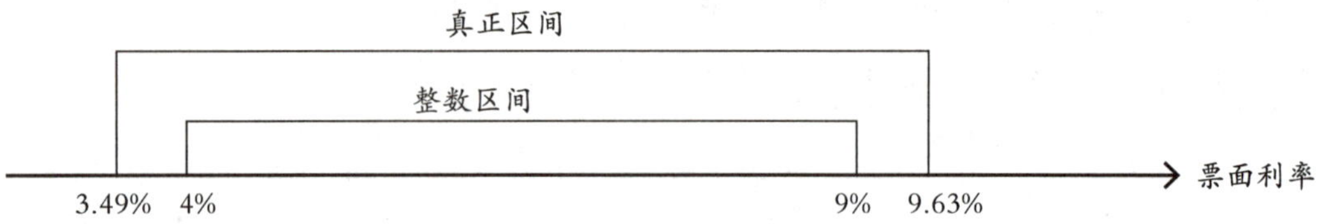

2.

揣摩题意

要求：

（1）放宽信用政策会带来哪些收益、成本项目的变化①？如采取政策一，分别计算放宽信用政策会带来哪些收益、成本项目的变化额②和改变信用政策给甲带来的净损益，并判断甲是否应采取政策一③。

①不可忽视主观题中常见的文字表述题，应收账款信用政策中收益和成本的内容，考试时往往根据关键点给分。

收益的变化主要指边际贡献的变化。

成本的变化包括应收账款占用资金应计利息（机会成本）的变化、现金折扣成本的变化、存货占用资金应计利息的变化、收账费用和坏账损失的变化和应付账款节约资金应计利息的变化。

要求：

（1）放宽信用政策会带来哪些收益、成本项目的变化[①]？如采取政策一，分别计算放宽信用政策会带来哪些收益、成本项目的变化额[②]和改变信用政策给甲带来的净损益，并判断甲是否应采取政策一[③]。

（2）基于（1）的结果，如果进一步采取政策二，计算应收账款保理给甲带来的净损益，并判断是否应采取政策二[④]。

（3）为提高应收账款质量，降低收账费用和坏账损失，企业需要制定享受信用优惠的信用标准，什么是评价顾客违约可能性的5C系统，简要介绍具体内容[⑤]。

②涉及的公式如下：

增加的边际贡献=增加的销售数量×单位边际贡献=增加的销售额×边际贡献率

应收账款占用资金的应计利息

=应收账款占用资金×资本成本

=应收账款平均余额×变动成本率×资本成本

=日销售额×平均收现期×变动成本率×资本成本

现金折扣成本=销售收入×现金折扣率×享受现金折扣的顾客比例

存货占用资金应计利息的增加=平均存货水平增加量×单位变动生产成本×资本成本

应付账款占用资金应计利息增加=平均应付账款增加额×资本成本

提示：若涉及收账费用和坏账成本，则需要根据题目已知条件计算。

③若税前损益的变化大于0，则应该推出政策一，反之，则不应该推出政策一。

④应收账款保理是指保理商与债权人签订协议，转让其对应收账款的部分或全部权利与义务，并支付一定费用的过程。

若应收账款保理业务下净损益大于0，则应采取政策二。

⑤不可忽视主观题中的常见文字表述题，简要介绍5C系统的内容，考试时往往根据关键点给分。

题干：

甲是一家小家电企业，只生产单一小家电产品。产品单位售价200元/件，单位变动成本120元/件。甲目前采用“n/30”的信用政策，预计70%（按销售量计算，下同）的顾客在信用期内付款，30%的顾客在信用期满后20天付款[⑥]。收回逾期的应收账款需要承担的收账费用及坏账损失占逾期金额的5%[⑦]。甲公司目前每年销售40 000件，平均存货3 500件[⑧]，为加强营运资本管理，甲正考虑采用以下两种政策。

⑥可计算出原信用政策（n/30）下平均收现期，即平均收现期 =70%×30+30%×（30+20）=36（天）。

⑦结合②，收账费用及坏账损失=逾期应收账款×5%，即原信用政策（n/30）下收账费用及坏账损失=200×40 000×30%×5%=120 000（元）。

⑧结合②，原信用政策（n/30）下存货占用资金应计利息=平均存货水平×单位变动成本×资本成本=3 500×120×12%=50 400（元）。

政策一：推出“5/10，3/30，n/60”的信用政策，预计每年销量将增加5%⑨。40%的顾客在10天内付款，30%的顾客在30天内付款，25%的顾客在60天内付款，另有5%的顾客在信用期满后20天付款⑩，收回逾期应收账款需要承担的收账费用及坏账损失占逾期金额的8%⑪，为确保及时供货，平均存货需提高到3 650件，其他条件不变⑫。

⑨政策一的销量由40 000件增长至42 000件［40 000×（1+5%）］。

⑩可知，政策一的平均收现期=40%×10+30%×30+25%×60+5%×（60+20）=32（天）。

⑪结合②⑩，收账费用及坏账损失=营业收入×逾期客户比例×8%，即政策一的收账费用及坏账损失=200×42 000×5%×8%=33 600（元）。

⑫结合②，政策一的存货占用资金应计利息=平均存货水平×单位变动成本×资本成本=3 650×120×12%=52 560（元）。

政策二：通过一家金融服务商对应收账款进行保理（即将应收账款转让给服务商），该服务商在销售实现时按销售额的98%向甲付款，其余2%作为甲公司支付给该服务商的利息。此外，甲还须付给服务商销售额的3%作为保理费用⑬。应收账款的现金折扣、收账费用及坏账损失等费用由服务商承担⑭。

等风险投资必要报酬率12%⑮，假设不考虑企业所得税的影响，一年按360天计算⑯。

⑬若选择政策二（保理业务），甲须支付利息和保理费用。

⑭结合⑬，若不选择政策二（保理业务），甲须承担应收账款占用资金的应计利息（机会成本）、现金折扣成本和收账费用及坏账损失。

提示：无论甲是否选择保理业务，存货依然被甲占用，即存货占用资金应计利息不会因为保理而变化，属于不相关成本。

⑮结合②，可用于计算应收账款应计利息和存货占用资金应计利息。

⑯结合②，可用于计算应收账款日平均余额。

答案与采分点

（1）收益：边际贡献的变化（0.25分）。

成本：应收账款占用资金应计利息（机会成本）的变化（0.25分）、现金折扣成本的变化（0.25分）、存货占用资金应计利息的变化（0.25分）、收账费用和坏账损失的变化（0.25分）和应付账款节约资金应计利息的变化（0.25分）。

增加的边际贡献＝增加的销售数量×单位边际贡献=40 000×5%×（200−120）=160 000（元）（0.5分）

增加的应收账款占用资金应计利息（机会成本）=40 000×（1+5%）×200/360×（10×40%+30×30%+60×25%+80×5%）×120/200×12%−40 000×200/360×（30×70%+50×30%）×120/200×12%=53 760−57 600=−3 840（元）（0.5分）

增加的现金折扣成本=40 000×（1+5%）×200×（40%×5%+30%×3%）−0=243 600（元）（0.5分）

增加的存货占用资金应计利息=（3 650−3 500）×120×12%=2 160（元）（0.5分）

增加的收账费用和坏账损失=40 000×（1+5%）×200×5%×8%−40 000×200×30%×5%=−86 400（元）（0.5分）

净损益=160 000−（−3 840）−243 600−2 160−（−86 400）=4 480（元）（0.5分）

净损益＞0（0.25分），故应采取政策一（0.25分）。

（2）采取政策一后：

不选择政策二（保理业务）的成本：

应收账款占用资金应计利息＋现金折扣成本＋收账费用和坏账损失=40 000×（1+5%）×200/360×（10×40%+30×30%+60×25%+80×5%）×120/200×12%+40 000×（1+5%）×200×（40%×5%+30%×3%）+40 000×（1+5%）×200×5%×8%=330 960（元）

选择政策二（保理业务）的成本：

40 000×（1+5%）×200×2%+40 000×（1+5%）×200×3%=420 000（元）

应收账款保理给甲带来的净损益=330 960−420 000=−89 040（元）（2分）

净损益＜0（0.25分），故不应采取政策二（0.25分）。

（3）“5C”系统，是评估顾客信用品质的五个方面，即：品质、能力、资本、抵押和条件（0.25分）。

①品质指顾客的信誉，即履行偿债义务的可能性（0.25分）。

②能力指顾客的偿债能力，即其流动资产的数量和质量以及与流动负债的比例（0.25分）。

③资本指顾客的财务实力和财务状况（0.25分）。

④抵押指顾客拒付款项或无力支付款项时能被用作抵押的资产（0.25分）。

⑤条件指可能影响顾客付款能力的经济环境（0.25分）。

3.

揣摩题意

要求：

（1）估计投资方案2024-2028年末的现金净流量及2024年末的净现值①，判断投资方案是否可行，并简要说明理由②（计算过程和结果填入下方表格）③。

（2）为满足配股融资需求，计算配股价④、配股除权参考价⑤及配股对控股股东财富带来的影响⑥。

题干：

甲公司为上市公司，2024年末发行在外的普通股为1亿股，其中，控股股东持有6 000万股⑦。为配合地方政府开展环境治理及配套产业开发，2024年末⑧拟投资6亿元，开展生态环境导向开发（EOD）项目。相关资料如下：

①a. 营业现金净流量三种计算公式：

营业现金毛流量=营业收入-付现营业成本费用-所得税

营业现金毛流量=税后经营净利润+折旧与摊销

营业现金毛流量=税后营业收入-税后付现营业成本费用+折旧与摊销抵税额

b.净现值=未来现金流量现值-原始投资额现值。

②当净现值>0时，方案可行。

③不仅将计算过程（比如营业收入、摊销抵税）填入表格，还需要将计算结果填入表格中。

④配股价＝配股融资额／配股数量。

⑤配股除权参考价计算公式如下：

配股除权参考价

$$=\frac{\text{配股前股票市值}+\text{配股价格}\times\text{配股数量}}{\text{配股前股数}+\text{配股数量}}\text{（公式一）}$$

$$=\frac{\text{配股前每股价格}+\text{配股价格}\times\text{股份变动比例}}{1+\text{股份变动比例}}\text{（公式二）}$$

⑥配股对控股股东财富带来的影响=配股后控股股东财富-（配股前控股股东财富+投资成本）。

⑦结合④⑤⑥㉑㉓，可计算配股价、配股除权参考价及配股对控股股东财富带来的影响。

⑧2024年末即为0时点，项目期限4年。

（1）投资方案：绿色环保项目。

该项目利用山林砂石矿生产低碳清洁建筑材料，期限4年[8]。2024年末项目初始投资6亿元，其中，环境治理研发费用化支出2亿元，购置生产设备支出3亿元，无建设期[9]。根据税法相关规定，研发费用可在税前100%加计扣除[10]，设备按直线法计提折旧，折旧年限10年，无残值[11]。研发费用可在2024年末抵税，假设甲公司有足够利润抵扣[12]。设备预计4年后变现价值2亿元[13]。2024年末投入营运资本1亿元（包含在初始投资内），项目结束时收回[14]。

⑨结合⑭，初始投资共6亿元，包括环境治理研发费用化支出2亿元、购置生产设备支出3亿元和垫支营运资金1亿元。

提示：

a.环境治理研发费用化支出须进一步考虑税法相关要求。

b.购置生产设备支出须进一步计算折旧和折旧抵税等。

⑩结合⑨，环境治理研发费用化支出可以在税前100%加计扣除，则需要扣除的环境治理研发费用=2×（1+100%）=4（亿元）。

⑪结合⑨，生产设备折旧=3/10=0.3（亿元），生产设备折旧抵税=0.3×25%=0.075（亿元）。

⑫结合⑩，可计算2024年末（0时点）环境治理研发费用化支出抵税=4×25%=1（亿元）。

⑬结合⑨⑪，变现净收入=2（亿元），账面价值（税法规定）=3−0.3×4=1.8（亿元）。

资产处置或残值变现对现金净流量的影响=（账面价值−变现净收入）×25%=（1.8−2）×25%=−0.05（亿元）

⑭营运资金在2024年末（0时点）垫支1亿元，2028年末（4时点）收回1亿元。

预计2025年营业收入2亿元，2026—2028年营业收入3亿元[15]，付现变动成本占营业收入的10%[16]；每年付现固定成本2 000万元[17]。

假设各年营业现金流量均发生在当年年末[18]。项目等风险投资必要报酬率为10%[19]。企业所得税税率25%[20]。

⑮结合⑳，2025年—2028年税后营业收入计算如下：

2025年税后营业收入=2×（1−25%）=1.5（亿元）

2026年—2028年每年税后营业收入=3×（1−25%）=2.25（亿元）

⑯结合⑮⑳，2025年—2028年税后付现变动成本计算如下：

2025年税后付现变动成本=1.5×10%=0.15（亿元）

2026年—2028年每年税后付现变动成本=2.25×10%=0.225（亿元）

⑰结合⑳，2025年—2028年每年税后付现固定成本=2 000×（1−25%）=1 500（万元）。

提示：表格中的单位是亿元，税后付现固定成本=0.15（亿元）。

⑱各年营业现金流量发生在当年年末，不存在跨期。

⑲折现率为10%。

⑳企业所得税税率为25%。

（2）筹资方案：配股。

2024年末，甲公司拟通过向原股东配股的方式为该项目融资6亿元，每10股配5股[21]，股权登记日股票收盘价为40元/股[22]。假设控股股东放弃配股，其他股东全部参与配股[23]。

㉑可知配股融资额为6亿元，配股比例为每10股配5股。

㉒可计算配股前股东财富和配股除权参考价。

㉓结合⑦㉑，控股股东共持有6 000万股，且不参与配股，其他股东持有4 000万股（1×10 000−6 000），且参与配股。

配股数量=4 000/10×5=2 000（万股）

答案与采分点

（1）

单位：亿元

项目	2024年末	2025年末	2026年末	2027年末	2028年末
购置生产设备支出	−3				
生产设备折旧抵税		0.075	0.075	0.075	0.075
生产设备变现净收入					2
生产设备变现净收益纳税					−0.05
环境治理研发费用化支出	−2				
环境治理研发费用化支出抵税	1				
税后营业收入		1.5	2.25	2.25	2.25
税后付现变动成本		−0.15	−0.225	−0.225	−0.225
税后付现固定成本		−0.15	−0.15	−0.15	−0.15
营运资金的垫支与收回	−1				1
现金净流量	−5（0.5分）	1.275（0.5分）	1.95（0.5分）	1.95（0.5分）	4.9（0.5分）
折现系数（10%）	1	0.9091	0.8264	0.7513	0.6830
现金流量现值	−5（0.5分）	1.1591（0.5分）	1.6115（0.5分）	1.4650（0.5分）	3.3467（0.5分）
净现值	2.58（0.5分）				

净现值＞0（0.25分），投资项目可行（0.25分）。

（2）参与配股股数 =1×10 000−6 000=4 000（万股）。

配股数量 =4 000/10×5=2 000（万股）

配股价 =6×10 000/2 000=30（元/股）（1分）

配股除权参考价 =（40×1×10 000+30×2 000）÷（1×10 000+2 000）=38.33（元/股）（1分）

配股对控股股东财富带来的影响 =38.33×6 000−40×6 000=−10 020（万元）

配股使控股股东的财富减少10 020万元（1分）。

4.

揣摩题意

要求：

（1）计算A产品内部转移价格的合理区间，回答360元/千克内部转移价格是否合理①。

①A产品内部转移价格的合理区间应该是单位变动成本和单位售价之间。

（2）为有效利用约束性资源获得最大利润，甲公司2024年应生产A、B产品各多少千克，可实现税前经营利润总额是多少？②

②考查约束资源最优利用决策，解题思路如下：

a.决策标准：单位约束资源边际贡献=单位产品边际贡献/该单位产品耗用的约束资源量。

b.决策原则：优先安排"单位约束资源边际贡献"最大的方案。

提示：注意题目条件的单位，一定要在单位统一的条件下计算。

（3）根据资料（2），假设2025年要求至少达到要求（2）的税前经营利润，计算A产品可接受的最低售价是多少？③

（4）基于资料（2），客户丙向甲公司追加订购A产品60 000千克，报价330元/千克，该订单不可拆分，但原订单可削减，原订单报价390元/千克，剩余产能可对外出租，年租金120万元，甲公司可接受订单的最低售价是多少，是否接受追加订单？④

③考查目标利润下的产品定价，需要用到第（2）问的计算结果。

④考查特殊订单是否接受的决策。

a.决策标准：接受订单增加的相关损益=该订单所提供的边际贡献−该订单所引起的相关成本。

提示：

Ⅰ.由于接受客户丙的订单会使原订单缩减，应考虑原订单缩减带来的机会成本。

Ⅱ.剩余产能可以对外出租，应考虑出租的机会成本。

b.决策原则：当接受订单增加的相关损益>0时，可接受订单。

（5）基于资料（2），如果在正常市场需求外，客户丁订购A产品25 000千克⑤，甲公司拟使用完全成本加成定价法确定投标价格，在单位完全成本基础上加成50%，作为目标报价，若剩余产能无法转移，原固定成本和新增设备成本按产量计算单位产品固定制造费用，甲公司的投标报价是多少？⑥

⑤客户丁订购A产品25 000千克，需要考虑是否削减原有订单。

⑥完全成本加成定价法下，产品的目标价格=单位产品的制造成本+非制造成本及合理利润，单位产品的制造成本=单位直接材料成本+单位直接人工成本+单位变动制造费用+单位固定制造费用。

题干：

甲公司是一家制药公司，下设一家子公司乙，甲公司生产用于加工成品药的A、B产品；乙公司将A产品进一步加工为成品药C产品⑦，甲公司A产品可以按市场价格390元/千克对外销售，也可以按内部转移价格360元/千克对乙公司销售。乙公司也可以从市场采购A产品⑧。

⑦生产逻辑图如下：

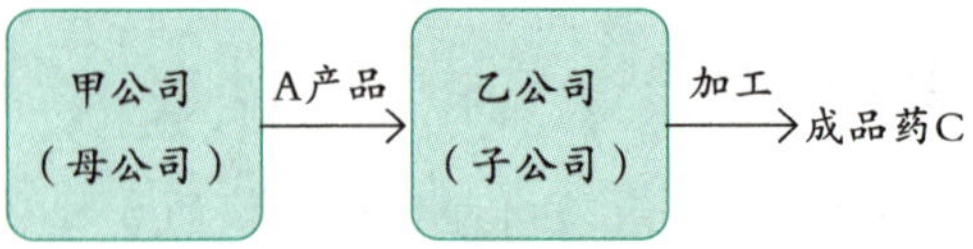

⑧甲公司A产品市场价为390元/千克。

（1）甲公司的A、B产品均存在萃取环节，都需使用萃取反应釜，该设备是公司的约束资源，年加工能力7.5万小时⑨，假设产品当年生产，当年销售，年初年末均无库存。

项目	A 产品	B 产品
销量（千克）	150 000	100 000
单位售价（元）	390	220
单位直接材料成本（元）⑩	120	40
单位直接人工成本（元）⑩	60	30
单位变动制造费用（元）⑩	20	15
分摊固定制造费用（万元）⑫	240	160
单位产品约束资源消耗（小时）⑪	0.50	0.25

⑨结合⑩⑪，考查约束资源最优利用决策。可计算A产品和B产品的单位变动成本和单位约束资源边际贡献。

A产品的单位变动成本=直接材料成本+直接人工成本+变动制造费用=120+60+20=200（元）

B产品的单位变动成本=直接材料成本+直接人工成本+变动制造费用=40+30+15=85（元）

A产品的单位约束资源边际贡献=（390−200）/0.5=380（元/小时）

B产品的单位约束资源边际贡献=（220−80）/0.25=560（元/小时）

由B产品单位约束资源边际贡献>A产品单位约束资源边际贡献，所以应该优先生产B产品。

提示：题目背景是产品，若题目背景为项目，旨在考查投资项目资本预算中的总量有限时的资本分配，解题思路如下。

第一步：将全部项目排列出不同的组合，每个组合的投资需要不超过资本总量。

第二步：计算各项目的净现值以及各组合的净现值合计。

第三步：选择净现值最大的组合作为采纳的项目。

⑫重点关注分摊的固定制造费用是“万元”口径。

（2）假设根据市场需求变化，2025年只生产并销售A产品⑬，预计销量达到250 000千克，但需新购反应釜设备，使A产品加工能力增加至14万小时⑭，2025年固定制造费用在2024年基础上增加287.5万元，单位变动成本保持不变⑮。

⑬根据市场变化，若2025年只生产A产品，则停产的B产品发生的固定成本由A产品承担。

⑭新购入反应釜设备，A产品的加工能力为14万小时，最大生产能力为280 000件（14×10 000/0.5）。

⑮结合⑬，2025年固定制造费用为687.5万元（240+160+287.5），A产品的单位变动成本为200元。

答案与采分点

（1）A产品的单位变动成本＝直接材料成本＋直接人工成本＋变动制造费用=120+60+20=200（元）。

A产品的单位售价为390元，故合理区间是200元～390元（0.5分）。

360元/千克在合理区间内，故内部转移价格合理（0.5分）。

（2）B产品的单位变动成本＝直接材料成本＋直接人工成本＋变动制造费用=40+30+15=85（元）。

A产品的单位约束资源的边际贡献＝（390−200）/0.50=380（元/小时）

B产品的单位约束资源的边际贡献＝（220−85）/0.25=560（元/小时）

因为A产品的单位约束资源的边际贡献＜B产品的单位约束资源的边际贡献，应该优先生产B产品。

A产品的生产量＝（7.5×10 000−100 000×0.25）/0.5=100 000（千克）

故生产A产品100 000千克（0.5分），B产品100 000千克（0.5分）。

税前经营利润总额＝（390−200）×100 000−240×10 000+（220−85）×100 000−160×10 000=28 500 000（元）（1分）

（3）设A产品可接受的最低售价为P_1，则：

250 000×（P_1−200）−240×10 000−160×10 000−287.5×10 000=28 500 000

解得，P_1=341.50（元/千克）（2分）。

（4）设备最大加工能力=14×10 000=140 000（小时），最大生产能力=140 000/0.5=280 000（千克）。

生产现有A产品订单需要的生产能力=250 000（千克），剩余生产能力=280 000−250 000=30 000（千克）。

追加A产品60 000千克＞剩余生产能力30 000千克，会削减原有订单。

减少的边际贡献＝（60 000−30 000）×（390−200）=5 700 000（元）

假设甲公司可接受订单的最低售价是P_2，则：

60 000×（P_2−200）−5 700 000−120×10 000=0

解得，P_2=315（元/千克）（2分）。

客户丙向甲公司追加订购A产品报价（330元/千克）大于甲公司可接受订单的最低售价（0.5分），故接受追加订单（0.5分）。

（5）固定成本总额=240×10 000+160×10 000+287.5×10 000=6 875 000（元）。

单位产品固定制造成本=6 875 000/（250 000+25 000）=25（元/千克）

甲公司的投标报价＝（200+25）×（1+50%）=337.5（元/千克）（1分）

四、综合题

揣摩题意

要求：

（1）编制甲公司2024年管理用财务报表①（结果填入下方表格中，不用列出计算过程②）。

（2）采用资本资产定价模型，估计甲公司的股权资本成本③；按照目标资本结构，估计甲公司的加权平均资本成本④。

（3）基于上述结果，计算2025—2027年甲公司实体现金流量⑤，并采用实体现金流量折现法，估计2024年末甲公司实体价值（计算过程和结果填入下方表格中⑥）。

（4）假设甲公司净负债按2024年末账面价值计算，估计2024年末甲公司股权价值⑦。

（5）甲公司认为，公司发展不能仅仅聚焦于自身的财务指标，还应充分关注利益相关者的需求，这样才能实现可持续发展。因此，公司计划采用绩效棱柱模型来评估自身绩效。请简述绩效棱柱模型的含义以及利益相关者包括哪些⑧。

①a.编制管理用资产负债表时：

Ⅰ.区分经营资产和金融资产（先“金融”，后“经营”）：金融资产包括交易性金融资产、其他应收款（应收利息）、债权投资、其他债权投资、其他权益工具投资等。

Ⅱ.区分金融负债和经营负债（先“金融”，后“经营”）：金融负债包括短期/长期借款、交易性金融负债、其他应付款（应付利息）、其他应付款（应付股利）、应付债券、优先股等。

Ⅲ.所有者权益作为“定海神针”，数值保持不变。

b.编制管理用利润表时：

Ⅰ.收入和成本根据经营活动和金融活动进行划分。

Ⅱ.净利润作为“定海神针”，数值保持不变。

②要求中明确不用列出计算过程，在表格中填入结果即可。

③资本资产定价模型：股权资本成本$R_s=R_f+\beta\times(R_m-R_f)$。其中，$R_f$表示无风险利率；$\beta$表示股票的贝塔系数；$R_m$表示平均风险股票报酬率（市场组合平均报酬率）；$R_m-R_f$表示市场风险溢价；$\beta\times(R_m-R_f)$表示股票的风险溢价。

④加权平均资本成本$WACC=r_d\times w_d\times(1-T)+r_e\times w_e$。其中，$r_d$表示税前债务成本；$w_d$表示债务权重；$r_e$表示权益成本；$w_e$表示权益权重。

⑤实体现金流量的计算公式如下：

实体现金流量

=营业现金净流量−资本支出（公式1）

=税后经营净利润+折旧与摊销−经营营运资本增加−（净经营长期资产增加+折旧与摊销）（公式2）

=税后经营净利润−净经营资产增加（公式3）

⑥要求中明确需要列出计算过程，在表格中填入计算过程和结果。

⑦结合①，净债务价值按照2024年末账面价值计算，股权价值=企业实体价值−净债务价值。

⑧不可忽视主观题中常见的文字表述题，掌握绩效棱柱模型的含义以及利益相关者的内容，考试时往往根据关键点给分。

题干：

甲公司是一家智能机器人生产企业，目前正处在高速增长期，正进行价值评估。相关资料如下：

（1）甲公司2024年主要财务报表数据（单位：万元）。

资产负债表项目	2024年末
货币资金⑨	200
应收账款⑨	800
存货⑨	1 500
固定资产⑨	5 500
资产总计	8 000
应付账款⑩	2 000
长期借款⑩	2 000
股东权益⑪	4 000
负债及股东权益总计	8 000

利润表项目	2024年度
营业收入⑫	10 000
减：营业成本⑫	6 000
税金及附加⑫	320
销售和管理费用⑫	2 000
财务费用⑬	160
利润总额	1 520
减：所得税费用	380
净利润⑭	1 140

⑨结合⑮，应收账款、存货和固定资产属于经营资产；货币资金全部属于经营资产。

⑩应付账款属于经营负债，长期借款属于金融负债。

结合⑨，净经营资产=经营资产-经营负债=资产总计-应付账款。

净负债=金融负债-金融资产=“长期借款”。

⑪股东权益作为“定海神针”，其数值在管理用报表编制中保持不变。

⑫营业收入、营业成本、税金及附加、销售和管理费用属于经营损益。

⑬结合⑯，财务费用属于金融损益。

⑭净利润作为“定海神针”，其数值在管理用报表编制中保持不变。

（2）甲公司货币资金全部为经营活动所需⑮，财务费用全部为利息支出⑯。

⑮货币资金应划分为经营资产。

⑯利息费用=财务费用。

税后利息费用=利息费用×（1−平均所得税税率）=财务费用×（1−25%）

（3）甲公司预测2025年、2026年营业收入分别增长20%、12%，2027年及以后保持4%的永续增长⑰；税后经营净利率、净经营资产周转次数、净财务杠杆和净负债利息率一直维持2024年水平不变⑱。

⑰计算甲公司企业价值时应采用实体现金流量模型下的两阶段模型。

⑱第（3）小问的关键条件。

（4）乙公司目标资本结构（净负债/股东权益）为2/3。等风险债券税前资本成本8%；普通股β系数1.4，无风险报酬率4%，市场组合的必要报酬率9%。甲公司的企业所得税税率为25%⑲。

⑲结合③④，可计算税后债务资本成本、股权资本成本和加权平均资本成本。

税后债务资本成本=8%×（1−25%）=6%

股权资本成本=4%+1.4×（9%−4%）=11%

加权平均资本成本WACC=税后债务资本成本×2/5+股权资本成本×3/5=6%×2/5+11%×3/5=9%

答案与采分点

（1）

单位：万元

管理用资产负债表	2024年末
经营性资产	8 000（0.5分）
经营性负债	2 000（0.5分）
净经营资产	6 000（0.5分）
金融负债	2 000（0.5分）
金融资产	0
净负债	2 000（0.5分）
股东权益	4 000
净负债及股东权益总计	6 000

单位：万元

管理用利润表	2024年度
税前经营利润	1 680（0.5分）
减：经营利润所得税	420（0.5分）
税后经营净利润	1 260（0.5分）
利息费用	160（0.5分）
减：利息费用抵税	40（0.5分）
税后利息费用	120（0.5分）
净利润	1 140

（2）股权资本成本 =4%+1.4×（9%−4%）=11%（1分）。

加权平均资本成本 =8%×（1−25%）×2/5+11%×3/5=9%（1分）

（3）

单位：万元

项目	2024年末	2025年末	2026年末	2027年末
营业收入	10 000	12 000	13 440	13 977.6
税后经营净利润	1 260	1 512	1 693.44	1 761.18
净经营资产	6 000	7 200	8 064	8 386.56
净经营资产增加		1 200	864	322.56
实体现金流量		312（0.5分）	829.44（0.5分）	1 438.62（0.5分）
折现系数		0.9174	0.8417	0.7722
现值		286.23（0.5分）	698.14（0.5分）	1 110.9（0.5分）
实体价值	25 202.10（0.5分）			

计算说明：2024年末实体价值=286.23+698.14+1 438.62/（9%−4%）×0.8417=25 202.10（万元）。

（4）2024年末股权价值 =25 202.10−2 000=23 202.1（万元）（1分）。

（5）绩效棱柱模型，是指从企业利益相关者角度出发，以利益相关者满意为出发点，以利益相关者贡献为落脚点，以企业战略、业务流程、组织能力为手段，用棱柱的五个构面构建三维绩效评价体系，并据此进行绩效管理的方法（1分）。利益相关者，是指有能力影响企业或者被企业所影响的人或者组织，通常包括股东、债权人、员工、客户、供应商、监管机构等（1分）。

2025年·财务成本管理　模拟试卷（一）
答案与解析

一、单项选择题

1	C	2	A	3	B	4	D	5	C
6	D	7	C	8	B	9	A	10	C
11	D	12	D	13	B				

二、多项选择题

1	ABD	2	AC	3	ACD	4	ABCD	5	BC
6	ABD	7	AD	8	CD	9	ABCD	10	ABD
11	AB	12	ABC						

一、单项选择题

1. 斯尔解析 C **如果取得的时间、投入的资本额和承担的风险都相同，利润最大化和每股收益最大化都是可以接受的**，选项AB不当选。企业与股东的交易，虽然会影响公司股价，但不会影响股东财富，选项C当选。假设股东投资资本和债务价值不变，企业价值最大化与股东财富最大化具有同等意义，选项D不当选。

2. 斯尔解析 A 甲公司资产负债率为60%，可以设甲公司资产为100，负债为60，此时所有者权益为40，可得，权益乘数＝资产／所有者权益＝100/40=2.5。根据“权益净利率＝营业净利率×总资产周转次数×权益乘数”，可列式：15%=30%×总资产周转次数×2.5，解得，总资产周转次数＝0.2，选项A当选。

提示：

选项C，错将产权比率当作权益乘数，产权比率＝负债／所有者权益＝40/60=66.67%。即15%=30%×总资产周转次数×66.67%，解得，总资产周转次数＝0.75。

选项D，错将资产负债率当作权益乘数，即15%=30%×总资产周转次数×60%，解得，总资产周转次数＝0.83。

3. 斯尔解析 B 流动性溢价理论认为短期债券的流动性比长期债券高，因为债券到期期限越长，利率变动的可能性越大。投资者为了减少风险，偏好于流动性好的短期债券，因此，长期债券要给予投资者一定的流动性溢价，利率风险就越高，选项 B 当选。资金在长期资金市场和短期资金市场之间的流动完全自由属于无偏预期理论的观点，选项 A 不当选。不同期限的债券完全不可替代，单个市场上的利率变化不会对其他市场上的供求关系产生影响属于市场分割理论的观点，选项 CD 不当选。

4. 斯尔解析 D 甲公司股票目前每股价值 =1.2×（1+10%）/（1+8%）+［1.2×（1+10%）^{2}/（8%−4%）］/（1+8%）=34.83（元），选项 D 当选。

提示：

选项 A，错将最近支付的每股股利 1.2 元当作“D_1”，即甲公司股票目前每股价值 =1.2/（1+8%）+［1.2×（1+10%）/（8%−4%）］/（1+8%）=31.67（元）。

选项 C，错误地识别稳定增长期的折现期数，即甲公司股票目前每股价值 =1.2×（1+10%）/（1+8%）+［1.2×（1+10%）^{2}/（8%−4%）］/（1+8%）^{2}=32.34（元）。

5. 斯尔解析 C 对于互斥项目，如果时间分布相同、项目期限相同，但投资额不同，应当以净现值法优先，因为它可以给股东带来更多的财富，选项 A 不当选。如果两个项目投资额相同，时间分布相同，但项目期限不同，通常有两种解决办法，一种是共同年限法，另一种是等额年金法，当采用等额年金法时，还需要关注两项目的风险是否相同，如果两项目的风险相同，可以直接比较等额年金，如果两项目的风险不同，那么就需要比较永续净现值，选项 B 不当选。对于互斥项目，如果投资额相同、项目期限相同，但时间分布不同，应当以净现值法优先，选项 C 当选、选项 D 不当选。

6. 斯尔解析 D 购买股票投资的净损益 =100×（56−60）=−400（元），出售看跌期权的净损益 =100×（15+56−70）=100（元），该投资组合的净损益 =−400+100=−300（元），选项 D 当选。

提示：

选项 A，错将净收入当作净损益，即购买股票投资的净收入 =100×56=5 600（元），出售看跌期权的净收入 =100×（56−70）=−1 400（元），该投资组合的净收入 =5 600−1 400=4 200（元）。

选项 C，错将出售看跌期权当作购买看跌期权，即购买股票投资的净损益 =100×（56−60）=−400（元），购买看跌期权的净损益 =100×（70−56−15）=−100（元），则该投资组合的净损益 =−400−100=−500（元）。

7. 斯尔解析 C 根据修正平均市销率法，目标公司的每股价值 = 修正平均市销率 × 目标公司预期销售净利率 ×100× 目标公司每股营业收入，修正平均市销率 = 可比公司平均市销率 /（可比公司平均销售净利率 ×100）=0.8/（4%×100）=0.2。甲公司每股收益 = 每股股利 / 股利支付率 =0.5/25%=2（元），每股营业收入 = 每股收益 / 销售净利率 =2/5%=40（元）。甲公司每股价值 =0.2×5%×100×40=40（元），选项 C 当选。

提示：

选项 A，错将每股股利当作每股收益，即每股营业收入 =0.5/5%=10（元），甲公司每股价值 =0.2×5%×100×10=10（元）。每股收益可以看做是每股净利润，每股收益 × 股利支付率 = 每股股利。

选项 D，将平均销售净利率与甲公司的销售净利率混淆，即修正平均市销率 =0.8/（5%×100）=0.16，甲公司每股价值=0.16×4%×100×40=25.6(元)。

8. 斯尔解析 B 盈亏临界点作业率=1−40%=60%，保本量=1 000×60%=600(件)。根据“保本量=固定成本/(单价−单位变动成本)”，可列式：600=固定成本/(10−6)，解得，固定成本=2 400(万元)。甲公司边际贡献=1 000×10−1 000×6=4 000(万元)，EBIT=4 000−2 400=1 600(万元)，联合杠杆系数=4 000/[1 600−600/(1−25%)]=5，如果该企业销量上升10%，则每股收益将增长50%，选项B当选。

提示：

选项A，在计算联合杠杆时，错误使用了优先股股利的税后口径，即联合杠杆系数=4 000/(1 600−600)=4。如果该企业销量上升10%，则每股收益将增长40%。

选项C，错误地认为销售量变动引起每股收益变动的是财务杠杆，即财务杠杆=1 600/[1 600−600/(1−25%)]=2，如果销售量上升10%，则每股收益上升20%。

选项D，错误地认为销售量变动引起每股收益变动的是经营杠杆，即经营杠杆=(1 600+2 400)/1 600=2.5，如果销售量上升10%，则每股收益上升25%。

9. 斯尔解析 A X产品的可变现净值=150×40=6 000(元)，Y产品的可变现净值=100×(60−20)=4 000(元)，Y产品分配的联合成本=9 000/(6 000+4 000)×4 000=3 600(元)，Y产品单位成本=3 600/100+20=56(元)，选项A当选。

提示：

选项B，正确计算了Y产品分配的联合成本，但未考虑Y产品还会发生的加工成本20元，即Y产品单位成本=3 600/100=36(元)。

选项C，错误计算了Y产品的可变现净值，即Y产品的可变现净值=60×100=6 000(元)。Y产品分配的联合成本=9 000/(6 000+6 000)×6 000=4 500(元)，Y产品的单位成本=4 500/100+20=65(元)。

选项D，既错误计算了Y产品的可变现净值，又未考虑还会发生的加工成本20元，即Y产品的单位成本=4 500/100=45(元)。

10. 斯尔解析 C **变动成本法下，N产品单位成本=直接材料+直接人工+变动制造费用**=20+8+16=44(元)。税前经营利润=50×60−50×44−180−50×2−30=490(万元)，选项C当选。

提示：

选项A，错误使用“营业成本=生产量×单位生产成本”，即50×60−60×44−180−50×2−30=50(万元)。

选项D，错误使用完全成本法计算N产品单位成本，即N产品单位成本=直接材料+直接人工+制造费用=20+8+16+180/60=47(元)，税前经营利润=50×60−50×47−50×2−30=520(万元)。

11. 斯尔解析 D 直接人工成本作业量差异=(60 000+1 100×10)−(60 000+1 000×10)=1 000(元)(不利差异)，选项AB不当选。直接人工成本支出差异=72 500−(60 000+1 100×10)=1 500(元)(不利差异)，选项D当选、选项C不当选。

提示：

选项A，既错将作业量差异当作弹性预算差异，又混淆了有利差异和不利差异，即弹性预算差异=60 000+1 000×10−72 500=−2 500(元)，属于有利差异。

选项 B，混淆有利差异和不利差异，即直接人工成本作业量差异为 1 000 元，属于不利差异。

12. 斯尔解析 D 标准成本中心只对既定产量的投入量负责，不对生产能力的利用程度负责，选项 D 当选、选项 A 不当选。购入材料质量低劣引起的差异主要由采购部门负责，选项 B 不当选。工资率调整引起的差异，由劳动人事部门负责，选项 C 不当选。

13. 斯尔解析 B 税后净营业利润 = 净利润 +（利息支出 + 研究开发费用调整项）×（1−25%）=20+（4+5+1）×（1−25%）=27.5（亿元），经济增加值 = 税后净营业利润 − 调整后资本 × 平均资本成本率 =27.5−200×5%=17.5（亿元），选项 B 当选。

提示：

选项 A，错误地将资本化利息作为利息支出，即税后净营业利润 =20+（4+2+5+1）×（1−25%）= 29（亿元），经济增加值 =29−200×5%=19（亿元）。

选项 D，未将当期确认为无形资产的研发支出作为研究开发费用调整项，即税后净营业利润 =20+（4+5）×（1−25%）=26.75（亿元），经济增加值 =26.75−200×5%=16.75（亿元）。

二、多项选择题

1. 斯尔解析 ABD 外部融资额 = 预计经营资产增加额 — 预计经营负债增加额 — 可动用金融资产 — 预计销售收入 × 营业净利率 ×（1− 股利支付率）。经营负债增加额 = 营业收入增加额 × 经营负债销售百分比，提高经营负债销售百分比，会提高经营负债增加额，进而导致外部融资额减少，选项 A 当选。提高经营资产周转次数，会导致经营资产销售百分比降低，减少经营资产增加额，进而减少外部融资额，选项 B 当选。提高股利支付率，会导致内部融资额减少，外部融资额增加，选项 C 不当选。提高营业净利率会导致内部融资额增加，外部融资额减少，选项 D 当选。

2. 斯尔解析 AC 投资组合不能分散系统风险，因此，投资组合的 β 系数等于组合内各资产 β 系数的加权平均值，选项 A 当选。当相关系数 =0 时，投资组合可以分散风险，此时投资组合的标准差小于组合内各资产标准差的加权平均值。只有当相关系数 =1 时，投资组合不能分散风险，此时投资组合的标准差等于组合内各资产标准差的加权平均值，选项 B 不当选。两项资产构成的投资组合的收益率，一定介于两个资产收益率之间，选项 C 当选。如果两资产构成的投资组合的机会集是一条曲线，但不向左侧凸出，则投资组合可以分散风险，但是不存在无效集，选项 D 不当选。

3. 斯尔解析 ACD 每年付息一次的债券属于间隔一段时间付息一次的债券，当票面利率 = 市场利率时，债券平价发行，债券价值整体波动持平，到期日之前，债券价值有可能高于面值，选项 A 当选。当票面利率＞市场利率时，债券溢价发行，债券价值呈波动下降趋势，到期日之前债券价值一直高于面值，选项 B 不当选。债券价值是未来现金流量的现值，随着到期时间的缩短，债券未来现金流量的复利机会减少（到期日前一天和到期日的债券价值变动不大），选项 C 当选。平价债券随着期限延长，价值与面值的差异仍然不变。而溢价债券和折价债券随着期限延长，价值与面值的差异会变大，选项 D 当选。

4. 斯尔解析 ABCD 进行投资决策时，需要估计的债务成本是未来债务的期望收益，而非承诺收益，选项 A 当选。无风险利率选择实际利率的情况有两种：一是存在恶性通货膨胀；二是预测周期特别长，通货膨胀的累积影响巨大，与 β 系数大小无关，选项 B 当选。在计算 β 系数的时候，公司风险特征无重大变化时，可以采用5年或更长的历史期长度；如果公司风险特征发生重大变化，应当使用变化后的年份作为历史期长度，选项C当选。**利用债券收益率风险调整模型估计股权资本成本时，债券收益率指的是本公司税后债券资本成本**，选项D当选。

5. 斯尔解析 BC 现值指数法克服了净现值法没有考虑投资规模的差异，但是没有消除项目期限的差异，选项A不当选。**内含报酬率法有两个缺点：一是可能出现多解或无解的情况，以致结论无效或无法得出结论；二是假设项目现金流入的再投资报酬率与项目内含报酬率相同，不符合实际情况**，选项B当选。时间越长，不确定性越大，因此回收期越短，项目的流动性越好，风险越低，选项C当选。会计报酬率法没有考虑货币时间价值，选项D不当选。

需要注意的是，净现值为绝对数指标，在用于比较期限、投资额不同的项目时有一定的局限性。

6. 斯尔解析 ABD 对于看涨期权，当股票当前市价＜执行价格时，期权的内在价值为0，因此X和Y期权的内在价值均为0，选项A当选。**期权的价值受内在价值和时间溢价的共同影响**，X和Y期权的内在价值相等，两期权到期时间不同，时间溢价不相等，故期权价值无法比较，选项B当选。股价上升，看涨期权价值变大，选项C不当选。**期权的内在价值由标的资产的现行市价和执行价格决定**，与股价波动率无关，选项D当选。

7. 斯尔解析 AD 根据资本结构MM理论的假设，公司或个人投资者的所有债务利率均为无风险利率，与债务数量无关，因此财务杠杆变化并不会影响债务资本成本，选项A当选。根据有税的MM理论，提高财务杠杆，加权平均资本成本会下降，选项B不当选。根据代理理论，当负债程度较高的企业陷入财务困境时，股东通常会放弃投资净现值为正的项目，转而投资净现值为负的高风险项目，选项C不当选。**优序融资理论认为，当企业存在融资需求时，首先选择内源融资，其次会选择债务融资，最后选择股权融资**，选项D当选。

8. 斯尔解析 CD 股票分割会导致发行在外的股数增加，每股面值减少，但是股本总额不变，所有者权益总额不变，股东权益结构和资本结构都不变，选项CD当选。但是每股收益和每股市价会减少，选项AB不当选。

9. 斯尔解析 ABCD 设甲公司长期资产为M，长期资金来源为N。在营业高峰期的总资产=M+200+100，营业高峰期的总资产=长期资金来源+短期资金来源=N+60=M+300，可得N=M+240，即长期资金来源－长期资产=240（万元）。营业高峰期的易变现率=240/（200+100）=0.8，选项A当选。营业低谷期的易变现率=240/200=1.2，选项B当选。由于短期资金来源小于短期资金占用，因此甲公司采用的是保守型融资策略，选项C当选。长期资金来源－长期资产－稳定性流动资产=240−200=40（万元），因此在营业低谷期会有40万元的闲置资金。

需要注意的是，在营业低谷期不存在波动性流动资产。

10. 斯尔解析 ABD 固定制造费用标准分配率=20 000/（500×2）=20（元/小时），固定制造费用标准成本=540×2×20=21 600（元），固定制造费用成本差异=21 400−21 600=−200（元），选项A当选。固定制造费用耗费差异=21 400−20 000=1 400（元），选项D当选。固定制造费用能力差异=20 000−21 600=−1 600（元），固定制造费用闲置能力差异=20 000−1 100×20=−2 000（元），选项B当选。固定制造费用效率差异=1 100×20−21 600=400（元），选项C不当选。

11. 斯尔解析 AB **剩余收益指标的优点包括：与增加股东财富的目标一致，可以使业绩评价与公司的目标协调一致，引导部门经理采纳高于公司要求的税前投资报酬率的决策；允许使用不同的风险**

调整资本成本，即可以对不同部门或者不同资产规定不同的资本成本百分数，使剩余收益这个指标更加灵活，选项AB当选。剩余收益属于绝对数指标，不便于不同规模的公司和部门的业绩比较，选项D不当选。计算剩余收益指标所使用的要求的税前投资报酬率，会受到管理层主观因素影响，选项C不当选。

12. 斯尔解析 ABC 绩效棱柱模型的构面包括：利益相关者满意构面、企业战略构面、业务流程构面、组织能力构面、利益相关者贡献构面，选项ABC当选。

三、计算分析题

1.

揣摩题意

要求：

（1）编制作业成本分配表①（结果填入下方表格中，不用列出计算过程②）。

（2）编制A、B产品成本计算单③（结果填入下方表格中，不用列出计算过程②）。

（3）若甲公司目前对A、B产品确定的单位售价分别为140元和220元，判断甲公司目前对A、B两个产品的定价是否合理④，并说明理由⑤。

①作业成本法是将间接成本和辅助费用更准确地分配到产品和服务中的一种成本计算方法。具体的分配路径如下：

资源 —资源成本动因→ 作业 —作业成本动因→ 产品/服务

②要求中明确不用列出计算过程，在表格中填入结果即可。

③产品成本核算的过程实际上是通过多次的成本归集和分配，最终计算出产品总成本和单位成本的过程。

a.归集：通过一定的方式，将一定期间内发生的成本数据进行收集或汇总。

b.分配：将归集的成本分配给各受益对象。

计算步骤：

Ⅰ.计算待分配金额。

Ⅱ.明确待分配对象。

Ⅲ.确定待分配对象分配标准。

Ⅳ.计算分配率。

分配率=待分配费用总额/各种产品的分配标准之和

Ⅴ.确定受益对象的成本。

受益对象的成本=分配率×该对象分配标准

④结合③可知，比较成本和价格的大小，只有产品价格大于成本时，定价才合理。

⑤要有关键的理由表述。

题干：

甲公司是一家制造业企业，生产A、B两种产品，采用品种法核算产品成本。目前按照传统成本计算方法，确定的A、B产品的单位成本分别为160元和200元⑥。随着市场竞争的加剧，企业发现传统成本计算方法无法准确反映产品成本，导致定价策略失误和利润下降。因此，企业决定引入作业成本法来改进成本核算体系⑦。

通过分析，甲公司共设有三个作业成本库，分别为：材料切割作业成本库、加工制造作业成本库和质量检验作业成本库⑧。

A、B产品分别领用原材料，并且在开工时一次性投入，其他费用陆续发生⑨。甲公司在分配当月完工产品和月末在产品成本时，对直接材料采用约当产量法（先进先出法）⑩，对制造费用采用约当产量法（加权平均法）⑪，直接人工成本已经被归入相应作业成本库，不再单独核算⑫。

⑥结合④可知，甲公司以产品品种为成本计算对象，计算出的产品成本与定价相比较。

⑦作业成本法下，凡是便于追溯到产品的材料、人工和其他成本都可以直接计入产品或服务等相关成本对象。不能直接追溯到特定的成本计算对象的间接成本，则先追溯到有关作业或分配到有关作业，计算作业成本，然后再将作业成本分配到产品或服务等有关成本对象。

⑧甲公司有三个作业成本库，每个作业成本库需要找到作业成本动因，从而分配至产品，具体成本资料详见资料四。

⑨原材料（直接材料）在开始时一次性投入，完工进度是100%；其他费用（直接人工和制造费用）陆续发生，若题目中没有指明具体的完工进度，则按50%计算。

⑩先进先出是假设生产的产品按投入生产的先后顺序完工的，先开始生产的产品先完工。

a.先进先出法的计算逻辑如下：

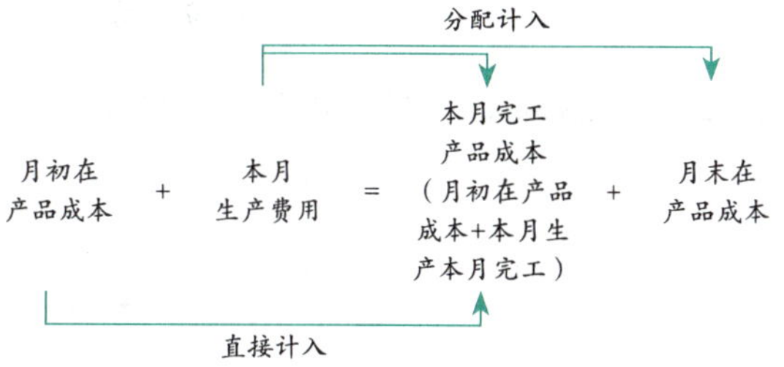

提示：

Ⅰ.公式中的任何一项都可以拆解成直接材料、直接人工和制造费用，所以在题目中一定要看清楚计算的项目。

Ⅱ.本月的生产费用有三个分配去向，分别是月初在产品、本月生产本月完工产品、本月生产月末在产品。

Ⅲ.在题目中为了加深难度会在本月生产费用的项目、月初在产品完工进度、月末在产品的完工进度上加以混淆，所以同学们在做题时一定要看清题目、厘清思路。

b.先进先出法计算公式如下：

月初在产品本月加工约当产量（a）=月初在产品数量×（1−月初在产品完工程度）

本月投入本月完工产品数量（b）=本月全部完工产品数量−月初在产品数量

月末在产品约当产量（c）=月末在产品数量×月末在产品完工程度

单位成本（分配率）=本月生产费用/（a+b+c）

完工产品成本=月初在产品成本+（a+b）×单位成本

月末在产品成本=c×单位成本

A、B产品分别领用原材料，并且在开工时一次性投入，其他费用陆续发生⑨。甲公司在分配当月完工产品和月末在产品成本时，对直接材料采用约当产量法（先进先出法）⑩，对制造费用采用约当产量法（加权平均法）⑪，直接人工成本已经被归入相应作业成本库，不再单独核算⑫。

⑪结合⑨可知，加权平均法下要注意完工进度，加权平均法基本计算公式如下：

在产品约当产量=在产品数量×完工程度

单位成本（分配率）=（月初在产品成本+本月生产费用）/（完工产品产量+月末在产品约当产量）

完工产品成本=单位成本×完工产品产量

月末在产品成本=单位成本×月末在产品约当产量

⑫在题干中已说明直接人工并入作业成本库，所以不需要单独考虑。

提示：平常练习题目时，直接材料、直接人工和制造费用总是搭配出现，但本题不同，同学们需要仔细审题。

2024年8月产品成本相关资料如下：

资料一：月初在产品成本⑬。

单位：元

产品	直接材料	制造费用	合计
A	14 000	30 400	44 400
B	6800	3200	10 000

⑬结合⑨⑩⑪，直接材料（先进先出法）下，月初在产品成本直接计入完工产品成本。制造费用（加权平均法）下，月初在产品成本先归集后分配。

资料二：A、B产品本月领用的材料分别为：84 000元和54 000元⑭。

⑭结合⑨⑩⑪，以A产品为例，直接材料（先进先出法）下，本月领用的材料有三个分配去向。制造费用（加权平均法）下，本月领用的材料先归集后分配。

资料三：本月产量⑮。

单位：件

产品	月初在产品	本月投入	本月完工	月末在产品
A	800	4 200	4 000	1 000
B	100	900	800	200

⑮结合⑩⑪，以A产品为例，思路如下：

a.直接材料（先进先出法）下，找“数量”：

月初在产品数量=800（件）

本月生产本月完工数量=4 000−800=3 200（件）

月末在产品数量=1 000（件）

b.制造费用（加权平均法）下，找“数量”：

本月完工数量=4 000（件）

月末在产品数量=1 000（件）

月初A、B产品的完工程度分别为30%和40%；月末A、B产品的完工程度分别为60%和50%⑯。

⑯结合⑨⑩⑪⑮，以A产品为例，思路如下：

a.直接材料（先进先出法）下，从“数量”计算“约当产量”：

月初在产品本月加工约当产量=800×（1−100%）=0（件）

本月生产本月完工数量=4 000−800=3 200（件）

月末在产品约当产量=1 000×100%=1 000（件）

b.制造费用（加权平均法）下，从“数量”计算“约当产量”：

本月完工数量=4 000（件）

月末在产品约当产量=1 000×60%=600（件）

资料四：本月作业成本⑰。

作业成本库	作业成本（元）	成本动因	作业量		
			A	B	合计
材料切割	165 000	切割次数（次）	1 920	480	2 400
加工制造	362 000	加工时间（小时）	2 800	1 200	4 000
质量检验	43 000	检验时间（小时）	600	400	1 000
合计	570 000				

⑰结合①⑧，根据作业成本资料，将作业按照作业成本动因分配至产品。

答案与采分点

（1）编制作业成本分配表（结果填入下方表格中，不用列出计算过程）。

作业成本分配表

单位：元

作业成本库	作业成本	A产品分配金额	B产品分配金额
材料切割	165 000	132 000（0.25分）	33 000（0.25分）
加工制造	362 000	253 400（0.25分）	108 600（0.25分）
质量检验	43 000	25 800（0.25分）	17 200（0.25分）
合计	570 000	411 200（0.25分）	158 800（0.25分）

计算说明：

A 产品分配材料切割的分配率 =165 000/（1 920+480）=68.75（元 / 次）

A 产品分配材料切割的金额 =68.75×1 920=132 000（元）

（2）编制A、B产品成本计算单（结果填入下方表格中，不用列出计算过程）。

A 产品成本计算单

单位：元

项目	直接材料	制造费用	合计
月初在产品成本	14 000	30 400	44 400
本月生产成本	84 000	411 200	495 200
合计	98 000	441 600	539 600
完工产品总成本	78 000（0.25分）	384 000（0.25分）	462 000（0.25分）
完工产品单位成本	19.5（0.5分）	96（0.25分）	115.5（0.25分）
月末在产品成本	20 000（0.25分）	57 600（0.25分）	77 600（0.25分）

B 产品成本计算单

单位：元

项目	直接材料	制造费用	合计
月初在产品成本	6 800	3 200	10 000
本月生产成本	54 000	158 800	212 800
合计	60 800	162 000	222 800
完工产品总成本	48 800（0.25分）	144 000（0.25分）	192 800（0.25分）
完工产品单位成本	61（0.5分）	180（0.25分）	241（0.25分）
月末在产品成本	12 000（0.25分）	18 000（0.25分）	30 000（0.25分）

计算说明：

A 产品本月完工产品的直接材料 =14 000+84 000/4 200×（4 000−800）=78 000（元）

A 产品月末在产品的直接材料 =84 000/4 200×1 000×100%=20 000（元）

A 产品本月完工产品的制造费用 =441 600/（4 000+1 000×60%）×4 000=384 000（元）

A 产品月末在产品的制造费用 =441 600/（4 000+1 000×60%）×（1 000×60%）=57 600（元）

B 产品本月完工产品的直接材料 =6 800+54 000/900×（800−100）=48 800（元）

B 产品月末在产品的直接材料 =54 000/900×200×100%=12 000（元）

B 产品本月完工产品的制造费用 =162 000/（800+200×50%）×800=144 000（元）

B 产品月末在产品的制造费用 =162 000/（800+200×50%）×（200×50%）=18 000（元）

（3）A产品的定价是合理的（0.5分），因为按照作业成本法核算的A产品单位成本为115.5元，小于目前的单位售价140元（0.5分）。B产品的定价不合理（0.5分），因为按照作业成本法核算的B产品单位成本为241元，大于目前的单位售价220元（0.5分）。

2.

揣摩题意

要求：

（1）计算甲公司A产品的单价①。

（2）计算甲公司第一季度的现金收入、现金支出和季末现金余额②。

（3）假设甲公司目前具备将1 000件A产品深加工为B产品的能力，每件需要追加变动成本10元，B产品的销售单价为300元。该能力可以对外承揽加工业务每季度可获得边际贡献30 000元。分析判断甲公司是否应该将A产品深加工为B产品③，并说明理由④。

①产品的目标价格=成本基数+成数=变动成本加成定价法下变动成本+成数。

变动成本加成定价法下成本基数包括直接材料、直接人工、变动制造费用和变动销售及管理费用。

提示：

a.产品定价的完全成本加成法中的成本基数包括直接材料、直接人工以及全部制造费用。

b.变动成本法和变动成本加成定价法两者的目的和成本基数都不一样，同学们一定要注意区别、辨析。

变动成本法用于计算产品成本，成本基数包括：直接材料、直接人工和变动制造费用。变动成本加成定价法用于产品定价，成本基数包括：直接材料、直接人工、变动制造费用和变动销售和管理费用。

②考查全面预算中的销售预算和现金预算。在计算现金收入、现金支出和季末现金余额时，一要找到销售量和单价，二要考虑供应商和客户的信用政策，三要看准单位。

③在判断是否深加工决策中，差额利润为判断指标。

差额利润=深加工的相关收入−深加工的相关成本

当差额利润>0时，应进一步深加工该产品，否则应该直接出售该产品。

④要有关键的理由表述。

（4）如果第一季度甲公司实际生产A产品2 200件，实际工时4 300小时，实际发生人工成本90 000元，计算甲公司第一季度直接人工效率差异和工资率差异⑤。

⑤标准成本法下，直接人工效率差异和工资率差异计算公式如下：

直接人工效率差异（量差）=（实际工时−标准工时）×标准工资率

直接人工工资率差异（价差）=实际工时×（实际工资率−标准工资率）

题干：

甲公司是一家制造业企业，生产销售A产品，产销平衡⑥，正在编制2025年第一季度的预算。

⑥产销平衡，生产量=销售量。

（1）预计第一季度A产品产量为2 000件[⑥]，预计的相关成本资料如下：单位产品材料消耗量为10千克，材料单价为5元/千克，单位产品工时为2小时，人工成本20元/小时，变动制造费用分配率为10元/小时，单位变动销售费用和管理费用为10元/件[⑦]，季度固定制造费用总额为140 000元，季度固定销售和管理费用为40 000元。

⑦结合①，可计算出变动成本加成定价法下成本基数。

（2）甲公司采用变动成本加成定价法确定A产品的价格，加成率为100%[⑧]。甲公司销售货款当季收回60%，下季收回40%，采购货款50%当季付清，50%下季付清[⑨]。当季采购的材料，当季全部消耗，季初季末无库存原材料[⑩]。直接人工成本、制造费用、销售和管理费用全部当季付现[⑪]。甲公司年初应收账款为200 000元，于第一季度收回[⑫]，应付账款为30 000元，于第一季度支付。第一季度需要预缴所得税20 000元。公司计划安装一条生产线，需要在第一季度支付购置款300 000元[⑬]。

⑧结合⑦，采用变动成本加成定价法，且加成率为100%。

⑨结合②，甲公司销售的信用政策下，本季度收回60%货款列入“现金收入”，下个季度收回40%货款列入“应收账款”。而供应商的信用政策下，本季度支付50%价款列入“现金支出”，下季度支付50%价款列入“应付账款”。

⑩对原材料来说，当季采购当季消耗，期初量=期末量=0。

⑪发生的直接人工成本、制造费用、销售和管理费用全部付现，列入“现金支出”。

⑫年初的应收账款列入“现金收入”。

⑬期初的应付账款、第一季度预缴所得税费用和生产线购置款均列入“现金支出”。

（3）甲公司年初现金余额为62 000元[14]，年初长期借款余额为100 000元，借款年利率为10%，借款利息按季度计算，并于每季度末支付[15]。每季末现金余额不能低于50 000元，低于50 000元时，向银行借入短期借款，借款金额为1 000元的整数倍。借款季初取得，每季末支付当季利息，季度利率2%。高于50 000元时，高出部分按1 000元的整数倍偿还借款，季末偿还[16]。

第一季度无其他融资和和投资计划[17]。

⑭计算“可供使用的现金”时使用，可供使用的现金=期初现金余额+现金收入合计。

⑮作为现金的筹措和运用，长期借款的季度利息=100 000×10%/4=2 500（元）。

⑯目标现金余额为50 000元。

a.当现金余额小于50 000元时，应向银行借入短期借款。

提示：

Ⅰ.从本金上，金额是1 000元的整数倍。

Ⅱ.从期限上，视同季度初借入，借款季度的利息=借款本金×2%。

b.当现金余额大于50 000元时，应向银行偿还借款。

Ⅰ.从本金上，金额是1 000元的整数倍。

Ⅱ.从期限上，视同季度末偿还，偿还季度的利息=借款本金×2%。

⑰第一季度除上述信息外，不考虑其他的现金支出以及现金的筹措与运用。

答案与采分点

（1）A产品的单位变动成本=10×5+2×20+2×10+10=120（元）。

A产品的单价=120×（1+100%）=240（元）（1分）

（2）甲公司第一季度现金收入=2 000×240×60%+200 000=488 000（元）（1分）。

可供使用现金=62 000+488 000=550 000（元）

采购原材料现金支出=2 000×10×5×50%=50 000（元）

人工成本=2 000×2×20=80 000（元）

制造费用=2 000×2×10+140 000=180 000（元）

销售和管理费用=2 000×10+40 000=60 000（元）

现金支出=50 000+80 000+180 000+60 000+30 000（第一季度支付的应付账款）+20 000（预缴所得税）+300 000（生产线购置款）=720 000（元）（1分）

现金多余或不足=550 000−720 000=−170 000（元）

现金多余或不足（−170 000元）小于最低现金余额（50 000元），需要向银行借入短期借款。假设借入短期借款的金额为M，则：

$-170\ 000+M-M\times 2\%-100\ 000\times 10\%/4\geqslant 50\ 000$

$M\geqslant 227\ 040.82$（元）

由于借款需要为1 000元的整数倍，因此甲公司应当借入的短期借款金额为228 000元。

季末现金余额=−170 000+228 000−228 000×2%−100 000×10%/4=50 940（元）（2分）

（3）深加工带来的差额利润=1 000×（300−240）−1 000×10−30 000=20 000（元）（1分）。由于深加工带来的差额利润大于0（0.5分），因此甲公司应当将A产品深加工为B产品（0.5分）。

（4）直接人工效率差异=（4 300−2 200×2）×20=−2 000（元）（1分）。

直接人工工资率差异=90 000−4 300×20=4 000（元）（1分）

3.

揣摩题意

要求：

（1）计算第一期项目不含期权的项目净现值①（计算结果填入下方表格②）。

（2）计算第二期项目不含期权的项目净现值③（计算结果填入下方表格②）。

（3）利用BS模型，计算该项目扩张期权价值④。

（4）计算含有期权的第一期项目的净现值，判断是否应该投资第一期项目，并简要说明理由⑤。

题干：

甲公司是一家饮料生产企业，在2023年研发出一种新的饮料配方，计划投资生产该新型饮料。考虑到市场的成长需要一定时间，该项目分两期进行。第一期项目的规模较小，目的是观察市场对该新型饮料的反馈⑥，减少投资风险，大约需要投资300万元，2024年初建成并投资投产，预期税后营业现金流量如下表所示：

①第一期不含期权的项目净现值=未来现金流量现值−原始投资额现值。

②将计算结果填列在表格中即可。

③第二期不含期权的项目净现值=未来现金流量现值−原始投资额现值。

提示：第二期项目在2026年初投产，第一笔现金流发生在2026年初。

④BS模型计算公式如下：

$$C_0=S_0[N(d_1)]-PV(X)[N(d_2)]$$

$$d_1=\frac{\ln\frac{S_0}{PV(X)}}{\sigma\sqrt{t}}+\frac{\sigma\sqrt{t}}{2}$$

$$d_2=d_1-\sigma\sqrt{t}$$

其中：

S_0为当前股价。

PV（X）为期权执行价格的现值。

N（d）为标准正态分布中离差小于d的概率。

σ为连续复利的以年计的股票回报率的标准差。

t为期权到期日前的时间（年）。

⑤含有期权的项目净现值=不含期权的项目净现值+扩张期权价值，当第一期含有期权的净现值大于0时，该投资项目可行。

⑥标准的扩张期权背景，项目分两期进行，第一期项目主要目的是观察市场反应。

提示：

a.扩张期权是一种看涨期权。

b.扩张期权价值使用BS模型来计算。

新型饮料项目第一期税后营业现金净流量⑦

单位：万元

项目	2024年末	2025年末	2026年末	2027年末
税后营业现金流量	80	90	100	100

⑦可知，期初投资额和每年的税后营业现金流量，可以计算第一期项目净现值。

第二期项目计划于2026年初建成并投产⑥，需要投资1 200万元，项目寿命期为4年，预期每年税后营业现金流量为400万元⑧。

⑧可知，2026年初投资额是1 200万元，此时投资额可以看做是第二期项目的执行价格。

甲公司预计新型饮料项目现金流量的标准差为30%⑨。假设投资的必要报酬率为10%，无风险报酬率为5%⑩，第二期项目的决策必须在2025年底前决定⑪。

⑨BS模型计算时使用。

⑩未来现金流入量使用投资必要报酬率10%折现，未来现金流出量使用无风险报酬率5%折现。

⑪第二期项目的起始时点是2025年末，计算期权的时点是2023年末，需要注意折现期数。

答案与采分点

（1）

第一期项目净现值

单位：万元

项目	2023年末	2024年末	2025年末	2026年末	2027年末
税后营业现金流量	—	80	90	100	100
折现系数	—	0.9091	0.8264	0.7513	0.683
各年营业现金流量现值	—	72.73（0.25分）	74.38（0.25分）	75.13（0.25分）	68.3（0.25分）
营业现金流量现值合计	290.54（0.5分）	—	—	—	—
投资额现值	300	—	—	—	—
净现值	−9.46（0.5分）	—	—	—	—

（2）

第二期项目净现值

单位：万元

项目	2023 年末	2025 年末	2026 年末	2027 年末	2028 年末	2029 年末
税后营业现金流量	—	—	400	400	400	400
折现系数	—	—	0.9091	0.8264	0.7513	0.683
各年营业现金流量现值	—	—	363.64（0.25 分）	330.56（0.25 分）	300.52（0.25 分）	273.2（0.25 分）
营业现金流量现值合计	1 047.81（0.5 分）	1 267.92	—	—	—	—
投资额现值	1 088.4（0.5 分）	1 200	—	—	—	—
净现值	−40.59（0.5 分）	—	—	—	—	—

（3）由于题目假设第二期项目的决策必须在2025年底决定，因此这是一项到期时间为2年的看涨期权。

①计算d_1和d_2。

$$d_1=\frac{\ln\dfrac{1\,047.81}{1\,088.4}}{0.3\times\sqrt{2}}+\frac{0.3\times\sqrt{2}}{2}=0.1225$$

$d_2=0.1225-0.3\times\sqrt{2}=-0.3018$

②查表计算$N(d_1)$。

当d=0.12时，$N(d)$=0.5478。

当d=0.13时，$N(d)$=0.5517。

利用内插法，可得$N(d_1)$=0.5488。

③查表计算$N(d_2)$。

当d=0.30时，$N(d)$=0.6179。

当d=0.31时，$N(d)$=0.6217。

利用内插法，可得N（0.3018）=0.6186。

$N(d_2)$=1−0.6186=0.3814

期权价值=1 047.81×0.5488−1 088.4×0.3814=159.92（万元）（3分）

（4）含有期权的第一期项目的净现值=−9.46+159.92=150.46（万元）（0.5分）。

应该投资第一期项目（0.5分）。虽然不含期权的第一期项目净现值为负，但是投资第一期项目使得公司拥有了是否开发第二期项目的扩张期权，考虑了扩张期权的价值后，第一期项目的净现值由负转为正（0.5分），因此投资第一期项目是有利的，应该投资。

4.

揣摩题意

要求：

（1）计算每份可转换债券在发行时点和第5年年末的转换价值①。

（2）计算投资者投资该可转换债券的期望报酬率②。

（3）计算甲公司长期债券的到期收益率③

（4）计算甲公司股票的期望报酬率④。

（5）判断甲公司发行可转换债券的方案是否可行，并说明理由⑤。如果筹资方案不可行，提出三种具有可行性的修改方向，并指出可转换债券税前资本成本的合理区间⑥。

①转换价值是可转换债券立即转换为普通股产生的净收入。计算公式如下：

转换价值=股价×转换比率

②计算可转换债券的到期收益率时，需要构建等式，令"可转换债券的发行价格=利息现值+底线价值（或赎回价格）的现值"，进行求解。

③计算长期债券的到期收益率时，可以构建等式，令"市价=利息的现值+本金的现值"，进行求解。

④计算股票的期望报酬率使用公式如下：

$R_S=D_1/P_0+g$

⑤结合②③④，可转换债券的筹资成本应当在普通债券利率与税前股权资本成本之间。

⑥结合⑤，如果可转换债券税前成本高于税前股权资本成本，则不如直接增发普通股。如果低于普通债券利率，则对投资人没有吸引力，需要修改筹资方案，修改的途径包括：提高每年支付的利息、提高转换比率和延长赎回保护期间。

题干：

甲公司是一家上市公司，适用的所得税税率为25%⑦，为扩大生产能力，拟发行可转换债券筹集资金，方案如下：

⑦企业所得税税率=25%。

（1）可转换债券按照面值发行，期限为8年。每份可转换债券的面值为1 000元⑧，票面利率5%，每年年末付息一次，到期还本。可转换债券发行1年后可以转换为普通股，转换价格为50元⑨。

⑧可转换债券的价格=面值=1 000（元）。

⑨结合①，可计算转换比率和转换价值。

转换比率=面值/转换价格

（2）该可转换债券的不可赎回期为5年。在可赎回期，如果可转换债券的转换价值高于1 200元公司有权以1 060元的价格赎回全部未转股的可转债。假设转股必须在年末进行，赎回在达到赎回条件后可立即执行⑩。

⑩可转换债券设置有赎回保护期，在此以前发行者不可以赎回。本可转换债券的保护期为5年，5年后的赎回价格是1 060元。若转换价值高于1 200元，甲公司会强制以1 060元的价格赎回，所以应在强制赎回前转股。

（3）预计可转换债券发行后，公司普通股每股市价为40元，公司进入稳定增长状态，可持续增长率为10%，预计下一年每股股利为3.5元/股⑪。

⑪预计下一年的每股股利为3.5元/股作为D_1。

（4）甲公司2年前发行了面值为1 000元，期限为10年的长期债券，该债券的票面利率为8%，每半年付息一次，刚刚支付了上期利息，目前市价为850元⑫。

⑫2年前发行了10年期的长期债券，目前剩余期限为8年，每半年付息一次，付息期数为16期，每期利息=面值×期利率=1 000×8%/2=40（元），可构建等式“市价=利息的现值+本金的现值”，850=40×（P/A，K，16）+1 000×（P/F，K，16），来计算内含收益率。

计算出的结果为半年期到期收益率，使用有效年利率计算公式转化为年到期收益率。

答案与采分点

（1）可转换债券的转换比率=1 000/50=20。

每份可转换债券在发行时点的转换价值=40×20=800（元）（0.5分）

第5年年末预计公司股票价格=40×（1+10%）^{5}=64.42（元）

每份可转换债券在第5年年末的转换价值=20×64.42=1 288.4（元）（0.5分）

（2）投资者投资该可转换债券，预计会在第5年年末行使转换权，因为第5年年末的转换价值为1 288.4元，如果投资者不行使转换权，就有可能被甲公司以1 060元的价格强制赎回。

设投资者的期望报酬率为R，则：

1 000×5%×（P/A，R，5）+1 288.4×（P/F，R，5）=1 000

当折现率为10%时：

1 000×5%×（P/A，10%，5）+1 288.4×（P/F，10%，5）=989.51

当折现率为9%时：

1 000×5%×（P/A，9%，5）+1 288.4×（P/F，9%，5）=1 031.82

利用内插法：

$$\frac{R-9\%}{10\%-9\%}=\frac{1\ 000-1\ 031.82}{989.51-1\ 031.82}$$

解得：R=9.75%（2分）。

（3）设长期债券计息期折现率为K，则：

1 000×8%/2×（P/A，K，16）+1 000×（P/F，K，16）=850

当折现率为5%时：

1 000×8%/2×（P/A，5%，16）+1 000×（P/F，5%，16）=891.61

当折现率为6%时：

1 000×8%/2×（P/A，6%，16）+1 000×（P/F，6%，16）=797.84

利用内插法：

$$\frac{K-5\%}{6\%-5\%}=\frac{850-891.61}{797.84-891.61}$$

解得：K=5.44%。

到期收益率=（1+5.44%）^{2}−1=11.18%（2分）

（4）甲公司股票的期望报酬率=3.5/40+10%=18.75%（1分）。

（5）①该可转换债券的筹资方案不可行（0.5分）。因为投资者投资可转换债券的期望报酬率小于投资普通债券的期望报酬率（0.5分），投资者更愿意投资普通债券而不是可转换债券。

②甲公司可以通过降低转换价格（0.5分），提高可转换债券票面利率（0.5分），和延长不可赎回期（0.5分）的方式修改筹资方案。

③甲公司税前股权资本成本=18.75%/（1−25%）=25%，甲公司可转换债券税前资本成本的合理区间为11.18%至25%（0.5分）。

四、综合题

揣摩题意

要求：

（1）编制甲公司2024年的管理用财务报表①。

（2）计算甲公司2024年的经营营运资本周转次数、净经营长期资产周转次数、净经营资产净利率和股权现金流量②。

①管理用财务报表编制思路如下：

a.编制管理用资产负债表时：

Ⅰ.区分经营资产和金融资产（先“金融”，后“经营”）：金融资产包括交易性金融资产、其他应收款（应收利息）、债权投资、其他债权投资、其他权益工具投资等。

Ⅱ.区分金融负债和经营负债（先“金融”，后“经营”）：金融负债包括短期/长期借款、交易性金融负债、其他应付款（应付利息、应付股利）、应付债券、优先股等。

Ⅲ.所有者权益作为“定海神针”，数值保持不变。

b.编制管理用利润表时：

Ⅰ.收入和成本根据经营活动和金融活动进行划分。

Ⅱ.净利润作为“定海神针”，数值保持不变。

②周转次数（周转率）通用公式如下：

$$周转次数（周转率）=\frac{营业收入}{\times\times资产（平均数）}$$

经营营运资本周转次数=营业收入/经营营运资本

净经营长期资产周转次数=营业收入/净经营长期资产

净经营资产净利率=税后经营净利润/净经营资产

股权现金流量=股利分配-股票发行+股票回购=净利润-所有者权益的增加

（3）计算甲公司2024年的可持续增长率③。若甲公司不改变其经营效率和财务政策，采用股权现金流量折现模型计算甲公司2025年初的股权价值④。

③计算可持续增长率的常用方法如下：

a.可持续增长率=本期利润留存/（本期期末股东权益-本期利润留存）。

b.可持续增长率=期末权益净利率×本期利润留存率/（1-期末权益净利率×本期利润留存率），其中，期末权益净利率=营业净利率×期末总资产周转次数×期末权益乘数。

④可以使用2024年的可持续增长率作为股利增长率，计算股权价值。

（4）若甲公司改变其经营效率和财务政策，计算其2025年至2027年的实体现金流量⑤（计算结果填入下方表格⑥）。

（5）若甲公司改变其经营和财务战略，基于上述结果，计算甲公司加权平均资本成本和2025年初的实体价值⑦。

题干：

甲公司是一家制造业上市公司，为进行以价值为基础的管理，公司拟对企业整体价值进行评估，有关资料如下：

（1）公司正处于可持续增长状态，2024年主要财务报表信息如下：

单位：万元

资产负债表项目	2024年末
货币资金⑧	300
交易性金融资产⑨	220
应收账款⑩	1 400
其他应收款⑩	300
存货⑩	1 780
固定资产⑩	2 500
无形资产⑩	1 500
资产合计	8 000
应付账款⑪	600
合同负债⑪	1 000
长期借款⑫	660
应付债券⑫	1 500
股东权益⑬	4 240
负债及股东权益合计	8 000

⑤若是改变其经营效率和财务政策，在计算实体现金流量时，需要逐步计算。

实体现金流量=税后经营净利润-净经营资产的增加=经营利润×（1-所得税税率）-净经营资产的增加

⑥将计算结果填至表格即可。

⑦如果改变其经营效率和财务政策，不能使用2024年的可持续增长率来计算加权平均资本成本。

在计算实体价值时，注意关注时点及未来现金流量。

⑧结合⑯可知，货币资金中经营资产=4 000×3%=120（万元），金融资产=300-120=180（万元）。

⑨交易性金融资产属于“金融资产”。

⑩结合⑲可知，应收账款、其他应收款、存货、固定资产和无形资产都属于“经营资产”。

⑪应付账款和合同负债都属于“经营负债”。

⑫长期借款和应付债券都属于“金融负债”。

⑬“股东权益”和“净利润”作为“定海神针”，其数值在管理用报表编制中保持不变。

单位：万元

利润表项目	2024 年度
营业收入⑭	4 000
营业成本⑭	2 000
销售和管理费用⑭	1 200
财务费用⑮	200
投资收益⑮	40
利润总额	640
所得税费用	160
净利润⑬	480

（2）甲公司经营活动所需的货币资金是当年营业收入的3%⑯；财务费用均为利息支出⑰；投资收益均来自于交易性金融资产⑱；其他应收款均为经营活动产生⑲。甲公司没有优先股，股东权益变动均来自于利润留存，股利支付率为50%⑳，假设资产负债表年末数可以代表全年平均水平㉑。

（3）甲公司的产品目前市场需求比较旺盛，并且管理层认为其目前的资本结构不利于实现企业价值最大化财务管理目标。甲公司计划在2025年初筹集资金投资建设一条新的生产线，并将资本结构（净负债/权益）调整为1：1。筹资完成后，预计未来2025年、2026年收入的增长率分别为20%、10%；2027年及以后年度进入永续增长阶段，增长率为8%㉒。

⑭营业收入属于“经营收入，”营业成本、销售和管理费用属于“经营费用”，即税前经营利润=4 000−2 000−1 200=800（万元）。

⑮结合⑰⑱可知，财务费用属于“金融费用”。投资收益均属于“金融收入”，即利息费用=200−40=160（万元）。

⑳可知，未来不增发新股或回购股票作为可持续增长率假设条件之一。可持续增长率假设条件还需满足不改变经营效率和财务政策。

㉑当时点和时期数错配时，无须计算时点数的平均值，可以直接利用期末数值进行计算。

㉒资本结构改变，需要按照新的资本结构重新计算β系数，决策时点是2025年初，价值是未来现金流量的现值，所以和2024年现金流量分布无关。2025年和2026年属于高速增长阶段，2027年及以后属于永续增长阶段，符合两阶段增长模型。

（4）甲公司预计筹资完成后，预计经营风险保持不变，其经营营运资本周转率、净经营长期资产周转率和净经营资产净利率与2024年相同㉓。甲公司预计筹资完成后，公司平均税后债务资本成本为8%㉔。

㉓实体现金流=税后经营净利润-净经营资产增加，可结合㉒推导出营业收入与税后经营净利润、净经营资产之间的关系。推导过程如下：

经营营运资本周转次数=营业收入/经营营运资本

净经营长期资产周转次数=营业收入/净经营长期资产

经营营运资本周转次数的倒数+净经营长期资产周转次数的倒数=净经营资产/营业收入

若要保证周转次数与2024年相同，即净经营资产和营业收入同比变动。

净经营资产净利率=税后经营净利润/净经营资产

若要保证净经营资产净利率与2024年相同，即净经营资产和税后经营净利润同比变动。综上，营业收入与税后经营净利润、净经营资产同比变动。

提示：解决此类问题时，先不要急着去填数，把需要用到的公式罗列出来，推演出指标的对应关系后，再代入数据计算结果。

㉔结合⑦可知，资本结构中权益和负债比=1：1，可计算筹资后的加权平均资本成本。

（5）甲公司目前资产的β系数为1，无风险利率为5%，市场组合的必要收益率为9%㉕。甲公司适用的企业所得税税率25%㉖。

㉕可根据资本成本定价模型，计算股权资本成本。

㉖结合⑤，企业所得税税率为25%。

答案与采分点

（1）

单位：万元

管理用资产负债表项目	2024年末
经营营运资本	2 000（0.5分）
净经营长期资产	4 000（0.5分）
净经营资产合计	6 000
净负债	1 760（0.5分）
股东权益	4 240（0.5分）
净负债与股东权益合计	6 000

单位：万元

管理用利润表项目	2024 年度
税前经营利润	800（0.5分）
减：经营利润所得税	200（0.25分）
税后经营净利润	600（0.25分）
利息费用	160（0.5分）
减：利息费用抵税	40（0.25分）
税后利息费用	120（0.25分）
净利润	480

（2）经营营运资本周转次数=4 000/2 000=2（次）（0.5分）。

净经营长期资产周转次数=4 000/4 000=1（次）（0.5分）

净经营资产净利率=600/6 000=10%（0.5分）

股权现金流量=480×50%=240（万元）（0.5分）

（3）可持续增长率=480×50%/（4 240−480×50%）=6%（0.5分）。

若不改变其经营和财务政策，公司股票的β系数=1×［1+（1−25%）×（1 760/4 240）］=1.31。

股权资本成本=5%+1.31×（9%−5%）=10.24%

2025年初股权价值=240×（1+6%）/（10.24%−6%）=6 000（万元）（0.5分）

（4）

单位：万元

项目	2024 年末	2025 年末	2026 年末	2027 年末
营业收入	4 000	4 800	5 280	5 702.4
经营营运资本	2 000	2 400	2 640	2 851.2
净经营长期资产	4 000	4 800	5 280	5 702.4
净经营资产	6 000	7 200	7 920	8 553.6
税后经营净利润	600	720（0.5 分）	792（0.5 分）	855.36（0.5 分）
净经营资产增加	—	1 200（0.5 分）	720（0.5 分）	633.6（0.5 分）
实体现金流量	—	−480（0.5 分）	72（0.5 分）	221.76（0.5 分）

（5）筹资完成后公司股票的β系数=1×［1+（1−25%）×（1/1）］=1.75。

股权资本成本=5%+1.75×（9%−5%）=12%

加权平均资本成本=12%×（1/2）+8%×（1/2）=10%（1分）

2025年初的实体价值=−480×（P/F，10%，1）+72×（P/F，10%，2）+221.76/（10%−8%）×（P/F，10%，2）=8 786.26（万元）（1.5分）

2025年·财务成本管理　模拟试卷（二）
答案与解析

一、单项选择题

1	C	2	A	3	C	4	C	5	B
6	A	7	B	8	B	9	A	10	A
11	C	12	D	13	C				

二、多项选择题

1	CD	2	ABC	3	ABC	4	ACD	5	BC
6	ABC	7	ABCD	8	BD	9	ABD	10	BCD
11	ABCD	12	CD						

一、单项选择题

1. 斯尔解析 C **杠杆贡献率=权益净利率−净经营资产净利率**，权益净利率=净利润/所有者权益×100%=300/（8 000−6 500）×100%=20%，净经营资产净利率=税后经营净利润/净经营资产×100%=（300+160）/［8 000−（1 500−3 000×40%）−4 600］×100%=14.84%，故杠杆贡献率=20%−14.84%=5.16%，选项C当选。

提示：选项D，错将全部的货币资金当作经营资产，即净经营资产净利率=（300+160）/（8 000−4 600）×100%=13.53%，故杠杆贡献率=20%−13.53%=6.47%。

2. 斯尔解析 A 方案一：10×（*P*/*A*，6%，10）=10×7.3601=73.601（万元）。

方案二：15×（*P*/*A*，6%，10）×（*P*/*F*，6%，4）=15×7.3601×0.7921=87.45（万元）。

方案三：12×（*P*/*A*，6%，10）×（*P*/*F*，6%，2）=12×7.3601×0.8900=78.61（万元）。

方案四：市场利率6%默认为有效年利率口径的折现率，则半年期口径的折现率=$\sqrt{1+6\%}-1$=2.96%，应用插值法，可得（*P*/*A*，2.96%，20）=14.9365，5×（*P*/*A*，2.96%，20）=5×14.9365=74.68（万元）。因此，方案一的保费最低，选项A当选。

需要注意的是，在考试时可以直接使用（*P*/*A*，3%，20）来计算，即方案四现值=5×（*P*/*A*，3%，

20）=74.39（万元），折现率越高，现值越低，3% 所对应的现值必然低于 2.96% 对应的现值。即便采用 3% 的折现率来计算，方案四的现值仍高于方案一的现值，故从经济角度考量，仍应该选择方案一。

3. 斯尔解析 C **控股权溢价反映的是收购前后股权公平市场价值的差额，它是由于转变控股权而增加的价值**，因为资本市场有效，控股权溢价 =*V*（新的）−*V*（当前）=20 000−5 000×2=10 000（万元），选项 C 当选。

提示：

选项 A，错将收购价 18 000 万元当作 *V*（新的），即控股权溢价 =18 000−5 000×2=8 000（万元）。

选项 B，既错将收购价 18 000 万元当作 *V*（新的），又错将收购前的账面价值当作 *V*（当前），即 18 000−（12 000−3 600）=9 600（万元）。

选项 D，错将收购前的账面价值当作 *V*（当前），即 20 000−（12 000−3 600）=11 600（万元）。

4. 斯尔解析 C 两种策略下债务与股权的价值分析如下：

单位：万元

项目	原策略	新策略			
		乐观（20%）	正常（50%）	悲观（30%）	期望值
资产价值	900	1 800	800	300	850
债务	900	1 000	800	300	690
股权	0	800	0	0	160

根据上表的分析，该项目预期将导致资产价值减损50万元，债务价值减损210万元，但股权价值将增加160万元。债权人将蒙受新策略风险加大而招致的预期损失和价值转移，但经理代表股东利益，均会倾向于选择高风险的新策略。因此，选择BD不当选、选项C当选。当企业的所有权与控制权发生分离时，经理与股东之前的利益冲突会表现为经理的机会主义行为，这种情况具体表现在企业的自由现金流量相对富裕的时候，而当前甲公司面临财务困难，因此经理如果选择投资该项目，也并不是因为与股东间的冲突导致的机会主义行为，选项A不当选。也可以从另一个角度理解，该项目虽然可能导致资产价值减损，但站在股东的角度，却有正的净现值，所以经理投资该项目与股东利益是一致的，并非是因为与股东的利益冲突导致的投资决策行为。

5. 斯尔解析 B 配股价格 =25×80%=20（元/股），**配股除权参考价 =（配股前股票市值 + 配股价格 × 配股数量）/（配股前股数 + 配股数量）**=［20 000×25+20×（20 000−2 000）/10×2］/［20 000+（20 000−2 000）/10×2］=24.24（元），选项 B 当选。

提示：

选项 A，错误地认为是全部股东参与配股，即配股除权参考价 =［20 000×25+20×20 000/10×2］/［20 000+20 000/10×2］=24.17（元）。

选项 C，错误地使用股票价格作为配股价格，即配股除权参考价 =［20 000×25+25×（20 000−2 000）/10×2］/［20 000+（20 000−2 000）/10×2］=25（元）。

6. 斯尔解析 A 甲公司当年利润下年分配，因此 2023 年应分配的股利需基于 2022 年的净利润计算，2024年应分配的股利需基于2023年的净利润计算。2023年应分配的股利 =2 500/（1+5%）-3 000/（1-12%）×2/3=108.23（万元），2024年应分配的股利 =2 500×3%=75（万元），108.23-75=33.23（万元），选项A当选。

7. 斯尔解析 B **储存变动成本是指与存货数量（平均储存量）成正比，为存货经济批量决策的相关成本，如存货占用资金的应计利息、存货的破损和变质损失、存货的保险费用等**。包装材料的单位变动储存成本 = 单位仓储成本 + 单位损坏成本 + 单位存货占用资金成本 =10+800×1.5%+800×5%=62（元），选项B当选。

提示：

选项A，错将进货成本和仓储管理费当作计算损坏成本的基数，即包装材料的单位变动储存成本 =10+（10+800）×1.5%+（10+800）×5%=62.65（元）。

选项C，未考虑每千克材料仓储管理费，即包装材料的单位变动储存成本 =800×1.5%+800×5%=52（元）。

选项D，错误地考虑了储存材料的仓库租金，即包装材料的单位变动储存成本 =10+800×1.5%+800×5%+3 200/600=67.33（元）。

8. 斯尔解析 B **品种级（产品级）作业指服务于某种型号或样式产品的作业**。例如，产品设计、产品生产工艺规程制定、工艺改造、产品更新等，选项A不当选、选项B当选。产品锁边属于单位级作业，选项C不当选。成品抽检属于批次级作业，选项D不当选。

9. 斯尔解析 A 单位变动成本 =（最高点成本 - 最低点成本）/（最高点产量 - 最低点产量）=（42 000-28 000）/（3 000-1 000）=7（元/件），固定成本 = 最高点（或最低点）的总成本 - 单位变动成本 × 最高点（或最低点）产量 =42 000-7×3 000=21 000（元），总成本 = 单位变动成本 × 产量 + 固定成本 =7×2 500+21 000=38 500（元），选项A当选。

提示：选项D，错误地选取了总成本的最高点和最低点，即单位变动成本 =（45 000-28 000）/（2 000-1 000）=17（元/件），固定成本 =28 000-1 000×17=11 000（元），总成本 =2 500×17+11 000=53 500（元）。

10. 斯尔解析 A 深加工的相关收入 =90×7 000-50×7 000=280 000（元），设每件A半成品追加的变动成本为 X 元，则：深加工的相关成本 =50 000+20 000+7 000X=70 000+7 000X，差额利润 =280 000-70 000-7 000X=210 000-7 000X（元）。当差额利润＞0时，应进一步深加工该产品，否则应该直接出售该产品。可得：21 000-7 000X ＞ 0，X ＜ 30（元）。综上，选项A当选。

提示：

选项B，未考虑需要追加的专属固定成本，即深加工的相关成本 =50 000+7 000X，差额利润 =230 000-7 000X，当差额利润＞0时，解得，X ＜ 32.86（元）。

选项C，未考虑机会成本，即深加工的相关成本 =20 000+7 000X，差额利润 =260 000-7 000X，当差额利润＞0时，解得，X ＜ 37.14（元）。

11. 斯尔解析 C 第一季度预计生产量 = 第一季度预计期末产成品存货 + 第一季度预计销售量 - 第一季度预计期初产成品存货 =360×20%+500-500×20%=472（件），预计材料采购量 =（预计生产需用量 + 预计期末材料存量）- 预计期初材料存量 =472×10+600-800=4 520（千克），第一季度预计采购金额 = 预计材料采购量 × 材料采购单价 =4 520×40=180 800（元），选项C当选。

提示：

选项A，错将第一季度的生产量当作第一季度生产需用量，即预计材料采购量 =472+600−800=272（千克），第一季度预计采购金额 =272×40=10 880（元）。

选项B，错将生产需用量乘以单耗作为材料采购量，即预计材料采购量 =472×10=4 720（千克），第一季度预计采购金额 =4 720×40=188 800（元）。

选项D，混淆第一季度的期初和期末产品存量，即第一季度预计生产量 =500×20%+500−360×20%=528（件），预计材料采购量 =528×10+600−800=5 080（千克），第一季度预计采购金额 =5 080×40=203 200（元）。

12. 斯尔解析 D **按责任基础分配是指对不能直接归属于个别责任中心的费用，优先采用责任基础分配。有些费用虽然不能直接归属于特定成本中心，但它们的数额受成本中心的控制，能找到合理依据来分配，如动力费、维修费等**，选项D当选。低值易耗品的领用应直接计入责任中心，选项A不当选。产品试验检验费用应归入某一个特定的责任中心，选项B不当选。车间厂房的折旧不能归属于任何责任中心的固定成本，不进行分摊，选项C不当选。

13. 斯尔解析 C **绩效棱柱模型以利益相关者满意为出发点，以利益相关者贡献为落脚点**，选项A不当选。利益相关者是指有能力影响企业或者被企业所影响的人或者组织，通常包括股东、债权人、员工、客户、供应商、监管机构等，选项B不当选。内部控制有效性是投资者在业务流程构面的评价指标，选项C当选。资本保值增值率是监管机构在利益相关者满意构面的评价指标，选项D不当选。

二、多项选择题

1. 斯尔解析 CD **半强式有效资本市场的检验方法有事件研究法和投资基金表现分析法**，选项CD当选。**随机游走模型和过滤检验是弱式有效资本市场的检验方法**，选项AB不当选。

2. 斯尔解析 ABC **最高收益率和最大方差组合，不论什么情形，均是将全部资金投资于高风险资产的投资组合**（点G），选项B当选、选项D不当选。最小风险组合的位置，区分以下三种情形进行分析：

（1）情形一：当机会集是一条直线时，最小方差组合是将全部资金投资于低风险资产（点F）。

（2）情形二：当机会集是一条曲线，但未向左侧凸出时，最小方差组合是将全部资金投资于低风险资产（点F），选项A当选。

（3）情形三：当机会集是一条曲线，并向左侧凸出时，最小方差组合不是将全部资金投资于低风险资产（最小方差组合为点E），选项C当选。

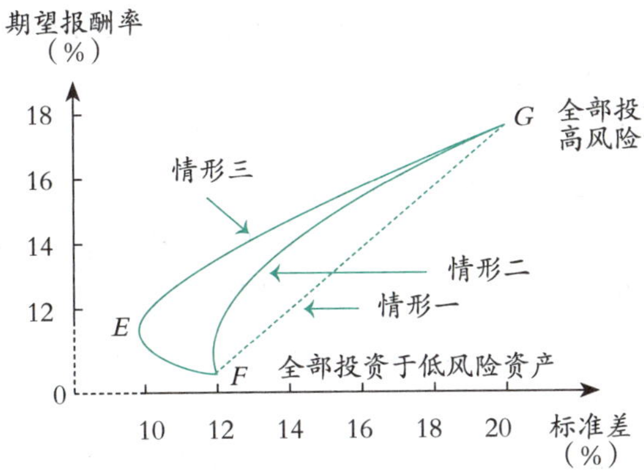

3. 斯尔解析 ABC 无风险利率的估计通常选择长期政府债券的到期收益率且一般会选择名义利率。**只有在以下两种情况下才使用实际利率计算资本成本：一是存在恶性通货膨胀；二是预测周期特别长，通货膨胀的累积影响巨大**，选项 AB 当选。财务估价使用的现金流量数据是面向未来的，而计算股权资本成本使用的 β 值却是历史的，时间基础不一致。如果有理由相信未来的业务与过去有本质或重要的区别，则历史的 β 值是不可靠的，选项 C 当选。由于股票收益率的影响因素较多，因此，短期的风险溢价比较极端，无法反映平均水平，应选择较长的期限。其中既包括经济繁荣时期，也包括经济衰退时期，要比只用最近几年的数据计算更具有代表性，选项 D 不当选。

4. 斯尔解析 ACD **内含报酬率法的缺点**：（1）**可能出现多解或无解的情况，以致结论无效或无法得出结论**；（2）**假设项目现金流入的再投资报酬率与项目内含报酬率相同，不符合实际情况**，因此，选项 A 当选。会计报酬率法考虑了整个项目寿命期的全部利润，但只是利用财务报表数据衡量项目盈利性的简单方法，内含报酬率是根据项目的现金流量计算的，是项目本身的投资报酬率，选项 B 不当选。投资项目的矛盾如果不是由项目期限不同引起的，应当以净现值法优先；**如果净现值与内含报酬率的矛盾是由项目期限不同引起的，通常有两种解决办法，一个是共同年限法，另一个是等额年金法**，选项 C 当选。共同年限法或等额年金法的局限性：（1）技术进步快的领域，预期升级换代不可避免，不可能原样复制；（2）没有考虑通货膨胀导致重置成本上升的影响；（3）忽视了竞争会使项目净利润下降，甚至有被淘汰的可能性，选项 D 当选。

5. 斯尔解析 BC 如果要在未来某时买入某种资产（现货市场），则可采用持有该资产期货合约的多头（期货市场）来对冲风险。如果到期日资产价格上升，现货购买资产亏损，则期货的多头获利；如果到期日资产价格下降，现货购买资产获利，则期货的多头亏损。综上，选项 BC 当选。

6. 斯尔解析 ABC 比较发行长期债券筹资和普通股筹资，可列式：$(\overline{EBIT}-800\times8\%)\times(1-25\%)/(1\ 000/10)=(\overline{EBIT}-0)\times(1-25\%)/(1\ 000/10+800/10)$，解得，$\overline{EBIT}=144$（万元）。**当预计的年息税前利润大于每股收益无差别点的息税前利润时，运用负债筹资可获得较高的每股收益；反之，运用权益筹资可获得较高的每股收益**，选项 ABC 当选。如果预期的年息税前利润为 260 万元，甲公司应选择发行长期债券，选项 D 不当选。

需要注意的是，长期债务筹资在任何同一预期收益条件下均比发行优先股能提供更高的每股收益。

7. 斯尔解析 ABCD 折旧抵税额的风险比租金大，折现率也应较高，选项 A 当选。租赁费的折现率一般采用有担保债券的利率，稍高于无风险利率；持有资产的经营风险大于借款的风险，因此期末资产余值的折现率要比借款利率高，多数人认为，资产余值应使用项目的必要报酬率即加权平均资本成本作为折现率，选项 BCD 当选。

8. 斯尔解析 BD 固定制造费用能力差异 = 固定制造费用预算数 − 固定制造费用标准成本 =800×8−900×8=−800（元）（F），固定制造费用成本差异 = 实际固定制造费用 − 标准固定制造费用 =7 500−900×8=300（元）（U），固定制造费用耗费差异 = 固定制造费用实际数 − 固定制造费用预算数 =7 500−800×8=1 100（元）（U），固定制造费用效率差异 = 实际工时 × 固定制造费用标准分配率 − 固定制造费用标准成本 =1 650×8÷2−900×8=−600（元）（F），综上，选项 BD 当选。

9. 斯尔解析 ABD 加权平均边际贡献率 =Σ 各产品边际贡献 /Σ 各产品销售收入 ×100%=［（25−12）×5+（30−15）×2］/（25×5+30×2）×100%=51.35%，选项 A 当选。加权平均保本销售额 = 固定成本总额 / 加权平均边际贡献率 =10/51.35%=19.47（万元），X 产品的保本销售额 = 加权平均保本销售额 ×X 产品的销售百分比 =19.47×25×［5/（25×5+30×2）］=13.16（万元），X 产品的保本销售量 =X 产品的保本销售额 / 该产品的销售单价 =13.16/25=0.53（万件），选项 B 当选。息税前利润 =（25−12）×5+（30−15）×2−10=85（万元），经营杠杆系数 = 边际贡献 / 息税前利润 =［（25−12）×5+（30−15）×2］/85=1.12，选项 C 不当选。联合杠杆系数 = 边际贡献 / 归属于普通股股东的税前利润 =［（25−12）×5+（30−15）×2］/（85−5）=1.19，选项 D 当选。

10. 斯尔解析 BCD 渗透性定价法是在新产品试销初期以较低的价格进入市场，以期迅速获得市场份额，等到市场地位已经较为稳固的时候，再逐步提高销售价格，是一种长期的市场定价策略，电子产品更新迭代较快，故选项 A 不当选。撇脂性定价法是在新产品试销初期先定出较高的价格，以后随着市场的逐步扩大，再逐步把价格降低，选项 B 当选。对于有活跃市场的产品，可以根据市场价格来定价，或者根据市场上同类或者相似产品的价格来定价，选项 C 当选。**如果是在完全垄断市场，甲公司可以自主决定产品价格**，选项 D 当选。

11. 斯尔解析 ABCD 作业预算初步编制完成后，企业应组织相关人员进行预算评审。**预算评审小组一般应由企业预算管理部门、运营与生产管理部门、作业及流程管理部门、技术定额管理部门等组成**，选项 ABCD 当选。

12. 斯尔解析 CD **利息支出指企业财务报表中“财务费用”项下的“利息支出”**，选项 A 不当选。**研究开发费用调整项指企业财务报表中“期间费用”项下的“研发费用”和当期确认为无形资产的开发支出**，选项 B 不当选。对主业处于充分竞争行业和领域的商业类企业，股权资本成本率原则上定为 6.5%，对主业处于关系国家安全、国民经济命脉的重要行业和关键领域、主要承担重大专项任务的商业类企业，股权资本成本率原则上定为 5.5%，对公益类企业股权资本成本率原则上定为 4.5%。对军工、电力、农业等资产通用性较差的企业，股权资本成本率下浮 0.5 个百分点，选项 C 当选。资产负债率高于上年且在 65%（含）至 70% 的科研技术企业、70%（含）至 75% 的工业企业或 75%（含）至 80% 的非工业企业，平均资本成本率上浮 0.2 个百分点，选项 D 当选。

三、计算分析题

1.

揣摩题意

要求：

（1）编制甲公司2024年预计的管理用财务报表[①]（结果填入下列表格，不用列出计算过程[②]）。

（2）假设甲公司2025年销售增长率为20%，营业净利率水平保持不变，2024年末的金融资产均可以动用的情况下，使用销售百分比法预测2025年的外部融资需求[③]。

①管理用财务报表编制思路如下：

a.编制管理用资产负债表时：

Ⅰ.区分经营资产和金融资产（先“金融”，后“经营”）：

金融资产包括交易性金融资产、其他应收款（应收利息）、债权投资、其他债权投资、其他权益工具投资等。

Ⅱ.区分金融负债和经营负债（先“金融”，后“经营”）：

金融负债包括短期/长期借款、交易性金融负债、其他应付款（应付利息、应付股利）、应付债券、优先股等。

Ⅲ.所有者权益作为“定海神针”，数值保持不变。

b.编制管理用利润表时：

Ⅰ.收入和成本根据经营活动和金融活动进行划分。

Ⅱ.净利润作为“定海神针”，数值保持不变。

②仅将计算结果填入表格即可。

③使用销售百分比法计算外部融资需求量的计算步骤如下：

a.确定经营资产和经营负债项目的销售百分比。

经营资产（或负债）销售百分比=基期经营资产（或负债）/基期营业收入

b.预计经营资产和经营负债增加额。

Ⅰ.增长率法：

经营资产（或负债）增加额=基期经营资产（或负债）×营业收入增长率

Ⅱ.百分比法：

经营资产（或负债）增加额=营业收入增加额×经营资产（或负债）销售百分比

c.计算融资总需求。

融资总需求=经营资产增加额-经营负债增加额
=净经营资产增加额
=基期净经营资产×营业收入增长率
=净经营资产销售百分比×营业收入增加额

d.计算预计可动用的金融资产。

可动用的金融资产可以减少企业外部的资金需求，因此，如果有可动用的金融资产，应扣减该金融资产，形成新的融资需求。

e.计算预计增加的留存收益。

预计增加的留存收益=预计的利润留存
=预计净利润×预计利润留存率
=预计营业收入×预计营业净利率×（1-预计股利支付率）

（3）甲公司拟通过平价发行附认股权证债券筹资，面值1 000元[④]，票面利率6%，期限10年，每年年末付息一次，到期还本。每份债券附送20张认股权证，认股权证5年后到期，在到期前每张认股权证可按25元的价格购买一股普通股[⑤]。不考虑发行成本等其他费用，计算发行附认股权证债券的税前资本成本[⑥]。

④附认股权证债券，指公司债券附认股权证，是“债券+认股权证”的产品组合。平价发行附认股权证债券，面值=发行价格=1 000（元）。

⑤一张附认股权证债券附送20张认股权证，当未来股价高于25元时，可以以每股25元的价格购买普通股股票。

⑥站在发行方角度计算附认股权证债券的资本成本，可构建等式“债券利息现值+到期面值现值+每份债券附认股权证的行权净流入的现值=购买价格”来计算折现率。

（4）简要说明附认股权证债券税前资本成本的合理区间，并解释不在该区间的税前资本成本不被接受的原因[⑦]。

⑦计算出的内含报酬率，必须处在债务市场利率和税前普通股成本之间，才可以被发行人和投资者同时接受。如果低于等风险普通债券市场利率，则投资者不接受，因为认股权证和债券组合的风险大于直接债务投资。如果高于税前普通股成本，则发行人不接受，因为这样还不如直接增发新股。

题干：

甲公司是一家制造业上市公司，目前公司股票每股20元，预计股价未来增长率8%[⑧]。公司管理层拟采用管理用财务报表进行筹资分析，相关资料如下。

⑧结合⑤，可用于计算未来股价。

（1）甲公司2024年重要财务报表预计数据。

单位：万元

资产负债表项目	2024年末
货币资金⑨	3 000
交易性金融资产⑩	500
应收账款	8 000
存货	7 500
固定资产	12 000
资产总计⑪	31 000
应付账款⑫	6 200
长期借款⑬	6 200
所有者权益⑭	18 600
负债及所有者权益合计	31 000
利润表项目	**2024年度**
营业收入⑮	42 000
减：营业成本⑯	27 300
税金及附加⑯	1 260
销售和管理费用⑯	9 600
财务费用⑰	350
加：投资收益⑱	50
利润总额	3 540
减：所得税费用	885
净利润⑭	2 655

⑨结合⑮⑳，货币资金中的经营资产=42 000×5%=2 100（万元），货币资金中的金融资产=3 000−2 100=900（万元）。

⑩结合⑨，甲公司金融资产=900+500=1 400（万元）。

⑪结合⑩可知，金融资产=1 400（万元），经营资产=总资产−金融资产=31 000−1 400=29 600（万元）。

提示：经营资产也可以采用累加的方式计算，即经营资产=2 100+8 000+7 500+12 000=29 600（万元）。

⑫应付账款属于“经营负债”。

⑬长期借款属于“金融负债”。

⑭所有者权益和净利润作为“定海神针”，其数值在管理用报表编制中保持不变。

⑮营业收入属于“经营收入”。

⑯营业成本、税金及附加以及销售和管理费用属于“经营费用”，即税前经营利润=42 000−27 300−1 260−9 600=3 840（万元）。

⑰结合㉑，财务费用属于“金融费用”。

⑱结合㉑，投资收益属于“金融收入”，即利息费用=350−50=300（万元）。

（2）甲公司没有优先股，股东权益变动均来自利润留存⑲，经营活动所需的货币资金是当年营业收入的5%⑳，投资收益均来自交易性金融资产，财务费用全部为利息支出㉑。

⑲甲公司所有者权益中不包括优先股且权益变动来自利润留存。

（3）甲公司采用固定股利支付率政策，股利支付率为60%；经营性资产、经营性负债与营业收入保持稳定的百分比关系㉒。

㉒结合③，销售百分比法的基本假设和固定的股利支付率60%，用以计算外部融资需求。

（4）甲公司适用的企业所得税税率为25%㉓。

㉓甲公司适用的企业所得税税率为25%。

答案与采分点

（1）

单位：万元

管理用资产负债表项目	2024 年末
经营性资产总计	29 600（0.25 分）
经营性负债总计	6 200（0.25 分）
净经营资产总计	23 400（0.25 分）
金融负债	6 200（0.25 分）
金融资产	1 400（0.25 分）
净负债	4 800（0.25 分）
所有者权益	18 600
净负债及所有者权益总计	23 400
管理用利润表项目	**2024 年度**
税前经营利润	3 840（0.25 分）
减：经营利润所得税	960（0.25 分）
税后经营净利润	2 880（0.25 分）
利息费用	300（0.25 分）
减：利息费用抵税	75（0.25 分）
税后利息费用	225（0.25 分）
净利润	2 655

（2）融资总需求=增加的净经营资产=23 400×20%=4 680（万元）。

2025年的预计净利润=2 655×（1+20%）=3 186（万元）

留存收益的预计增加额=3 186×（1−60%）=1 274.40（万元）

2025年的外部融资需求=4 680−1 274.40−1 400=2 005.60（万元）（2分）

（3）5年后股价=20×（1+8%）^{5}=29.39（元）。

1 000=1 000×6%×（P/A，i，10）+1 000×（P/F，i，10）+（29.39−25）×20×（P/F，i，5）

利用插值法计算：

当i=6%时，60×7.3601+1 000×0.5584+4.39×20×0.7473=1 065.62（元）。

当i=7%时，60×7.0236+1 000×0.5083+4.39×20×0.7130=992.32（元）。

$$\frac{7\%-i}{7\%-6\%}=\frac{992.32-1\,000}{992.32-1\,065.62}$$

解得，i=6.90%（2.5分）。

（4）附认股权证债券的税前资本成本必须处在债务市场利率和税前普通股成本之间（0.5分），才可以被发行人和投资者同时接受。

原因：

①低于等风险普通债券市场利率，则投资者不接受，因为认股权证和债券组合的风险大于直接债务投资（0.5分）。

②高于税前普通股成本，则发行人不接受，因为这样还不如直接增发新股（0.5分）。

2.

揣摩题意

要求：

（1）计算乙公司2023年的每股收益和2024年预计的每股收益①。

①每股收益=归属于普通股股东净利润/发行在外普通股加权平均股数。

（2）分别计算乙公司的股利支付率、动态市盈率和可比公司的平均市盈率，并使用市盈率基本模型估计乙公司的股票价值②。

②涉及的计算公式如下：

股利支付率 = 股利总额 / 净利润 ×100%

=（股利总额 / 股数）/（净利润 / 股数）×100%

= 每股股利 / 每股收益 ×100%

动态市盈率（内在市盈率、预期市盈率）= 股利支付率 /（股权资本成本 – 增长率）

市盈率基本模型下，每股价值 $_0$= 每股股利 $_1$/（股权资本成本 – 增长率）= 每股股利 $_0$×（1+ 增长率）/（股权资本成本 – 增长率）。

（3）使用修正平均比率法计算影响市盈率的各项关键因素的调整系数和乙公司修正的市盈率，并根据修正模型估计乙公司的股票价值③。

③多因素条件下，修正市盈率模型（修正平均比率法）计算步骤：

第一步：计算可比公司多因素调整系数。

可比公司多因素调整系数

= ∏影响因素的调整系数

= ∏目标公司系数 / 可比公司系数

第二步：计算可比企业修正的平均市盈率。

可比企业修正平均市盈率

= 可比企业平均市盈率 × 可比公司多因素调整系数

第三步：计算目标公司每股股票价值。

目标企业每股股票价值 = 可比企业修正平均市盈率 × 目标企业每股收益

题干：

甲集团计划收购乙公司，决定采用市盈率相对价值评估模型对乙公司的股权价值进行评估④，已经收集到乙公司的有关资料如下：

④考查相对价值评估模型。

乙公司2024年初发行在外的普通股8 000万股，无优先股。2024年6月30日，乙公司以5元/股的价格增发2 000万股普通股，过往和未来均无其他增发或回购安排⑤。乙公司2024年初股东权益35 000万元，全年预计实现净利润4 500万元，预计年末股东权益46 800万元，年初总资产50 000万元，预计年末总资产68 000万元，股东权益的增加全部源于股票增发筹集的资金和预计利润留存的增加⑥，2024年及以后年度的预计净利润增长率为5%。乙公司的β系数1.2⑦，财务杠杆系数2.5。甲集团识别出影响市盈率的关键因素包括企业的增长潜力（预计利润增长率）、盈利能力（总资产净利率）和风险（β系数和财务杠杆系数）⑧，并选择了乙公司所在行业关键因素类似的3家上市公司作为可比公司，收集了相关数据如下。

可比公司	预计每股收益（元）	每股市价（元）	预计利润增长率（%）⑧	总资产净利率（%）⑧	β系数⑧	财务杠杆系数⑧
A公司	0.8	8	4.75%	6%	1.5	2.1
B公司	2.4	18	8%	10%	0.9	1.5
C公司	1.6	9.6	6%	8%	1.8	1.2

假定长期政府债券利率7%，市场风险溢价5.5%⑦，乙公司和3家可比公司适用的企业所得税税率均为25%⑨，乙公司采用固定股利支付率政策，当年利润当年分配⑩。

⑤结合①，考查发行在外普通股加权平均股数的计算。

发行在外普通股加权平均股数＝期初发行在外普通股股数＋当期新发行普通股股数×已发行时间/报告期时间－当期回购普通股股数×已回购时间/报告期时间

提示：

a. 新发行股票和回购股票在计算发行在外普通股加权平均股数时需要考虑时间权重。

b. 当年派发股票股利、资本公积转增资本、拆股、并股和送股在计算发行在外普通股加权平均股数时不需要考虑时间权重。

⑥结合②可知，在乙公司的股东权益增加全部源于股票增发和预计留存收益的增加的情况下：

增发股票的筹资额=5×2 000=10 000（万元）

股东权益增加＝期末股东权益－期初股东权益=46 800−35 000=11 800（万元）

增加的留存收益=11 800−10 000=1 800（万元）

股利总额=4 500−1 800=2 700（万元）

股利支付率=2 700/4 500×100%=60%

⑦根据资本资产定价模型，可计算普通股资本成本。

$R_s=R_f+\beta(R_m-R_f)$=7%+1.2×5.5%=13.60%

⑧结合③，影响市盈率的关键因素包括企业的增长潜力（预计利润增长率）、盈利能力（总资产净利率）和风险（β系数和财务杠杆系数）。

以预计利润增长率为例，计算如下：

可比公司平均预计利润增长率=(4.75%+8%+6%)/3=6.25%

预计利润增长率的调整系数＝乙公司利润增长率/可比公司平均利润增长率=5%/6.25%=0.8

⑨企业所得税税率为25%。

⑩固定股利支付率股利政策下，每年的股利支付率都相等。

答案与采分点

(1)乙公司2023年的每股收益=4 500/(1+5%)/8 000=0.54(元/股)(0.5分)。

乙公司2024年预计的每股收益=4 500/(8 000+2 000×6/12)=0.50(元/股)(0.5分)

(2)股票增发筹集的资金=5×2 000=10 000(万元)。

预计利润留存的增加=46 800−35 000−10 000=1 800(万元)

乙公司的股利支付率=1−1 800/4 500=60%(1分)

乙公司的股权资本成本=7%+1.2×5.5%=13.6%

乙公司的动态市盈率=股利支付率/(股权资本成本−增长率)=60%/(13.6%−5%)=6.98(1分)

可比公司的平均市盈率=(8/0.8+18/2.4+9.6/1.6)/3=7.83(1分)

乙公司的股票价值=可比公司的平均市盈率×乙公司预计每股收益=7.83×0.5=3.92(元/股)(1分)

(3)可比公司平均预计利润增长率=(4.75%+8%+6%)/3=6.25%。

可比公司平均总资产净利率=(6%+10%+8%)/3=8%

可比公司平均β系数=(1.5+0.9+1.8)/3=1.40

可比公司平均财务杠杆系数=(2.1+1.5+1.2)/3=1.60

乙公司2024年的总资产净利率=净利润/平均总资产×100%=4 500/[(50 000+68 000)/2]×100%=7.63%

预计利润增长率的调整系数=乙公司利润增长率/可比公司平均利润增长率=5%/6.25%=0.8(0.5分)

总资产净利率的调整系数=乙公司总资产净利率/可比公司平均总资产净利率=7.63%/8%=0.95(0.5分)

β系数的调整系数=乙公司β系数/可比公司平均β系数=1.2/1.4=0.86(0.5分)

财务杠杆系数的调整系数=乙公司财务杠杆系数/可比公司平均财务杠杆系数=2.5/1.6=1.56(0.5分)

乙公司的修正市盈率=可比公司的平均市盈率×$\prod$影响因素A_i的调整系数=7.83×0.8×0.95×0.86×1.56=7.98(1分)

乙公司的股票价值=7.98×0.5=3.99(元/股)(1分)

3.

揣摩题意

要求:

(1)分别计算第一车间半成品的单位成本、完工转出的半成品成本和月末在产品成本①。

(2)分别计算第二车间产成品的单位成本、完工转出的产成品成本和月末在产品成本①。

①月初在产品成本+本月生产费用=完工产品成本+月末在产品成本。

单位成本=完工产品成本/完工产品数量

（3）编制产成品成本还原计算表[②]（结果填入下列表格，不用列出计算过程[③]）。

②逐步综合结转分步法中，成本还原的思路如下：

a. 产成品中半成品成本→还原成直接材料、其他材料、直接人工、制造费用等原始成本项目。

b. 成本还原率 = 产成品所耗以前生产步骤半成品成本合计 / 以前生产步骤所产该种半成品成本合计。

提示：

Ⅰ．“以前生产步骤所产该种半成品成本合计”既可以用以前生产步骤所产该种半成品所耗用的料、工、费的总成本来计算，也可以用其料、工、费的单位成本来计算。

Ⅱ．就本题而言，应以第二车间产成品成本中半成品数额为待分配费用，以第一车间产成品的成本费用项目（直接材料、其他材料、直接人工和制造费用）为分配标准进行还原。

③仅将计算结果填列在表中即可。

（4）甲公司是否有必要采用作业成本法进行成本核算？简要说明理由[④]。

④不可忽视主观题中常见的文字表述题，掌握作业预算法的适用条件，先指明是否有必要采用作业成本法，然后根据作业成本法的适用条件写出具体理由。考试时往往根据关键点给分。

作业成本法的适用条件包括：

a. 制造费用在产品成本中占有较大比重。

b. 产品多样性程度高，包括产量多样性，规模多样性，产品制造或服务复杂程度多样性，原料多样性，产品组装多样性。

c. 面临的竞争激烈，传统成本系统增加了决策失误引起的成本。

d. 公司规模比较大，有强大的信息沟通渠道和完善的信息管理基础设施，并且对信息的需求更为强烈。

（5）如果甲公司将两个车间均设为标准成本中心考核业绩，应采用何种考核指标[⑤]？如果两个车间均下设三个工段，每个工段是最基层的成本中心，简要说明每个车间业绩报告中应包含的考核成本构成[⑥]。

⑤成本中心的考核指标包括标准成本中心考核指标和费用中心考核指标，其中标准成本中心的考核指标是既定产品质量和数量条件下可控的标准成本，费用中心的考核指标通常使用可控费用预算来评价业绩。

提示：利润中心的考核指标包括部门边际贡献、部门可控边际贡献和部门税前经营利润。投资中心的考核指标包括投资报酬率和剩余收益。

⑥不可忽视主观题中常见的文字表述题，掌握成本中心业绩报告，考试时往往根据关键点给分。成本中心业绩报告考核指标是成本中心的所有可控成本，即责任成本。每一级的业绩报告，除最基层只有本身的可控成本外，都应包括本身的可控成本和下属部门转来的责任成本。

题干：

甲公司是一家制造业企业，只生产一种产品，下设两个基本生产车间，第一车间为第二车间提供半成品⑦。第一车间的直接材料、其他材料和第二车间的半成品在开始生产时一次投入，其他成本费用陆续均匀发生。第一车间完成的半成品直接投入第二车间，第一车间和第二车间留存的月末在产品相对于本车间的完工程度均为50%⑧。公司采用逐步综合结转分步法计算产品成本⑨，采用约当产量法（加权平均法）在产成品与月末在产品之间分配生产费用⑩。

甲公司 2025 年 6 月成本资料如下。

（1）本月产量（单位：件）。

项目	第一车间	第二车间
月初在产品	300	100
本月投入	1 350	1 400
本月完工	1 400	1 350
月末在产品	250	150

（2）月初在产品成本（单位：元）。

项目	第一车间	第二车间
半成品	—	51 520
直接材料	18 750	—
其他材料	5 000	9 000
直接人工	14 000	3 975
制造费用	7 500	3 300
合计	45 250	67 795

（3）本月发生的生产费用（单位：元）。

项目	第一车间	第二车间
直接材料	80 250	-
其他材料	21 400	204 750
直接人工	123 250	102 900
制造费用	19 950	30 900
合计	244 850	338 550

⑦产品的生产过程如下：

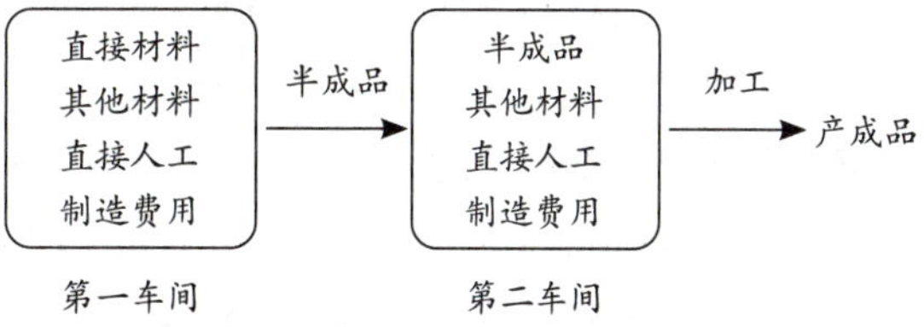

⑧各成本费用项目完工进度汇总如下：

a. 第一车间的成本费用完工进度。

直接材料和其他材料完工进度为 100%。直接人工和制造费用完工进度为 50%。

b. 第二车间的成本费用完工进度。

半成品完工进度为 100%。其他材料、直接人工和制造费用完工进度为 50%。

⑨结合⑦，逐步结转分步法是按照产品加工的顺序，逐步计算并结转半成品成本，直到最后加工步骤才能计算出产成品成本的方法。其中，综合结转法，是将上一步骤转入下一步骤的半成品成本，以“直接材料”或专设的“半成品”项目综合列入下一步骤的成本计算单中。

⑩加权平均法基本计算公式：

在产品约当产量 = 在产品数量 × 完工程度

单位成本（分配率）=（月初在产品成本 + 本月发生生产费用）÷（完工产品产量 + 月末在产品约当产量）

完工产品成本 = 单位成本 × 完工产品产量

月末在产品成本 = 单位成本 × 月末在产品约当产量

答案与采分点

（1）第一车间直接材料分配率=（18 750+80 250）/（1 400+250）=60（元/件）。

第一车间其他材料分配率=（5 000+21 400）/（1 400+250）=16（元/件）

第一车间直接人工分配率=（14 000+123 250）/（1 400+250×50%）=90（元/件）

第一车间制造费用分配率=（7 500+19 950）/（1 400+250×50%）=18（元/件）

第一车间半成品的单位成本=60+16+90+18=184（元/件）（0.5分）

完工转出的半成品成本=184×1 400=257 600（元）（0.5分）

月末在产品成本=45 250+244 850−257 600=32 500（元）（0.5分）

（2）第二车间半成品分配率=（51 520+257 600）/（1 350+150）=206.08（元/件）。

第二车间其他材料分配率=（9 000+204 750）/（1 350+150×50%）=150（元/件）

第二车间直接人工分配率=（3 975+102 900）/（1 350+150×50%）=75（元/件）

第二车间制造费用分配率=（3 300+30 900）/（1 350+150×50%）=24（元/件）

第二车间产成品的单位成本=206.08+150+75+24=455.08（元/件）（0.75分）

完工转出的产成品成本=455.08×1 350=614 358（元）（0.5分）

月末在产品成本=67 795+338 550+257 600−614 358=49 587（元）（0.5分）

（3）

产成品成本还原计算表

2025 年 6 月　　　　单位：元

项目	半成品	直接材料	其他材料	直接人工	制造费用	合计
还原前产成品成本	278 208	—	202 500	101 250	32 400	614 358
本月所产半成品成本	—	84 000	22 400	126 000	25 200	257 600
成本还原	−278 208	90 720	24 192	136 080	27 216	0
还原后产成品成本	—	90 720（0.5 分）	226 692（0.5 分）	237 330（0.5 分）	59 616（0.5 分）	614 358（0.5 分）
还原后产成品单位成本	—	67.2（0.25 分）	167.92（0.25 分）	175.8（0.25 分）	44.16（0.25 分）	455.08（0.25 分）

计算说明：

还原前产成品成本 =206.08×1 350=278 208（元）

还原前其他材料 =150×1 350=202 500（元）

还原前直接人工 =75×1 350=101 250（元）

还原前制造费用 =24×1 350=32 400（元）

成本还原分配率 =278 208/257 600=1.08

本月所产半成品成本（直接材料）=60×1 400=84 000（元）

本月所产半成品成本（其他材料）=16×1 400=22 400（元）

本月所产半成品成本（直接人工）=90×1 400=126 000（元）

本月所产半成品成本（制造费用）=18×1 400=25 200（元）

（4）甲公司没有必要采用作业成本法进行成本核算（0.5分）。甲公司作为一家制造业企业只生产一种产品，且制造费用占比较小（0.5分），故没必要采用作业成本法进行成本核算。

（5）一般而言，标准成本中心的考核指标是既定产品质量和数量条件下可控的标准成本（0.5分）。每个车间业绩报告中应包含的考核成本包括每个车间本身的可控成本和下属三个工段转来的责任成本（0.5分）。

4.

揣摩题意

要求：

（1）为有效利用关键设备，确定生产安排的优先顺序，并计算在该优先顺序下每种产品的计划产量①。

①考查约束资源最优利用决策，解题思路如下：

a. 决策标准：单位约束资源边际贡献 = 单位产品边际贡献 ÷ 该单位产品耗用的约束资源量。

b. 决策原则：优先安排“单位约束资源边际贡献”最大的方案。

提示：注意题目条件的单位，一定要在单位统一的条件下计算。

（2）如果按照要求（1）计算的计划产量生产和销售，固定制造费用按照产量分摊，分别计算每种产品的年税前营业利润，判断亏损产品是否应当停产，并说明理由②。

②考查保留或关闭生产线或其他分部决策，解题思路如下：

a. 决策标准：边际贡献 = 销售收入 − 变动成本。

b. 决策原则：在短期内，如果企业的亏损产品能够提供正的边际贡献，就不应该立即停产。

年税前营业利润 = 销售收入 − 变动成本 − 固定成本

（3）针对要求（2）识别出的亏损产品，假设其他条件不变，分别计算税前营业利润对单位售价和单位变动成本的敏感系数③。

③考查敏感系数分析法，解题思路如下：

a. 假设其他变量不变，分别令单位售价和单位变动成本上升 10%，计算税前营业利润对单位售价和单位变动成本的影响。

b. 计算敏感系数：敏感系数 = 目标值变动百分比 ÷ 参数值变动百分比，表示参数值变动 1%，目标值即利润变化的百分数，可以反映目标值对参数值变化的敏感程度。

（4）甲公司目前预算编制采用固定预算法，判断是否适用；若不适用，请给出调整建议并简要说明理由④。

④不可忽视主观题中常见的文字表述题，掌握固定预算法的适用条件，作答时先指出是否适用该方法，如果不适用还要给出调整建议以及理由，考试时往往根据关键点给分。

固定预算法适用于经营业务稳定、产销量稳定，能准确预测产品需求及产品成本的企业。弹性预算法适用于编制全面预算中所有与业务量有关的预算。

题干：

甲公司是一家智能学习机生产企业，有适合于不同年龄段用户的A、B、C三种产品，三种产品都需要通过一台关键设备加工，该设备是公司的关键限制资源，每月能够提供最大加工时间10 000分钟。由于各年龄段用户的需求差异大、变化快，公司正在进行生产经营和预算的调整决策⑤。假设A、B、C三种产品当月生产，当月销售，月初和月末均无存货，预计三种产品每月的市场正常销量及相关资料如下⑥。

项目	A产品	B产品	C产品
市场正常销量（台）	200	600	800
单位售价（元）⑤	3 800	2 100	1 500
单位变动成本（元）⑤	1 000	800	500
单位限制资源消耗（分钟）⑤	10	8	5
年固定制造费用总额（万元）⑦		2 160	

⑤标准的考查约束资源最优利用决策背景。

A产品单位约束资源边际贡献 =（3 800−1 000）/10=280（元/分钟）

B产品单位约束资源边际贡献 =（2 100−800）/8=162.5（元/分钟）

C产品单位约束资源边际贡献 =（1 500−500）/5=200（元/分钟）

综上，最优的生产安排顺序是A产品、C产品、B产品。

提示：题目背景是产品，若题目背景为项目，旨在考查投资项目资本预算中的总量有限时的资本分配，解题思路如下。

第一步：将全部项目排列出不同的组合，每个组合的投资需要不超过资本总量。

第二步：计算各项目的净现值以及各组合的净现值合计。

第三步：选择净现值最大的组合作为采纳的项目。

⑥表格资料中，市场正常销量为“月口径”。

⑦结合③⑥，须注意年固定制造费用是“年口径”且单位是“万元”。

答案与采分点

（1）A产品单位约束资源边际贡献=（3 800−1 000）/10=280（元/分钟）。

B产品单位约束资源边际贡献=（2 100−800）/8=162.50（元/分钟）

C产品单位约束资源边际贡献=（1 500−500）/5=200（元/分钟）

A产品单位约束资源边际贡献＞C产品单位约束资源边际贡献＞B产品单位约束资源边际贡献

优先生产A产品，其次是C产品，最后是B产品（1分）。

A产品产量=200（台）（0.5分），C产品产量=800（台）（0.5分），B产品产量=（10 000−200×10−800×5）/8=500（台）（0.5分）。

（2）A产品分摊的固定制造费用=2 160×200/（200+500+800）=288（万元）。

B产品分摊的固定制造费用=2 160×500/（200+500+800）=720（万元）

C产品分摊的固定制造费用=2 160×800/（200+500+800）=1 152（万元）

A产品的年税前营业利润=（3 800−1 000）×200×12/10 000−288=384（万元）（0.5分）

B产品的年税前营业利润=（2 100−800）×500×12/10 000−720=60（万元）（0.5分）

C产品的年税前营业利润=（1 500−500）×800×12/10 000−1 152=−192（万元）（0.5分）

C产品为亏损产品（0.5分），不应停产（0.5分），因为C产品的边际贡献［1 500−500=1 000（元）］为正（0.5分）。

（3）假设C产品单价上升10%，则C产品单价=1 500×（1+10%）=1 650（元）。

C产品的年税前营业利润=（1 650−500）×800×12/10 000−1 152=−48（万元）

年税前营业利润变动百分比=［−48−（−192）］/（−192）×100%=−75%

税前营业利润对单位售价的敏感系数=−75%/10%=−7.5（1分）

假设C产品单位变动成本上升10%，则C产品单位变动成本=500×（1+10%）=550（元）。

C产品的年税前营业利润=（1 500−550）×800×12/10 000−1 152=−240（万元）

年税前营业利润变动百分比=［−240−（−192）］/（−192）×100%=25%

税前营业利润对单位变动成本的敏感系数=25%/10%=2.5（1分）

（4）不适用（0.5分），建议调整为弹性预算法（0.5分），理由：**固定预算法适用于经营业务稳定、产销量稳定，能准确预测产品需求及产品成本的企业，或者用于编制固定费用预算。因为甲公司的产品各年龄段用户的需求差异大、变化快，故不适用固定预算法**（0.5分）。（或者理由为：弹性预算法是在成本性态分析的基础上，依据业务量、成本和利润之间的联动关系，按照预算期内相关的业务量水平计算其相应预算项目所消耗资源的预算编制方法，适用于编制全面预算中所有与业务量有关的预算；实务中，主要用于编制成本费用预算和利润预算，尤其是成本费用预算。）

四、综合题

揣摩题意

要求：

（1）根据所给资料，计算项目税后债务资本成本①、股权资本成本②和项目加权平均资本成本③。

①计算税前债务资本成本的常用模型有以下四种。

a.到期收益率法（适用于公司目前有上市发行的长期债券）：

Ⅰ.如果债券按年付息：

到期收益率是使"债券未来现金流量（本金+利息）现值=债券当前市价"的折现率。

Ⅱ.如果债券不是按年付息，而是每年付息m次：

第一步：设计息期折现率为r_d，用内插法计算，使"债券未来现金流量现值=债券当前市价"的计息期折现率。

第二步：债务税前资本成本=有效年利率=$(1+r_d)^m-1$。

b.可比公司法（虽然没有上市债券，但可以找到一个拥有可交易债券的可比公司作为参照物）：

以可比公司长期债券的到期收益率作为本公司的长期债务资本成本。

c.风险调整法（既没有上市债券，也找不到合适的可比公司，但有企业的信用评级资料）：

税前债务资本成本=无风险收益率+企业的信用风险补偿率

d.财务比率法（没有上市债券，找不到可比公司，没有信用评级资料）。

提示：

税后债务资本成本=税前债务资本成本×（1−所得税税率）

②计算普通股资本成本的常用模型有以下三种：

a.资本资产定价模型：普通股资本成本=无风险利率+β×市场风险溢价=$R_f+\beta\times(R_m-R_f)$。

b.股利增长模型：普通股资本成本=$D_1\div P_0+g$。

c.债券收益率风险调整模型：普通股资本成本=税后债务资本成本+股东比债权人承担更大风险所要求的风险溢价。

③加权平均资本成本WACC=税后债务资本成本×债务权重+权益资本成本×权益权重。

（2）计算项目2025年末以后各年年末现金净流量及项目净现值④，并判断该项目是否可行⑤（计算过程和结果填入下方表格中⑥）。

④a.营业现金净流量三种计算公式：

营业现金毛流量=营业收入−付现营业成本费用−所得税

营业现金毛流量=税后经营净利润+折旧与摊销

营业现金毛流量=税后营业收入−税后付现营业成本费用+折旧与摊销抵税额

b.净现值=未来现金流量现值−原始投资额现值。

⑤当净现值>0时，方案可行。

⑥不仅将计算过程（比如营业收入、摊销抵税）填入表格，还需要将计算结果填入表格中。

（3）以项目目前净现值为基准，假设该项目生产线购置和安装成本上升10%，用敏感程度法，计算净现值对生产线购置和安装成本的敏感系数⑦。

⑦敏感程度法的解题思路：

a.假设其他变量不变，令生产线购置和安装成本上升10%，计算净现值对生产线购置和安装成本的影响。

b.计算敏感系数：净现值对生产线购置和安装成本的敏感系数=净现值变动百分比/生产线购置和安装成本变动百分比。

提示：如果本题改用最大最小法，应假设其他变量不变，令净现值等于0，计算生产线购置和安装成本的临界值，即找出生产线购置和安装成本的最大值，使得项目净现值由正值变为0。

题干：

甲公司是一家手机生产企业，拟投资生产智能穿戴设备⑧，目前正在进行项目的可行性研究。相关资料如下：

（1）如果可行，该项目拟在2025年末开始投资建设生产线，预计建设期为1年，2027年初投入使用⑨。预计该生产线的购置和安装成本合计为4 000万元，项目预期持续3年。按照税法规定，该生产线折旧年限为5年，残值率为10%，按直线法计提折旧⑩。预计2029年末该生产线的变现价值为1 800万元⑪。假设生产线的购置和安装相关的现金流量均发生在2025年末⑨。

⑧新项目是智能穿戴设备，与企业当前主营业务不同，可能考查可比公司法计算投资项目资本成本。

⑨2025年末即为0时点，建设期1年，且生产线的购置和安装现金流量都发生在2025年末（0时点）。

⑩结合㉓，生产线年折旧额=4 000×（1−10%）/5=720（万元），折旧抵税额=720×25%=180（万元）。

提示：按税法规定折旧年限计算折旧，按项目年限计算折旧抵税。

⑪结合⑩㉓，变现净收入为1 800万元，账面价值（税法规定）=4 000−720×3=1 840（万元）。

资产处置或残值变现净损益对现金净流量的影响=（账面价值−变现净收入）×所得税税率=（1 840−1 800）×25%=10（万元）

（2）公司现有一闲置厂房对外出租，每年年末收取租金80万元。该厂房可用于安装该生产线，安装期间及投资后，该厂房均无法对外出租⑫。

⑫针对租赁，有三种解题思路。

a.每年年末收取租金：可直接确定每年年末丧失的税后租金。

b.上年年末收取租金：可直接确定上年年末丧失的税后租金。

c.本年年初收取租金：丧失的租金收入发生在本年年初，节约的租金纳税发生在本年年末，需分开计算。

提示：以上结论基于历年官方真题的研究得出，若考试题目中有特殊要求，遵循题目要求即可。

（3）为生产该智能穿戴设备，甲公司需要使用乙公司的一项专利技术。在生产线建设完成之后，正式开始生产产品之前，甲公司向乙公司一次性支付专利技术使用费1 200万元（税法规定在3年内摊销，期满无残值）⑬；此外甲公司还需每年按照营业收入的2%，向乙公司支付专利技术维护费⑭。

⑬结合㉓，无形资产的投资发生在2026年末（1时点），无形资产摊销=1 200/3=400（万元），无形资产的摊销抵税=400×25%=100（万元）。

⑭结合⑮，2027年—2029年每年的税后专利技术维护费计算如下。

2027年税后专利技术维护费=3 000×2%=60（万元）

2028年税后专利技术维护费=4 050×2%=81（万元）

2029年税后专利技术维护费=4 800×2%=96（万元）

（4）生产线建成之后，预计智能穿戴设备的2027年、2028年、2029年每年的产销量分别为2万件、3万件、4万件；预计2027年、2028年、2029年每年的销售价格分别为2 000元、1 800元、1 600元⑮；单位变动制造成本为600元⑯；每年付现销售和管理费用占营业收入的5%⑰；每年的付现固定成本均为400万元⑱。假设营业现金流量均发生在投产后各年末。

⑮2027年—2029年的营业收入和税后营业收入计算如下：

2027年营业收入=2×2 000=4 000（万元）

2027年税后营业收入=4 000×（1−25%）=3 000（万元）

2028年营业收入=3×1 800=5 400（万元）

2028年税后营业收入=5 400×（1−25%）=4 050（万元）

2029年营业收入=4×1 600=6 400（万元）

2029年税后营业收入=6 400×（1−25%）=4 800（万元）

⑯结合⑮㉓，2027年—2029年每年的税后变动制造成本计算如下：

2027年税后变动制造成本=2×600×（1−25%）=900（万元）

2028年税后变动制造成本=3×600×（1−25%）=1 350（万元）

2029年税后变动制造成本=4×600×（1−25%）=1 800（万元）

⑰结合⑮，2027年—2029年每年的税后付现销售和管理费用计算如下：

2027年税后付现销售和管理费用=3 000×5%=150（万元）

2028年税后付现销售和管理费用=4 050×5%=202.5（万元）

2029年税后付现销售和管理费用=4 800×5%=240（万元）

⑱结合㉓，2027年—2029年每年的税后付现固定成本=400×（1−25%）=300（万元）。

（5）该项目预计营运资本占营业收入的20%，垫支的营运资本在运营年度的上年年末投入，在项目结束时全部收回⑲。

⑲结合⑮，可计算2026年末—2028年末垫支的营运资金数额。

2026年末（1时点）垫支的营运资金=2027年营业收入×20%=4 000×20%=800（万元）

2027年末（2时点）垫支的营运资金=2028年营业收入×20%−800=5 400×20%−800=280（万元）

2028年末（3时点）垫支的营运资金=2029年营业收入×20%−800−280=6 400×20%−800−280=200（万元）

综上，2029年末（4时点）垫支营运资金的收回=800+280+200=1 280（万元）。

（6）甲公司计划以2/3（负债/权益）的资本结构为该项目筹资[20]。如果决定投资该项目，甲公司将于2025年12月发行5年期债券，面值1 000元，票面利率为10%，每年付息一次，发行价格为1 108.78元[21]。

甲公司普通股β系数为1.75，无风险报酬率为4%，市场组合必要报酬率为10%，当前公司资本结构为1/1（负债/权益），该项目经营风险与公司目前的经营风险相同[22]。

⑳结合③⑧，已知目标资本结构，可加载财务杠杆和计算加权平均资本成本。

㉑结合①，可使用到期收益率法计算债务资本成本。

1 000×10%×（P/A，K，5）+1 000×（P/F，K，5）=1 108.78

㉒结合②⑧⑳，应使用可比公司法估计投资项目的资本成本。

第一步：卸载可比公司财务杠杆。

$\beta_{资产}=\beta_{权益}$÷［1+（1−T）×（净负债/股东权益）］

第二步：加载目标公司财务杠杆。

$\beta_{权益}=\beta_{资产}$×［1+（1−T）×（净负债/股东权益）］

第三步：根据目标企业$\beta_{权益}$计算股东权益资本成本。

权益资本成本=无风险利率+$\beta_{权益}$×市场风险溢价

$=R_f+\beta_{权益}\times(R_m-R_f)$

第四步：计算目标企业加权平均资本成本。

加权平均资本成本WACC=税后债务资本成本×债务权重+权益资本成本×权益权重

（7）甲公司适用的企业所得税税率为25%[23]。

㉓已知企业所得税税率为25%。

答案与采分点

（1）①设税前债务资本成本为K，则：

1 000×10%×（P/A，K，5）+1 000×（P/F，K，5）=1 108.78

当K=7%时，100×（P/A，7%，5）+1 000×（P/F，7%，5）=100×4.1002+1 000×0.7130=1 123.02（元）。

当K=8%时，100×（P/A，8%，5）+1 000×（P/F，8%，5）=100×3.9927+1 000×0.6806=1 079.87（元）。

$$\frac{8\%-K}{8\%-7\%}=\frac{1\,079.87-1\,108.78}{1\,079.87-1\,123.02}$$

解得，K=7.33%。故税后债务资本成本=7.33%×（1−25%）=5.50%（2分）。

②$\beta_{资产}$=1.75/［1+（1−25%）×1/1］=1。

$\beta_{权益}$=1×［1+（1−25%）×2/3］=1.5

股权资本成本=4%+1.5×（10%−4%）=13%（2分）

③加权平均资本成本=5.50%×2/5+13%×3/5=10%（1分）。

（2）

单位：万元

项目	2025 年末	2026 年末	2027 年末	2028 年末	2029 年末
初始投资（生产线）	−4 000				
生产线折旧抵税			180	180	180
生产线变现收入					1 800
生产线变现损失抵税					10
丧失的税后租金收入		−60	−60	−60	−60
初始投资（专利技术）		−1 200			
专利技术摊销抵税			100	100	100
税后营业收入			3 000	4 050	4 800
税后专利技术维护费			−60	−81	−96
税后付现销售和管理费用			−150	−202.5	−240
税后变动制造成本			−900	−1 350	−1 800
税后付现固定成本			−300	−300	−300
垫支营运资金		−800	−280	−200	
垫支营运资金的收回					1 280
现金净流量	−4 000（0.5 分）	−2 060（0.5 分）	1 530（0.5 分）	2 136.5（0.5 分）	5 674（0.5 分）
折现系数	1	0.9091	0.8264	0.7513	0.6830
现金净流量的现值	−4 000（0.5 分）	−1 872.75（0.5 分）	1 264.39（0.5 分）	1 605.15（0.5 分）	3 875.34（0.5 分）
净现值	872.13（1 分）				

由于该项目的净现值大于零（0.5分），该项目可行（0.5分）。

（3）如果生产线的购置和安装成本上升10%，即生产线的购置和安装成本上升400万元，达到4 400万元。2025年末增加投资额=400（万元）。

2027年、2028年、2029年每年的折旧费用增加额=400×（1−10%）/5=72（万元），每年折旧抵税增加额=72×25%=18（万元）。

项目结束时的账面价值增加额=400−72×3=184（万元），变现损失抵税增加额=184×25%=46（万元）。

净现值的增加额=−400+18×0.8264+18×0.7513+（18+46）×0.6830=−327.89（万元）

净现值的变动率=−327.89÷872.13×100%=−37.60%

则净现值对生产线购置和安装成本的敏感系数=−37.60%÷10%=−3.76（2分）

2025年·财务成本管理　模拟试卷（三）答案与解析

一、单项选择题

1	C	2	B	3	C	4	B	5	A
6	A	7	D	8	C	9	C	10	D
11	B	12	C	13	D				

二、多项选择题

1	AD	2	AB	3	BCD	4	AC	5	AC
6	ABCD	7	AC	8	ABD	9	BC	10	ABCD
11	ABD	12	ABD						

一、单项选择题

1. 斯尔解析 C　权益净利率 = 营业净利率 × 总资产周转次数 × 权益乘数，营业收入增长 12.8%，净利润增长 15.5%，营业净利率上升；营业收入增长 12.8%，平均资产总额增加 10.6%，总资产周转次数上升；平均资产总额增长 10.6%，平均负债总额增长 11.8%，资产负债率上升，由于**资产负债率、产权比率和权益乘数同方向变动**，权益乘数也上升，所以 2025 年权益净利率与上年相比应上升，选项 C 当选。

2. 斯尔解析 B　根据题目条件，已知该年金期限为 8 年，后 5 年的现金流于每年年初（而非年末）流入，即前 2 年的每年年末没有现金流入，第 3 年至第 7 年的每年年末流入 500 万元，因此递延期为 2 期，该年金的现值 =500×（*P*/*A*，10%，5）×（*P*/*F*，10%，2）=1 566.36（万元），选项 B 当选。

3. 斯尔解析 C　根据资本市场线的分离定理——最佳风险资产组合的确定独立于投资者的风险偏好，所以**市场均衡点不会受投资者个人的风险偏好影响**，选项 C 当选。从无风险资产的收益率开始，作风险资产组合有效边界的切线，得到的切点即为市场均衡点，因此**市场均衡点会受到无风险利率、风险组合的期望报酬率和标准差的影响**，选项 ABD 不当选。

需要注意的是，资本市场线图示如下：

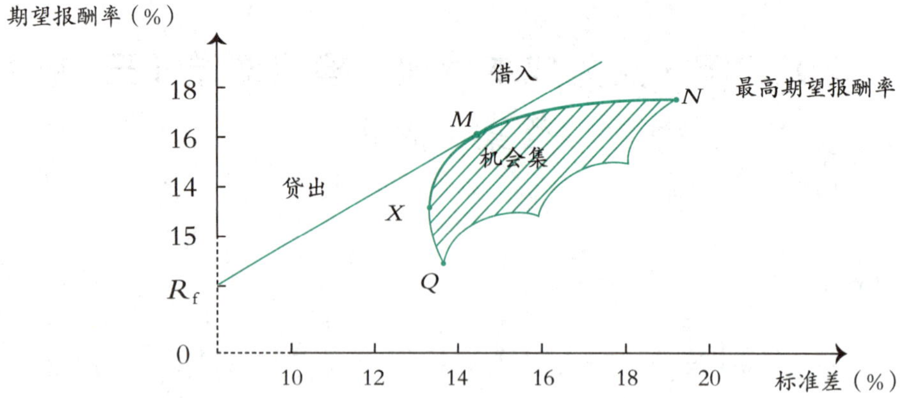

4. 斯尔解析 B **债券价值等于未来现金流量现值，当市场利率（折现率）上升，债券价值下降**，选项 A 不当选。债券票面利率上升，未来现金流量增加，债券价值上升，选项 B 当选。不论债券是折价、平价或是溢价发行，付息频率提高，债券价值都会上升，选项 C 不当选。**市场利率大于票面利率，意味着债券折价发行，到期期限缩短，债券价值上升**，选项 D 不当选。

5. 斯尔解析 A 营业净利率 = 每股收益 / 每股营业收入 ×100%=0.8/4×100%=20%，股利支付率 = 每股现金股利 / 每股收益 ×100%=0.2/0.8×100%=25%，每股利润留存 = 每股收益 − 每股现金股利 =0.8−0.2=0.6（元），**可持续增长率 = 本期利润留存 /（本期期末股东权益 − 本期利润留存）= 每股利润留存 /（每股净资产 − 每股利润留存）**=0.6/（10.6−0.6）=6%，预期市销率 = 营业净利率 × 股利支付率 /（股权资本成本 − 增长率）=20%×25%/（10%−6%）=1.25，选项 A 当选。

提示：选项 B，混淆本期市销率和预期市销率，即本期市销率 =20%×25%×（1+6%）/（10%−6%）=1.33。

6. 斯尔解析 A 实际支付的利息 =500×6%=30（万元），实际支付的承诺费 =（1 000−500）×0.5%=2.5（万元），实际占用的借款额 =500（万元），实际的资本成本 =（30+2.5）/500×100%=6.5%，选项 A 当选。

提示：

选项 B，忽略实际支付的承诺费，即实际资本成本 =30/500×100%=6%。

选项 D，错将贷款额度作为计算承诺费的基数，即实际支付的承诺费 =1 000×0.5%=5（万元），实际资本成本 =（30+5）/500×100%=7%。

7. 斯尔解析 D **一次交互分配法下，可以分两步来计算辅助生产费用的分配。第一步在各辅助生产车间之间进行一次交互分配；第二步将各辅助生产车间交互分配后的实际费用，对辅助生产车间以外的各受益单位进行分配。**供电车间分配给蒸汽车间的成本费用 =20/40×6=3（万元），选项 A 不当选。蒸汽车间分配给供电车间的成本费用 =20/10×1=2（万元），选项 B 不当选。供电车间对外分配的成本费用 =20+2−3=19（万元），选项 C 不当选。蒸汽车间对外分配的成本费用 =20+3−2=21（万元），选项 D 当选。

需要注意的是，本题采用一次交互分配法分配辅助生产成本，易和直接分配法混淆，**直接分配法下不考虑辅助生产内部相互提供的劳务量，直接将各辅助生产车间发生的费用分配给辅助生产以外的各个受益单位或产品。**

8. 斯尔解析 C 单位产品直接材料的用量标准需要包括必不可少的消耗以及各种难以避免的损失，单位产品直接材料的用量标准 =40+0.2=40.2（千克），单位产品直接材料的价格标准是指预计下一年度实际需要支付的进料单位成本，包括发票价格、运费、检验和正常损耗等成本，是取得材料的完全成本，直接材料的价格标准 =（15+4）/（1−5%）=20（元 / 千克），单位产品直接材料的标准成本 = 用量标准 × 价格标准 =40.2×20=804（元），选项 C 当选。

提示：

选项 A，错误地计算了价格标准，即直接材料价格标准 =（15+4）×（1−5%）=18.05（元），单位产品直接材料的标准成本 =40.2×18.05=725.61（元）。

选项 B，在计算价格标准时，忽略了正常损耗的部分，即直接材料价格标准 =15+4=19（元 / 千克），单位产品直接材料的标准成本 =40.2×19=763.8（元）。

选项 D，错误地计算了用量标准，即用量标准为 40 千克，单位产品直接材料的标准成本 =40×20=800（元）。

9. 斯尔解析 C 先进先出是假设生产的产品按投入生产的先后顺序完工的，先开始生产的产品先完工，月初在产品应先完工。月末在产品约当产量（直接材料）=80×100%=80（件），选项 A 不当选。月末在产品约当产量（直接人工和制造费用）=80×40%=32（件），选项 B 不当选。月初在产品本月加工约当产量（直接材料）= 月初在产品数量 ×（1− 已投料比例）=100×（1−100%）=0，选项 C 当选。月初在产品本月加工约当产量（直接人工和制造费用）= 月初在产品数量 ×（1− 已投料比例）=200×（1−50%）=100（件），选项 D 不当选。

提示：选项 C，忽略原材料在开始生产时一次投入，错认为原材料已投料比例为 50%，即月初在产品本月加工约当产量（直接材料）=200×（1−50%）=100（件）。

10. 斯尔解析 D 单位边际贡献 =30×（1−40%）=18（元），保本销售量 = 固定成本 / 单位边际贡献 =36 000/18=2 000（件），安全边际量 = 实际销售量 − 保本销售量 =8 000−2 000=6 000（件），安全边际率 = 安全边际量 / 实际销售量 ×100%=6 000/8 000×100%=75%，选项 D 当选。

提示：

选项 A，错将安全边际率当作盈亏临界点作业率，即盈亏临界点作业率 = 保本销售量 / 实际销售量 ×100%=2 000/8 000×100%=25%。

选项 B，错将安全边际率当作息税前利润率，即边际贡献率 =1− 变动成本率 =1−40%=60%，息税前利润率 = 安全边际率 × 边际贡献率 =75%×60%=45%。

选项 C，错误计算了单位边际贡献，即单位边际贡献 =30×40%=12（元），安全边际量 = 实际销售量 − 保本销售量 =8 000−36 000/12=5 000（件），安全边际率 =5 000/8 000×100%=62.5%。

11. 斯尔解析 B A 产品的可变现净值 =1 250 000−32.5×800=1 224 000（元），B 产品的可变现净值 =1 860 000−24×1 000=1 836 000（元）。A 产品分摊的联合成本 =56 000×1 224 000/（1 224 000+1 836 000）=22 400（元），A 产品的总加工成本 =A 分摊的联合成本 + 分离点后的深加工成本 =22 400+32.5×800=48 400（元）。B 产品分摊的联合成本 =56 000×1 836 000/（1 224 000+1 836 000）=33 600（元），B 产品的总加工成本 =B 分摊的联合成本 + 分离点后的深加工成本 =33 600+24×1 000=57 600（元），选项 B 当选。

提示：

选项 A，计算总加工成本时，未考虑深加工成本，即 A 产品的总加工成本 =A 产品分摊的联合成本 =22 400（元），B 产品的总加工成本 =B 产品分摊的联合成本 =33 600（元）。

选项 D，计算可变现净值时，未考虑深加工成本，即 A 产品的可变现净值 =1 250 000（元），B 产品的可变现净值 =1 860 000（元）。A 产品的总加工成本 =56 000/（1 250 000+1 860 000）× 1 250 000+32.5 × 800=48 508.04（元），B 产品的总加工成本 =56 000/（1 250 000+1 860 000）× 1 860 000+24 × 1 000=57 491.96（元）。

12. 斯尔解析 C 该产品从盈利状态到盈亏平衡状态（可假设利润从 100 万元到 0），利润变动百分比 =−100%，单价的敏感系数 = 利润变化百分比 / 单价变化百分比 =4，单价变化百分比 = −100%/4=−25%，盈亏平衡时的产品单价 =10 ×（1−25%）=7.5（元），选项 C 当选。

提示：

选项 A，错将单价下降百分比当作单价上升百分比，即盈亏平衡时的产品单价 =10 ×（1+25%）=12.5（元）。

选项 D，错误地理解单价敏感系数，即盈亏平衡时的产品单价 =10−4=6（元）。

13. 斯尔解析 D **经济增加值属于财务维度，客户保持率属于顾客维度，产品合格率属于内部业务流程维度，信息资本准备度属于学习与成长维度**，选项 D 当选。

需要注意的是，平衡计分卡还包括四个平衡，即外部与内部的平衡、成果与驱动因素的平衡、财务和非财务的平衡、短期和长期的平衡。

二、多项选择题

1. 斯尔解析 AD **在股东投资资本不变和债务价值不变的情况下，企业价值最大化与股东财富最大化具有同等意义，而当取得时间、承担风险和投入资本相同时，每股收益最大化与股东财富最大化具有同等意义**，选项 A 当选。**在资本市场有效的情况下，如果股东投资资本不变，股价最大化与股东财富最大化具有同等意义**，选项 B 不当选。提高股利支付率会增加企业股利支付的金额，降低所有者权益，导致资产负债率上升，降低企业偿债能力，选项 C 不当选。非公开增发新股，可以增加企业的权益资本，提升企业的偿债能力，不会损害债权人的利益，选项 D 当选。

2. 斯尔解析 AB **在计算存货周转率时，如果目的是分析短期偿债能力或分解总资产周转率，那么应该使用“营业收入”作为周转额，如果目的是评估存货管理业绩，那么应该使用“营业成本”作为周转额**，选项 AB 当选。应收账款周转天数 =365 × 应收账款 / 营业收入，使用赊销额改为使用销售收入，会导致公式分母变大，应收账款周转天数降低，选项 C 不当选。**在计算应收账款周转率时，如果坏账准备的金额较大，应使用未计提坏账准备的应收账款进行计算**，选项 D 不当选。

3. 斯尔解析 BCD **只有未来借入新债务的成本才能作为投资决策和企业价值评估依据的资本成本**，现有债务的历史成本对于未来的决策来说是不相关的沉没成本，选项 A 当选。

需要注意的是，有时候公司无法取得长期债务，被迫采用短期债务筹资并将其不断续约，这种债务实质上是一种长期债务，是不能忽略的。

4. 斯尔解析 AC 在除权除息日后，红利的发放引起股票价格降低，看跌期权价值上升，选项 A 当选。该期权的到期时间仅为 6 个月，**长期政府债券的利率下降并不能直接反映短期的无风险利率水平变化**，选项 B 不当选。对于看跌期权持有者来说，股价下降对其有利，股价上升对其不利，最大损失以期权费为限，两者不会抵消。因此，股价波动率增加会使期权价值增加，选项C当选。对于欧式期权来说，较长的时间不一定能增加期权价值。虽然较长的时间可以降低执行价格的现值，但并不增加执行的机会。到期日价格的降低，有可能超过时间价值的差额。因此，到期时间延长对欧式期权价值的影响是不确定的，选项D不当选。

5. 斯尔解析 AC 普通股资本成本 =5% +1.5×（8% −5%）=9.5%，选项A当选。甲公司股票的市场价值 =［（息税前利润 − 利息）×（1− 所得税税率）］/ 普通股资本成本 =［（400−800×6%）×（1−25%）］/9.5% =2 778.95（万元），选项B不当选。甲公司税后债务资本成本 =6%×（1−25%）=4.5%，加权平均资本成本 =4.5%×800/（800+2 778.95）+9.5%×2 778.95/（800+2 778.95）=8.38%，选项C当选。公司的市场价值 = 股票的市场价值 + 债务的市场价值 =2 778.95+800=3 578.95（万元），选项D不当选。

提示：选项B，错误使用了加权平均资本成本作为计算市场价值的折现率，即甲公司股票的市场价值 =［（400−800×6%）×（1−25%）］/8.38%=3 150.36（万元）。

6. 斯尔解析 ABCD 由于波动性流动资产大于金融性流动负债，因此甲公司采用的是保守型筹资策略，选项A当选。在该筹资策略下，营业低谷时的易变现率大于1，在营业高峰期的易变现率小于1，选项BC当选。在生产经营的淡季波动性流动资产减少200万元，金融性流动负债减少100万元，会有多余的100万元的闲置资金，可以投资有价证券，选项D当选。

7. 斯尔解析 AC 基本标准成本是指一经确定，只要生产的基本条件无重大变化，就不予变动的一种标准成本。所谓生产的基本条件的重大变化是指产品的物理结构变化、重要原材料和劳动力价格的重要变化、生产技术和工艺的根本变化等，选项AC当选。由于市场供求变化导致的售价变化，生产经营能力利用程度的变化和由于工作方法改变而引起的效率变化等，不属于生产的基本条件变化，选项BD不当选。

8. 斯尔解析 ABD 变动制造费用的标准分配率 =8 000/2 000=4（元/小时），变动制造费用的耗费差异 =8 500−2 040×4=340（元），变动制造费用的效率差异 =2 040×4−390×5×4=360（元），变动制造费用的成本差异 =8 500−390×5×4=700（元），选项ABD当选。

提示：

选项AD，错将生产能力作为实际产量下的标准工时，即变动制造费用的耗费差异 =8 500−2 000×4=500（元），变动制造费用的效率差异 =2 000×4−390×5×4=200（元）。

选项B，错将变动制造费用预算额作为变动制造费用标准成本，即变动成本制造费用差异 =8 500−8 000=500（元）。

9. 斯尔解析 BC 作业成本法的适用条件包括：（1）制造费用在产品成本中占有较大比重；（2）产品多样性程度高，包括产量多样性，规模多样性，产品制造或服务复杂程度多样性，原料多样性，产品组装多样性；（3）面临的竞争激烈，传统成本系统增加了决策失误引起的成本；（4）公司规模比较大，有强大的信息沟通渠道和完善的信息管理基础设施，并且对信息的需求更为强烈，选项A不当选。作业成本法计算出的产品成本既包含制造成本，也可能包含部分非制造成本。因此，采用作业成本法的企业为了使对外财务报表符合会计准则的要求，需要重新调整成本数据。这种调整与变动成本法的调整相比，不仅工作量大，而且技术难度大，有可能出现混乱，选项B当选。作业成本法的成本库与企业的组织结构不一致，不利于提供管理控制信息，作业成本法改善了经营决策信息，牺牲了管理控制信息，选项 C 当选。一方面，作业成本法扩大了追溯到个别产品的成本比例，减少了成本分配对于产品成本的扭曲；另一方面，采用多种成本动因作为间接成本的分配基础，使得分配基础与被分配成本的相关性得到改善，选项 D 不当选。

10. 斯尔解析 ABCD 设 A 零部件外购成本不低于自制成本时的需求量为 X，则有 $8.4X \geqslant 6X+1\ 200$，$X \geqslant 500$（件），即：零部件的需求量为 500 件时，外购成本等于自制成本，选择外购或自制均可；零部件的需求量大于 500 件时，外购成本大于自制成本，应当自制；零部件的需求量小于 500 件时，外购成本小于自制成本，应当外购。综上，选项 ABCD 当选。

11. 斯尔解析 ABD 使用部门投资报酬率对投资中心进行业绩评价，会使部门经理放弃高于公司要求报酬率而低于目前部门投资报酬率的机会，或者减少现有的投资报酬率较低但高于公司要求的报酬率的某些资产，使部门的业绩获得较好评价，但却损害了公司整体利益，选项 C 不当选。

需要注意的是，部门投资报酬率可能会引起部门经理产生“次优化”行为，而剩余收益可以使业绩评价与公司的目标协调一致，引导部门经理采纳高于公司要求的税前投资报酬率的决策。

12. 斯尔解析 ABD 业绩报告的主要目的在于将责任中心的实际业绩与其在特定环境下本应取得的业绩进行比较，因此业绩报告中应当传递出三种信息：关于实际业绩的信息、关于预期业绩的信息、关于实际业绩与预期业绩之间差异的信息，选项 A 当选。**成本中心的业绩考核指标通常为该成本中心的所有可控成本，即责任成本**，选项 B 当选。**成本中心每一级的业绩报告，除最基层只有本身的可控成本外，都应包括本身的可控成本和下属部门转来的责任成本**，选项 C 不当选。利润中心的业绩报告自下而上逐级汇编，直至整个企业的税前经营利润，选项 D 当选。

三、计算分析题

1.

揣摩题意

要求：

（1）计算改变信用政策后边际贡献、收账费用、应收账款占用资金的应计利息、存货占用资金应计利息、现金折扣成本的变化①。

①要求计算改变信用政策之后的变化，即新信用政策下指标减去原信用政策下指标。

边际贡献=营业收入-变动成本

=销量×单位边际贡献

=销量×（单价-单位变动成本）

应收账款占用资金的应计利息

=应收账款占用资金×资本成本

=应收账款平均余额×变动成本率×资本成本

=日销售额×平均收现期×变动成本率×资本成本

存货占用资金应计利息=平均存货水平×单位变动成本×资本成本

现金折扣成本=销售收入×现金折扣率×享受现金折扣的顾客比例

提示：若涉及收账费用和坏账成本，则需要根据题目已知条件计算。

(2)计算改变信用政策引起的税前损益变化，并回答甲公司是否应该推出该现金折扣政策②。

②结合①，计算改变信用政策引起的税前损益的变化。若税前损益的变化大于0，则应该推出该信用政策，反之，则不应该推出该信用政策。

题干：

甲公司生产、销售一种产品，该产品的单位变动成本是30元，单位售价是40元。公司目前采用30天按发票金额付款的信用政策，80%的顾客（按销售量计算，下同）能在信用期内付款，另外20%的顾客平均在信用期满后20天付款③，逾期应收账款的收回需要支出占逾期账款4%的收账费用④，公司每年的销售量为54 000件，平均存货水平为3 000件⑤。

③可知，原信用政策下（30天内按发票金额付款）的平均收现期=80%×30+20%×（30+20）=34（天）。

④结合①，收账费用=营业收入×逾期客户比例×4%，即原信用政策下（30天内按发票金额付款）的收账费用=40×54 000×20%×4%=17 280（元）。

⑤结合①⑩，原信用政策下（30天内按发票金额付款）的存货占用资金应计利息=平均存货水平×单位变动成本×资本成本=3 000×30×10%=9 000（元）。

为了扩大销售量、缩短平均收现期，公司拟推出“3/10，1/20，N/30”的现金折扣政策。采用该政策后，预计销售量会增加10%⑥，40%的顾客会在10天内付款，30%的顾客会在20天内付款，20%的顾客会在30天内付款，另外10%的顾客平均在信用期满后20天付款⑦，逾期应收账款的收回需要支出占逾期账款4%的收账费用⑧。为了保证及时供货，平均存货水平需提高到3 500件⑨，其他条件不变。

⑥新信用政策下，销量由54 000件增长至59 400件［54 000×（1+10%）］。

⑦可知，新信用政策下（3/10，1/20，N/30）的平均收现期=40%×10+30%×20+20%×30+（1-40%-30%-20%）×50=21（天）。

⑧结合⑥⑦，收账费用=营业收入×逾期客户比例×4%，即新信用政策下（3/10，1/20，N/30）的收账费用=40×54 000×（1+10%）×10%×4%=9 504（元）。

⑨结合①，新信用政策下（3/10，1/20，N/30）的存货占用资金应计利息=平均存货水平×单位变动成本×资本成本=3 500×30×10%=10 500（元）。

假设等风险投资的最低报酬率为10%⑩，一年按360天计算⑪。

⑩结合①⑤⑨，可用于计算应收账款占用资金的应计利息和存货占用资金应计利息。

⑪结合①，可用于计算应收账款日平均余额。

答案与采分点

（1）改变信用政策之后边际贡献的增加额=54 000×10%×（40−30）=54 000（元）（1分）。

甲公司变动成本率=30÷40×100%=75%

改变信用政策之前的销售收入=54 000×40=2 160 000（元）

改变信用政策之后的销售收入=54 000×（1+10%）×40=2 376 000（元）

改变信用政策之前的收账费用=2 160 000×20%×4%=17 280（元）

改变信用政策之后的收账费用=2 376 000×10%×4%=9 504（元）

改变信用政策之后收账费用的增加额=9 504−17 280=−7 776（元）（1分）

改变信用政策之前的应收账款平均收现期=30×80%+50×20%=34（天）

改变信用政策之前的应收账款占用资金的应计利息=2 160 000/360×34×75%×10%=15 300（元）

改变信用政策之后的应收账款平均收现期=40%×10+30%×20+20%×30+（1−40%−30%−20%）×50=21（天）

改变信用政策之后的应收账款占用资金的应计利息=2 376 000/360×21×75%×10%=10 395（元）

改变信用政策之后应收账款占用资金应计利息的增加额=10 395−15 300=−4 905（元）（2分）

改变信用政策之前存货占用资金应计利息=3 000×30×10%=9 000（元）

改变信用政策之后存货占用资金应计利息=3 500×30×10%=10 500（元）

改变信用政策之后存货占用资金应计利息的增加额=10 500−9 000=1 500（元）（1分）

改变信用政策之后现金折扣成本的增加额=2 376 000×40%×3%+2 376 000×30%×1%−0=35 640（元）（2分）

（2）税前损益的增加额=54 000−（−7 776−4 905+1 500+35 640）=29 541（元）（1分）。

由于税前损益的增加额>0（0.5分），甲公司应该推出该现金折扣政策（0.5分）。

2.

揣摩题意

要求：

（1）计算N项目的股权资本成本①和项目的加权平均资本成本②。

①估计普通股资本成本的常用模型有以下三种：

a.资本资产定价模型：

普通股资本成本=无风险利率+β×市场风险溢价

$=R_f+\beta\times(R_m-R_f)$

b.股利增长模型：

普通股资本成本$=D_1\div P_0+g$

c.债券收益率风险调整模型：

普通股资本成本=税后债券资本成本+股东比债权人承担更大风险所要求的风险溢价

②加权平均资本成本WACC=税后债务资本成本×债务权重+权益资本成本×权益权重。

（2）计算N项目各年的现金净流量以及净现值[③]，并判断该项目是否可行[④]（计算过程和结果填入下方表格[⑤]）。

③a.营业现金净流量三种计算公式：

营业现金毛流量=营业收入-付现营业成本费用-所得税

营业现金毛流量=税后经营净利润+折旧与摊销

营业现金毛流量=税后营业收入-税后付现营业成本费用+折旧与摊销抵税额

b.净现值=未来现金流量现值-原始投资额现值。

④当净现值>0时，方案可行。

⑤不仅将计算过程（比如营业收入、摊销抵税）填入表格，还需要将计算结果填入表格中。

题干：

甲公司是一家制造业上市公司，目前只生产M产品，为扩大市场份额，准备投产新型N产品，正在进行该项目的可行性研究。有关资料如下：

如果可行，该项目计划于2025年末开始建设，建设期为1年，2029年末停产[⑥]。预计投产后第一年的销量为40万件，之后每年保持50万件。每件N产品的单位售价为200元[⑦]，单位变动制造成本为100元[⑧]，每年付现固定制造费用为400万元[⑨]，另外每年支付的广告费用为营业收入的10%[⑩]。

⑥2025年末即为0时点，建设期1年，运营期3年。

⑦结合⑲，2027年—2029年的营业收入和税后营业收入计算如下：

2027年营业收入=40×200=8 000（万元）

2027年税后营业收入=8 000×（1-25%）=6 000（万元）

2028年营业收入=50×200=10 000（万元）

2028年税后营业收入=10 000×（1-25%）=7 500（万元）

2029年营业收入=50×200=10 000（万元）

2029年税后营业收入=10 000×（1-25%）=7 500（万元）

⑧结合⑲，2027年—2029年的变动制造成本和税后变动制造成本计算如下：

2027年变动制造成本=40×100=4 000（万元）

2027年税后变动制造成本=4 000×（1-25%）=3 000（万元）

2028年变动制造成本=50×100=5 000（万元）

2028年税后变动制造成本=5 000×（1-25%）=3 750（万元）

2029年变动制造成本=50×100=5 000（万元）

2029年税后变动制造成本=5 000×（1-25%）=3 750（万元）

⑨结合⑲，2027年—2029年的税后付现固定制造费用=400×（1-25%）=300（万元）。

⑩结合⑦⑲，2027年—2029年的税后广告费计算如下：

2027年税后广告费=6 000×10%=600（万元）

2028年税后广告费=7 500×10%=750（万元）

2029年税后广告费=7 500×10%=750（万元）

为生产N产品，需要添置一条生产线，生产线的采购和安装成本共计6 000万元，安装期为1年，假设全部款项于2025年末一次性支付⑪。按照税法规定，该生产线的折旧年限为5年，预计净残值率为10%，采用直线法计提折旧⑫，预计2029年末该生产线的变现价值为2 000万元⑬。项目建设和使用期间需占用甲公司的一间厂房，该厂房正在对外出租，每年年初收取租金100万元，2025年末到期，可续租也可收回自用⑭。

⑪生产线的采购和安装成本发生在2025年末，即0时点。

⑫结合⑲，生产线年折旧额=6 000×（1−10%）/5=1 080（万元）。

折旧抵税额=1 080×25%=270（万元）

⑬结合⑫⑲，变现净收入为2 000万元，账面价值（税法规定）=6 000−1 080×3=2 760（万元）。

资产处置或残值变现净损益对现金净流量的影响=（账面价值−变现净收入）×所得税税率=（2 760−2 000）×25%=190（万元）

⑭针对租赁，有三种解题思路。

a.每年年末收取租金：可直接确定每年年末丧失的税后租金。

b.上年年末收取租金：可直接确定上年年末丧失的税后租金。

c.本年年初收取租金：丧失的租金收入发生在本年年初，节约的租金纳税发生在本年年末，需分开计算。

提示：以上结论基于历年官方真题的研究得出，若考试题目中有特殊要求，遵循题目要求即可。

N产品的生产需要使用一项乙公司的专利技术，经初步协商约定，甲公司每年按营业收入的10%向乙公司支付专利技术使用费⑮。

由于新型N产品与M产品有互补作用，因此N产品投产后，M产品每年的销量将会增加2万件，2029年末N产品停产后，M产品的销量将回归原有水平。M产品的单位售价为100元，单位付现成本为60元⑯。

⑮结合⑦⑲，2027年—2029年的税后专利技术使用费计算如下：

2027年税后专利技术使用费=6 000×10%=600（万元）

2028年税后专利技术使用费=7 500×10%=750（万元）

2029年税后专利技术使用费=7 500×10%=750（万元）

⑯结合⑲，N与M是互补产品，生产N导致M销量增加，属于相关增量现金流，即2027年—2029年的M产品税后营业收入=2×100×（1−25%）=150（万元），2027年—2029年的M产品税后付现成本=2×60×（1−25%）=90（万元）。

营运资金为销售收入的10%，各产品垫支的营运资金在各年年初投入，在项目结束时全部收回⑰。

⑰结合⑦⑯，可计算2026年末—2028年末垫支的营运资金数额和2029年末收回垫支营运资金的数额。

N产品计算如下：

2026年末（1时点）垫支的营运资金=2027年营业收入×10%=8 000×10%=800（万元）

2027年末（2时点）垫支的营运资金=2028年营业收入×10%-800=10 000×10%-800=200（万元）

2028年末（3时点）垫支的营运资金=2029年营业收入×10%-800-200=10 000×10%-800-200=0（万元）

综上，2029年末（4时点）N产品垫支营运资金的收回=800+200+0=1 000（万元）。

M产品计算如下：

2026年末（1时点）垫支的营运资金=2027年营业收入×10%=2×100×10%=20（万元）

2027年末（2时点）垫支的营运资金=2028年营业收入×10%-20=2×100×10%-20=0（万元）

2028年末（3时点）垫支的营运资金=2029年营业收入×10%-20-0=2×100×10%-20-0=0（万元）

综上，2029年末（4时点）M产品垫支营运资金的收回=20+0+0=20（万元）。

为筹资项目所需资金，甲公司计划通过发行债券和留存收益进行筹资，目标资本结构（负债/权益）为2/3。发行债券筹资的税后资本成本为5%，无风险收益率为4%，市场组合的必要报酬率为8%。N产品所处行业的代表公司为丙公司，丙公司的资本结构（负债/权益）为1/1，股东权益的β系数为1.8⑱。

甲、丙公司适用的所得税税率分别为25%和20%⑲，假设营业现金流量均发生在投产后各年年末。

⑱结合⑲应使用可比公司法估计投资项目的资本成本。

第一步：卸载可比公司财务杠杆（使用可比公司所得税税率）。

$\beta_{资产}=\beta_{权益}\div[1+(1-T)\times(净负债/股东权益)]$

第二步：加载目标公司财务杠杆（使用目标公司所得税税率）。

$\beta_{权益}=\beta_{资产}\times[1+(1-T)\times(净负债/股东权益)]$

第三步：根据目标企业$\beta_{权益}$计算权益资本成本。

权益资本成本=无风险利率+$\beta_{权益}$×市场风险溢价

$=R_f+\beta_{权益}\times(R_m-R_f)$

第四步：计算目标企业加权平均资本成本。

加权平均资本成本WACC=税后债务资本成本×债务权重+权益资本成本×权益权重

提示：计算留存收益资本成本的方法和计算普通股资本成本的方法基本一致，只是留存收益资本成本无须考虑筹资费用。

⑲甲公司是目标公司，适用的企业所得税税率为25%，丙公司是可比公司，适用的企业所得税税率为20%。

答案与采分点

（1）$\beta_{资产}$=1.8÷［1+（1−20%）×1/1］=1。

$\beta_{权益}$=1×［1+（1−25%）×2/3］=1.5

股权资本成本=4%+1.5×（8%−4%）=10%（1分）

加权平均资本成本=5%×2/5+10%×3/5=8%（1分）

（2）

项目	2025 年末	2026 年末	2027 年末	2028 年末	2029 年末
生产线的购置与安装成本	−6 000				
丧失的租金收入	−100	−100	−100	−100	
节约的租金纳税		25	25	25	25
N 产品的营业收入			8 000	10 000	10 000
N 产品营运资金的垫支与收回		−800	−200		1 000
N 产品税后营业收入			6 000	7 500	7 500
N 产品税后变动制造成本			−3 000	−3 750	−3 750
N 产品税后固定制造费用			−300	−300	−300
N 产品税后广告费			−600	−750	−750
N 产品税后专利技术使用费			−600	−750	−750
生产线每年的折旧费用			1 080	1 080	1 080
生产线每年的折旧抵税			270	270	270
生产线变现净收入					2 000
生产线终结期账面价值					2 760
生产线变现损失抵税					190
增加的 M 产品税后收入			150	150	150
增加的 M 产品税后付现成本			−90	−90	−90
M 产品营运资金的垫支与收回		−20			20
现金净流量	−6 100（0.5 分）	−895（0.5 分）	1 555（0.5 分）	2 205（0.5 分）	5 515（0.5 分）
现值系数	1	0.9259	0.8573	0.7938	0.7350
现金净流量现值	−6 100（0.5 分）	−828.68（0.5 分）	1 333.10（0.5 分）	1 750.33（0.5 分）	4 053.53（0.5 分）
净现值	208.28（1 分）				

由于该项目净现值>0（0.5分），因此该方案可行（0.5分）。

3.

揣摩题意

要求：

（1）利用风险中性原理，计算看涨期权价值①，并利用看涨期权–看跌期权平价定理，计算看跌期权的期权价值②。

（2）若3个月后甲公司股价为52元，看涨期权价格为5元，看跌期权价格为4.5元，分别计算3个月后看涨期权的内在价值和时间溢价，并据此判断两种期权处于实值状态、虚值状态还是平价状态③？

（3）结合要求（1）的计算结果，分别计算到期日股价上升25%和下降20%时，小郭和小金的投资组合净损益④（计算投资净损益时，不考虑货币时间价值）。

①风险中性原理：

解题思路：

a.求到期日可能的股票价格。

上行股价S_u=当前股价S_0×（1+股价上升百分比）

下行股价S_d=当前股价S_0×（1–股价下降百分比）

b.求到期日期权价值。

股价上行时到期日期权价值C_u=Max（0，S_u–执行价格X）

股价下行时到期日期权价值C_d=Max（0，S_d–执行价格X）

c.求上行概率、下行概率。

期望报酬率=无风险利率r=上行概率P_u×股价上升百分比+下行概率P_d×（–股价下降百分比）

d.求期权价值。

期权价值C_0=（P_u×C_u+P_d×C_d）/（1+r）

②看涨期权–看跌期权平价定理：

标的资产价格S+看跌期权价格P=看涨期权价格C+执行价格现值PV（X）

③期权的内在价值，是指期权立即执行产生的经济价值，由标的资产的现行市价与执行价格决定。

看涨期权内在价值=股票价格–执行价格

看跌期权内在价值=执行价格–股票价格

提示：无论是看涨期权还是看跌期权，其内在价值均≥0。

类型	现行市价＞执行价格	现行市价＝执行价格	现行市价＜执行价格
看涨期权	内在价值＞0（实值状态）	内在价值＝0（平价状态）	内在价值＝0（虚值状态）
看跌期权	内在价值＝0（虚值状态）	内在价值＝0（平价状态）	内在价值＞0（实值状态）

④投资组合净损益是在投资组合净收入的基础上减去投资成本之后的金额。

提示：计算时一定要找准投资组合的内容，是买入看跌期权还是卖出看涨期权，是买入股票还是卖出股票。

题干：

甲公司是一家上市公司，当前每股市价为50元，6个月后有两种可能：上升25%或下降20%⑤。市场上有两种以该股票为标的资产的期权：看涨期权和看跌期权。每份看涨期权可以买入1股股票，每份看跌期权可以卖出1股股票。两种期权的执行价格均为50元，到期时间均为6个月⑥。期权到期前，甲公司不派发现金股利，无风险利率为每年2%，假设市场处于均衡状态⑦。

⑤6个月后可能的股价分别为62.50元［50×（1+25%）］和40元［50×（1-20%）］。

⑥看涨期权和看跌期权的损益分析如下所示。

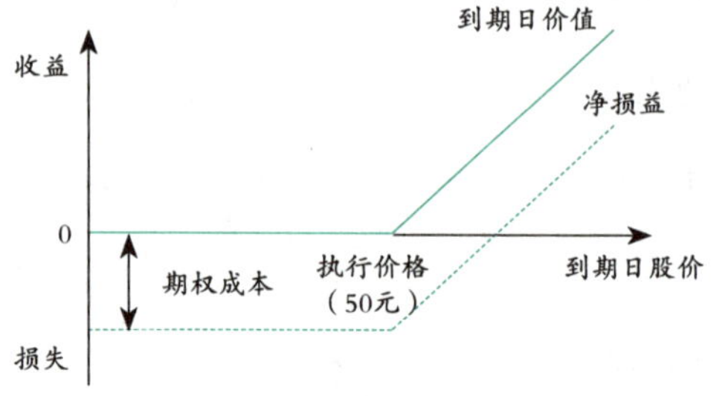

多头看涨期权

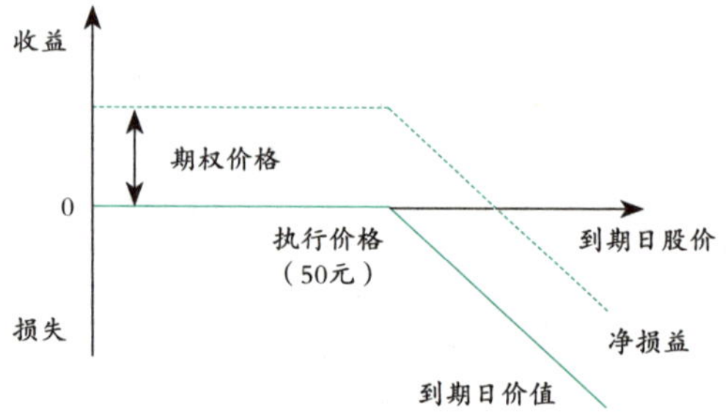

空头看涨期权

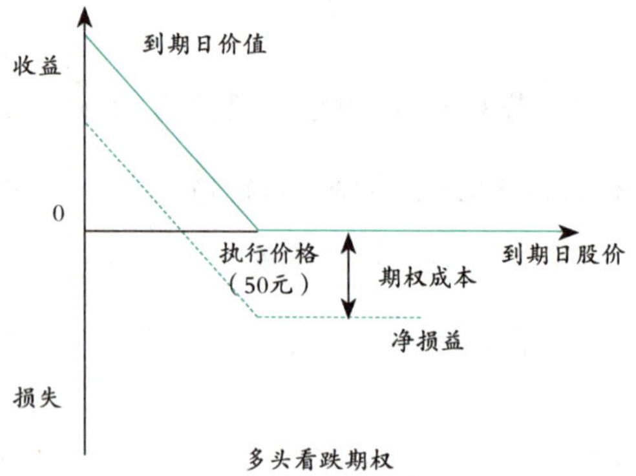

多头看跌期权

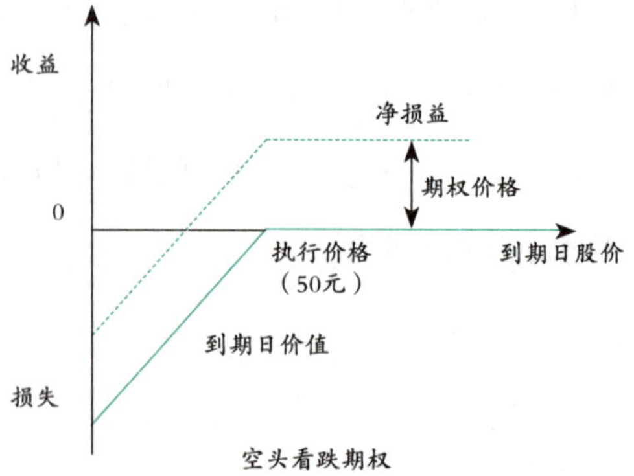

空头看跌期权

⑦结合⑤，无风险收益率每年为2%，应换算为半年口径1%。

投资者小郭准备购入1 000股甲公司股票，同时购入1 000份看跌期权⑧；投资者小金准备购入1 000股甲公司股票，同时出售1 000份看涨期权⑨。

⑧投资者小郭的投资组合是买股票和买看跌期权，投资组合图形表现如下。

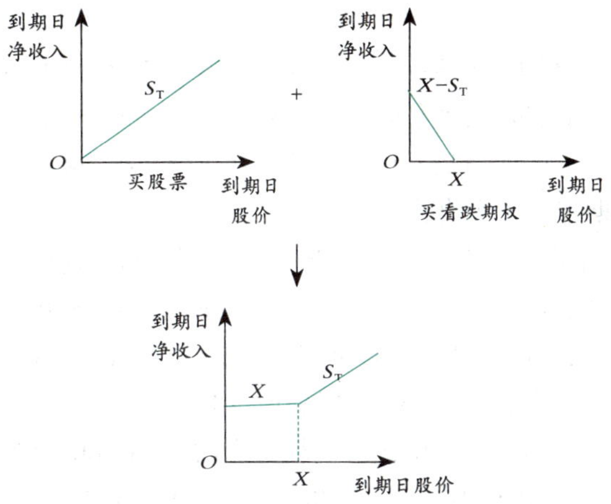

投资组合

提示：

投资者小郭的投资组合净损益=投资组合净收入-股票价格-看跌期权价格

⑨投资者小金的投资组合是买股票和卖看涨期权，投资组合图形表现如下。

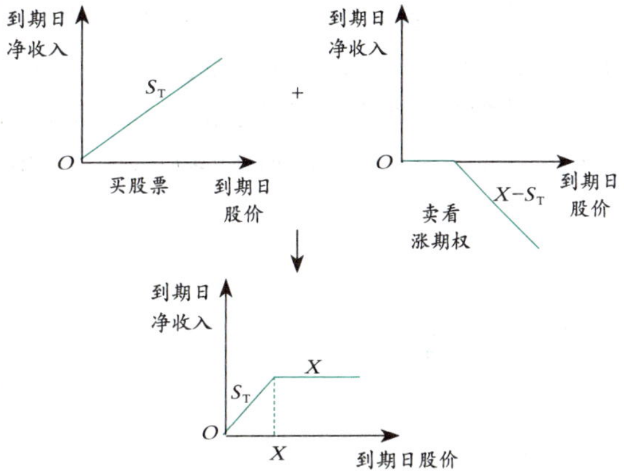

投资组合

提示：

投资者小金的投资组合净损益=投资组合净收入-股票价格+看涨期权价格

答案与采分点

（1）设股价上行概率为P_u，则：

$2\%/2=P_u\times 25\%+(1-P_u)\times(-20\%)$

P_u=0.4667，股价下行概率P_d=1−0.4667=0.5333。

股价上行时到期日股价=50×（1+25%）=62.5（元）

股价上行时看涨期权的到期日价值=62.5−50=12.5（元）

股价下行时到期日股价=50×（1−20%）=40（元）

股价下行时看涨期权的到期日价值=0（元）

看涨期权价值=（12.5×0.4667+0.5333×0）/（1+1%）=5.78（元）（1分）

看跌期权价值=50/（1+1%）+5.78−50=5.28（元）（1分）

（2）3个月后看涨期权的内在价值=52−50=2（元）（0.5分），时间溢价=5−2=3（元）（0.5分），看涨期权处于实值状态（0.5分）。

由于3个月后的市价大于看跌期权的执行价格，如果执行看跌期权会给投资人带来负的回报，因此看跌期权内在价值=0（元）（0.5分），时间溢价=4.5−0=4.5（元）（0.5分），看跌期权处于虚值状态（0.5分）。

（3）①小郭构建投资组合的成本=1 000×50+1 000×5.28=55 280（元）。

如果股价上升25%，即到期日股价为62.5元时：

小郭构建的投资组合到期日净收入=1 000×62.5+1 000×0=62 500（元）

小郭构建的投资组合的净损益=62 500−55 280=7 220（元）（1分）

如果股价下降20%，即到期日股价为40元时：

小郭构建的投资组合到期日净收入=1 000×40+1 000×（50−40）=50 000（元）

小郭构建的投资组合的净损益=50 000−55 280=−5 280（元）（1分）

②小金构建投资组合的成本=1 000×50−1 000×5.78=44 220（元）。

如果股价上升25%，即到期日股价为62.5元时：

小金构建的投资组合到期日净收入=1 000×62.5+1 000×（50−62.5）=50 000（元）

小金构建的投资组合的净损益=50 000−44 220=5 780（元）（1分）

如果股价下降20%，即到期日股价为40元时：

小金构建的投资组合到期日净收入=1 000×40+1 000×0=40 000（元）

小金构建的投资组合的净损益=40 000−44 220=−4 220（元）（1分）

4.

揣摩题意

要求：

（1）编制各车间产品成本计算单①（结果填入下方表格中，不用列出计算过程②）。

（2）编制产品成本汇总计算单①（结果填入下方表格中，不用列出计算过程②）。

（3）简述平行结转分步法相对于逐步结转分步法的优点和缺点③。

①产品成本核算的过程实际上是通过多次的成本归集和分配，最终计算出产品总成本和单位成本的过程。

②仅将计算结果填入表格即可。

③不可忽视主观题中常见的文字表述题，掌握平行结转法相对于逐步结转分步法的优点和缺点，考试时往往根据关键点给分。

题干：

甲公司是一家制造业企业，只生产和销售一种产品，采用平行结转分步法计算产品成本。产品生产分为两个步骤，分别在两个基本生产车间进行，第一车间为第二车间提供半成品，第二车间将半成品加工成产成品，每件产成品耗用2件半成品④。第一车间耗用的原材料在生产开始时一次性投入，其他费用陆续均匀发生⑤。第二车间除耗用第一车间生产的半成品外，还耗用辅助材料，耗用的半成品在开始时一次性投入，辅助材料和其他成本费用陆续均匀发生⑥。第一车间和第二车间均采用约当产量法（加权平均法）在产成品和在产品之间分配成本⑦。

月末第一车间和第二车间的在产品相对于本车间的完工程度均为50%⑧。

甲公司2025年7月份的成本核算资料如下：

（1）月初在产品成本。

单位：元

生产车间	直接材料	直接人工	制造费用	合计
第一车间	40 000	12 000	10 000	62 000
第二车间	5 000	12 000	15 000	32 000

④关于平行结转法需要提示的部分如下：

a.平行结转分步法示意图如下。

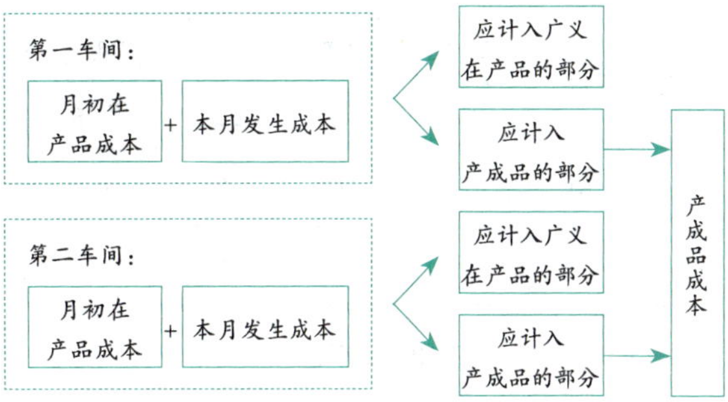

b.产成品即最终的完工产品，其数量可以在题干中找到。

c.在计算广义在产品时，一定要明确是哪一个步骤的广义在产品数量。

⑤结合⑧，对于第一车间来说，原材料在生产开始时一次性投入，即完工进度为100%。直接人工和制造费用等其他费用陆续均匀发生，即完工进度为50%。

⑥结合⑧，对于第二车间来说，第一车间完工的半成品在开始时一次性投入，即完工进度为100%。辅助材料、直接人工和制造费用陆续均匀发生，即完工进度为50%。

⑦结合⑤⑥可知，加权平均法下要注意完工进度，加权平均法基本计算公式如下：

在产品约当产量=在产品数量×完工进度

单位成本（分配率）=（月初在产品成本+本月生产费用）/（完工产品产量+月末在产品约当产量）

完工产品成本=单位成本×完工产品产量

月末在产品成本=单位成本×月末在产品约当产量

（2）本月的生产量。

单位：件

生产车间	月初在产品	本月投产	本月完工	月末在产品
第一车间⑨	10	90	80	20
第二车间⑩	5	40	35	10

（3）本月发生的成本。

单位：元

生产车间	直接材料	直接人工	制造费用	合计
第一车间	290 000	105 000	145 000	540 000
第二车间	45 000	115 000	215 000	375 000

⑨结合④⑤，对第一车间来说：

直接材料项目下，最终产成品数量=35×2=70（件），广义在产品约当产量=20×100%+10×2×100%=40（件）。

直接人工项目下，最终产成品数量=35×2=70（件），广义在产品约当产量=20×50%+10×2×100%=30（件）。

制造费用项目下，最终产成品数量=35×2=70（件），广义在产品约当产量=20×50%+10×2×100%=30（件）。

提示：第一车间的广义在产品包括第一车间在产品和第二车间在产品。

⑩结合④⑥，对第二车间来说：

直接材料项目下，最终产成品数量=35（件），广义在产品约当产量=10×50%=5（件）。

直接人工项目下，最终产成品数量=35（件），广义在产品约当产量=10×50%=5（件）。

制造费用项目下，最终产成品数量=35（件），广义在产品约当产量=10×50%=5（件）。

答案与采分点

（1）编制各车间产品成本计算单（结果填入下方表格中，不用列出计算过程）。

第一车间成本计算单

2025年7月 单位：元

项目	直接材料	直接人工	制造费用	合计
月初在产品成本	40 000	12 000	10 000	62 000
本月生产成本	290 000	105 000	145 000	540 000
合计	330 000	117 000	155 000	602 000
分配率	3 000（0.25分）	1 170（0.25分）	1 550（0.25分）	5 720（0.25分）
产成品中本步骤份额	210 000（0.25分）	81 900（0.25分）	108 500（0.25分）	400 400（0.25分）
月末在产品成本	120 000（0.25分）	35 100（0.25分）	46 500（0.25分）	201 600（0.25分）

第二车间成本计算单

2025 年 7 月　　　　单位：元

项目	直接材料	直接人工	制造费用	合计
月初在产品成本	5 000	12 000	15 000	32 000
本月生产成本	45 000	115 000	215 000	375 000
合计	50 000	127 000	230 000	407 000
分配率	1 250（0.25 分）	3 175（0.25 分）	5 750（0.25 分）	10 175（0.25 分）
产成品中本步骤份额	43 750（0.25 分）	111 125（0.25 分）	201 250（0.25 分）	356 125（0.25 分）
月末在产品成本	6 250（0.25 分）	15 875（0.25 分）	28 750（0.25 分）	50 875（0.25 分）

（2）编制产品成本汇总计算单（结果填入下方表格中，不用列出计算过程）。

产品成本汇总计算单

2025 年 7 月　　　　单位：元

车间	直接材料	直接人工	制造费用	合计
第一车间	210 000	81 900	108 500	400 400
第二车间	43 750	111 125	201 250	356 125
合计	253 750（0.25 分）	193 025（0.25 分）	309 750（0.25 分）	756 525（0.25 分）

（3）①优点：各步骤可以同时计算产品成本（0.5分），平行汇总计入产品成本，不必逐步结转半成品成本；能够直接提供按原始成本项目反映的产成品成本资料，不必进行成本还原，因而能够简化和加速成本计算工作（0.5分）。

②缺点：不能提供各个步骤的半成品成本资料（0.5分）；各步骤的产品成本不包括所耗半成品费用，因而不能全面地反映各步骤产品的生产耗费水平（第一步骤除外）（0.5分），不能更好地满足这些步骤成本管理的要求。

计算说明：

a. 第一车间产品成本计算单：

直接材料的分配率 =330 000/（40+70）=3 000（元 / 件）

直接人工的分配率 =117 000/（30+70）=1 170（元 / 件）

制造费用的分配率 =155 000/（30+70）=1 550（元 / 件）

b. 第二车间产品成本计算单：

直接材料的分配率 =50 000/（35+5）=1 250（元 / 件）

直接人工的分配率 =127 000/（35+5）=3 175（元 / 件）

制造费用的分配率 =230 000/（35+5）=5 750（元 / 件）

四、综合题

揣摩题意

要求：

（1）编制甲公司2025年管理用资产负债表和管理用利润表①（结果填入下方表格中，不用列出计算过程，各种损益均按照平均所得税税率计算②）。

①管理用财务报表编制思路如下：

a. 编制管理用资产负债表时：

Ⅰ. 区分经营资产和金融资产（先“金融”，后“经营”）：金融资产包括交易性金融资产、其他应收款（应收利息）、债权投资、其他债权投资、其他权益工具投资等。

Ⅱ. 区分金融负债和经营负债（先“金融”，后“经营”）：金融负债包括短期 / 长期借款、交易性金融负债、其他应付款（应付利息、应付股利）、应付债券、优先股等。

Ⅲ. 所有者权益作为“定海神针”，数值保持不变。

b. 编制管理用利润表时：

Ⅰ. 收入和成本根据经营活动和金融活动进行划分。

Ⅱ. 净利润作为“定海神针”，数值保持不变。

②平均所得税税率需要重新计算，即平均所得税税率 = 所得税费用 / 利润总额。

提示：注意表格中无须写出具体的计算过程，直接写出结果即可。

（2）根据要求（1）的计算结果，若乙公司保持当前的经营战略，预测乙公司2026年、2027年的实体现金流量填入下方表格③（不需要列出计算过程④），并计算2026年初乙公司的实体价值⑤，假设乙公司净负债的市场价值等于其账面价值，计算2025年末乙公司的股权价值⑥。

（3）若甲公司完成对乙公司的收购，采用股权现金流量折现模型，估计2026年初乙公司的股权价值⑦。

③实体现金流量的计算公式如下。

实体现金流量 = 营业现金净流量 − 资本支出（公式 1）

= 税后经营净利润 + 折旧与摊销 − 经营营运资本增加 −（净经营长期资产增加 + 折旧与摊销）（公式 2）

= 税后经营净利润 − 净经营资产增加（公式 3）

④注意表格中无须写出具体的计算过程，直接写出结果即可。

⑤计算企业实体价值时，必须确定企业实体现金流量和加权平均资本成本。

⑥股权价值 = 企业实体价值 − 净债务价值。

⑦股权现金流量 = 实体现金流量 − 债务现金流量 = 净利润 − 股东权益的增加。

采用股权现金流量折现模型估计企业价值时，必须确定企业股权现金流量和股权资本成本。

（4）计算该收购引起的控股权溢价⑧。

⑧控股权溢价=V（新的）$-V$（当前）。

提示：从少数股权投资者来看，V（当前）是企业股票的公平市场价值。它是现有管理和战略条件下企业能够给股票投资人带来的现金流量现值。对于谋求控股权的投资者来说，V（新的）是企业股票的公平市场价值。它是企业进行重组，改进管理和经营战略后可以为投资人带来的未来现金流量的现值。新的价值与当前价值的差额称为控股权溢价，它是由于转变控股权而增加的价值。

题干：

甲公司是一家投资公司，拟对乙公司进行投资，现在正在进行可行性分析，需要对乙公司的整体价值进行评估⑨。

⑨计算实体价值、股权价值和债务价值时，涉及的参数和口径如下：

项目	现金流量口径	折现率口径
股权价值	股利现金流量	股权资本成本
	股权现金流量	股权资本成本
债务价值	债务现金流量	债务资本成本
实体价值	实体现金流量	加权平均资本成本

（1）乙公司是一家汽车生产企业，主要从事燃油汽车的生产与销售。2025年的相关财务数据如下表所示：

单位：万元

资产负债表项目	2025年末
货币资金⑩	460
交易性金融资产⑪	1 000
应收账款⑫	2 640
其他应收款⑫	400
存货⑫	3 300
固定资产⑫	21 000
无形资产⑫	7 200
长期股权投资⑫	4 000
资产总计	40 000
短期借款⑬	1 000
应付账款⑭	3 000
其他应付款⑬	1 000
长期借款⑬	15 000
股东权益⑮	20 000
负债及所有者权益合计	40 000

⑩结合⑲，货币资金均属于“经营资产”。

⑪交易性金融资产属于“金融资产”，即金融资产=1 000（万元）。

⑫结合⑪⑳，由于其他应收款是由长期股权投资所形成的，因此属于“经营资产”，即经营资产=460+2 640+400+3 300+21 000+7 200+4 000=39 000（万元）。

提示：经营资产也可以使用倒挤的方法来计算，即经营资产=40 000−1 000=39 000（万元）。

⑬由于其他应付款均为应付股利，因此属于“金融负债”，即短期借款、长期借款和其他应付款都属于“金融负债”。

⑭应付账款属于“经营负债”。

⑮股东权益作为“定海神针”，其数值保持不变。

单位：万元

利润表项目	2025 年度
营业收入⑯	20 000
减：营业成本⑯	12 000
税金及附加⑯	1 200
销售及管理费用⑯	2 400
财务费用⑰	1 000
加：公允价值变动损益⑰	200
加：投资收益⑯	400
利润总额	4 000
减：所得税费用⑱	1 600
净利润	2 400

货币资金均为经营活动所需⑲，其他应收款全部为长期股权投资形成的应收股利，其他应付款均为应付股利⑳，财务费用均为利息费用，投资收益均来自于长期股权投资㉑，2025年没有资本化利息支出㉒。

⑯结合㉑，由于投资收益均来自长期股权投资，因此营业收入和投资收益都属于“经营收入”，营业成本、税金及附加和销售及管理费用属于“经营费用”，即税前经营利润=20 000−12 000−1 200−2 400+400=4 800（万元）。

⑰结合㉑，财务费用属于“金融费用”，公允价值变动损益属于“金融收入”，即利息费用 =1 000−200=800（万元）。

⑱结合②，平均所得税税率 =1 600/4 000 × 100%=40%。

㉒ 2025 年资本化支出 =0。

（2）目前乙公司生产的汽车型号包括M、N两种型号，2025年M、N两种型号汽车的销售收入比为2 : 8㉓。

㉓结合2025年度利润表，可知2025年M型号汽车收入=20 000 × 20%=4 000（万元），2025年N型号汽车收入=20 000 × 80%=16 000（万元）。

（3）根据企业现在所处的市场条件，如果企业保持当前的经营战略，预计M型号汽车未来的销量将稳定在现有水平，N型号汽车2026年的销量将增长5%，2027年及以后年度将稳定在2026年的水平不再增长。两种型号汽车的单价均保持不变㉔。税后经营净利率、净经营资产周转次数、净财务杠杆，税后利息率一直维持2025年水平保持不变㉕。加权平均资本成本为6%㉖。

㉔2026年度营业收入=4 000+16 000×（1+5%）=20 800（万元）。

营业收入增长率 =（20 800−20 000）/20 000×100%=4%

提示：2027 年及以后营业收入增长率为 0。

㉕涉及公式如下：

$$税后经营净利率=\frac{税后经营净利润}{营业收入}$$

$$净经营资产周转次数=\frac{营业收入}{净经营资产}$$

$$净财务杠杆=\frac{净负债}{股东权益}$$

$$税后利息率=\frac{税后利息费用}{净负债}$$

为保证以上四个指标数值保持不变，若营业收入增加 4%，税后经营净利润则增加 4%；若营业收入增加 4%，净经营资产则增加 4%。

实体现金流量 = 税后经营净利润 − 净经营资产的增加

㉖折现率为 6%。

（4）如果甲公司完成对乙公司的收购，将改变经营战略，将M型号汽车生产线进行改造，用于生产新型电动汽车。不考虑改造生产线所占用的时间，改造完成后，从2026年开始，乙公司整体的营业收入将保持4%的速度稳定增长㉗，经营营运资本的周转次数为2，净经营长期资产的周转次数为2/3，净经营资产净利率10%㉘，净负债/股东权益=1/1，股权资本成本为9%，税后利息率为3%㉙。

（5）为简化计算，财务指标涉及平均值的，均以年末余额代替全年平均水平㉚。

㉗收购后改变经营战略，此时营业收入的增长率为4%，即2026年营业收入=20 000×（1+4%）=20 800（万元）。

㉘计算过程如下：

$$经营营运资本周转次数=\frac{营业收入}{经营营运资本平均余额}=2$$

$$净经营性长期资产周转次数=\frac{营业收入}{净经营性长期资产平均余额}=\frac{2}{3}$$

$$\frac{净经营资产}{营业收入}=\frac{经营营运资本+净经营性长期资产}{营业收入}=2$$

2026 年净经营资产 =2026 年营业收入 ×2=20 800×2=41 600（万元）

$$净经营资产净利率=\frac{税后经营净利润}{净经营资产}=10\%$$

2026 年税后经营净利润 =41 600×10%=4 160（万元）

㉙可知，资本结构（净负债 / 股东权益）为 1/1，净负债 = 股东权益 =41 600/2=20 800（万元）。

2026 年税后利息费用 = 净负债 × 税后利息率 =20 800×3%=624（万元）

股权资本成本为 9%，可用于股权价值折现。

㉚若涉及平均值，以年末余额代替。

答案与采分点

（1）

单位：万元

管理用资产负债表项目	2025年末
经营资产	39 000（0.5分）
经营负债	3 000（0.5分）
净经营资产	36 000（0.5分）
金融负债	17 000（0.5分）
金融资产	1 000（0.5分）
净负债	16 000（0.5分）
股东权益	20 000

单位：万元

管理用利润表项目	2025年度
税后经营净利润	2 880（0.5分）
税后利息费用	480（0.5分）
净利润	2 400

计算说明：

税后经营净利润=4 800×（1−40%）=2 880（万元）

税后利息费用=800×（1−40%）=480（万元）

（2）

单位：万元

项目	2026年	2027年
税后经营净利润	2 995.2（0.5分）	2 995.2（0.5分）
净经营资产	37 440（0.5分）	37 440（0.5分）
净经营资产的增加	1 440（0.5分）	0（0.5分）
实体现金流量	1 555.2（0.5分）	2 995.2（0.5分）

2025年初乙公司实体价值=（1 555.2+2 995.2÷6%）÷（1+6%）=48 561.51（万元）（1分）

2025年初乙公司股权价值=48 561.51−16 000=32 561.51（万元）（1分）

（3）乙公司2026年的营业收入=20 000×（1+4%）=20 800（万元）。

净经营资产销售百分比=1/2+3/2=2

2026年的净经营资产=41 600（万元）

2026年的股东权益=净负债=20 800（万元）

2026年的税后经营净利润=41 600×10%=4 160（万元）

2026年的税后利息费用=20 800×3%=624（万元）

2026年的净利润=4 160−624=3 536（万元）

2026年的股东权益增加额=20 800−20 000=800（万元）

2026年的股权现金流量=3 536−800=2 736（万元）

2026年初乙公司股权价值=2 736/（9%−4%）=54 720（万元）（2分）

（4）该收购产生的控股权溢价=54 720−32 561.51=22 158.49（万元）（2分）。